产教融合·职业创新能力系列教材

电子商务文案
创意与撰写

付珍鸿 主 编

电子工业出版社
Publishing House of Electronics Industry
北京·BEIJING

内 容 简 介

全书分为 5 个项目 16 个任务。项目 1 介绍电子商务文案的基础知识；项目 2 从文案用字、用词、组句和修辞技巧入手，重点训练广告语、标题、活动信息和开头结尾的基本写作方法；项目 3 介绍创意类文案的撰写技巧，包括软文、新闻稿、广告文案与互联网图文广告和信息流广告；项目 4 介绍编辑类文案的内容规划与写作，包括宝贝详情页、微博、微信公众号和短视频；项目 5 介绍活动类文案的写作与应用，包括活动策划案和运营策划案。

本书可作为普通高等院校和高等职业院校网络营销、电子商务、移动商务、市场营销等专业"电子商务文案创意与撰写"课程的教材，也可作为电子商务企业新媒体运营、网络推广、文案策划及相关人员的参考用书。

未经许可，不得以任何方式复制或抄袭本书之部分或全部内容。
版权所有，侵权必究。

图书在版编目（CIP）数据

电子商务文案创意与撰写/付珍鸿主编. —北京：电子工业出版社，2019.1（2024.8 重印）
ISBN 978-7-121-35512-7

Ⅰ. ①电⋯ Ⅱ. ①付⋯ Ⅲ. ①电子商务－应用文－写作－高等学校－教材 Ⅳ. ①F713.36

中国版本图书馆 CIP 数据核字（2018）第 252497 号

策划编辑：朱干支
责任编辑：张云怡
印　　刷：固安县铭成印刷有限公司
装　　订：固安县铭成印刷有限公司
出版发行：电子工业出版社
　　　　　北京市海淀区万寿路 173 信箱　　邮编 100036
开　　本：787×1 092　1/16　印张：17　字数：403 千字
版　　次：2019 年 1 月第 1 版
印　　次：2024 年 8 月第 14 次印刷
定　　价：45.00 元

凡所购买电子工业出版社图书有缺损问题，请向购买书店调换。若书店售缺，请与本社发行部联系，联系及邮购电话：(010) 88254888，88258888。
质量投诉请发邮件至 zlts@phei.com.cn，盗版侵权举报请发邮件至 dbqq@phei.com.cn。
本书咨询联系方式：(010) 88254573，zgz@phei.com.cn。

前　言

在这个信息爆炸化、碎片化的社会，消费者的注意力和时间越来越宝贵，我们说什么、怎么说、通过什么渠道说才能引起他们的关注，从而达到企业传播的目标？

在这个自媒体创业、内容营销、微信唱罢短视频登台的大潮中，文案创作是否有规律可循？如何让零基础的学生构建文案写作的知识框架，如何训练他们文案写作的基本技巧，让他们与未来职场进行无缝对接？这是作为有近20年企业文案策划、市场推广、品牌营销工作经验和有5年网络营销教学经验的我，一直在思考的问题。于是，便有了这本书。

本书从电子商务企业文案实际工作内容出发，结合全国电子商务行业指导委员会网络营销专业的建设指南，分为5个项目16个任务，具体架构如下：

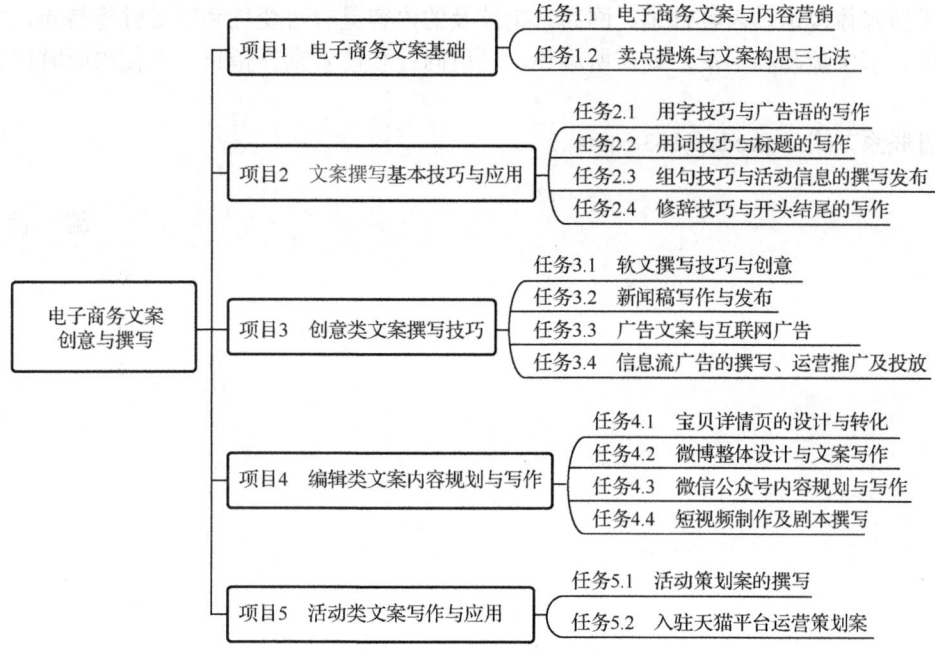

本书由付珍鸿担任主编，三位企业文案相关专家参与编写。具体分工如下：刘可璇（H&H Group 健合集团）编写任务3.1、任务3.2、任务4.1；肖小骏（深圳盛灿科技股份有限公司）编写任务4.3；黄勋达（新壹印象工作室）编写任务4.4；其余项目及任务由付珍鸿（广东岭南职业技术学院）编写；蔡楚如（乐华恒通电子商务有限公司）对全书进行了审读，并提出了修改意见。

本书可作为普通高等院校和高等职业院校网络营销、电子商务、移动商务、市场营销等专业"电子商务文案创意与撰写"课程的教材，也可作为电子商务企业新媒体运营、网络推广、文案策划及相关人员的参考用书。

本书编写过程中参考和借鉴了有关专著、教材、论文等资料，在此向各位作者表示由衷的感谢！

为了拓展知识面，本书提供部分扩展阅读材料，可通过扫描书中二维码的方式进行阅读。

另外，本书提供电子教案、教学计划等配套教学资源，需要者可登录华信教育资源网（www.hxedu.com.cn）免费下载，或者扫描下方二维码加入读者服务 QQ 群获取。

鉴于新媒体营销、内容营销、网络营销涉及的内容具有可变性和时效性等特点，加之时间仓促，书中疏漏和不足之处在所难免，恳请同行和读者批评指正，以便再版时修订和完善。

编者联系方式：qfreda@163.com。

编　者

目　　录

项目 1　电子商务文案基础 ··· 1
任务 1.1　电子商务文案与内容营销 ································· 3
1.1.1　电子商务文案概述 ·· 4
1.1.2　内容营销概述 ·· 10
1.1.3　媒体的分类及特点 ·· 15
任务 1.2　卖点提炼与文案构思三七法 ································ 21
1.2.1　了解产品，挖掘产品特点 ······································ 22
1.2.2　了解用户，找到用户需求及痛点 ································ 24
1.2.3　了解竞争对手，提炼产品独特卖点 ······························ 27
1.2.4　文案构思三七法 ·· 30

项目 2　文案撰写基本技巧与应用 ······································ 35
任务 2.1　用字技巧与广告语的写作 ·································· 37
2.1.1　文案的语体特征 ·· 38
2.1.2　文案用字技巧 ·· 40
2.1.3　广告语的写作 ·· 42
任务 2.2　用词技巧与标题的写作 ···································· 50
2.2.1　广告文案中的用词技巧 ·· 51
2.2.2　广告法中对广告用词的规定 ···································· 53
2.2.3　标题及标题的写作方法 ·· 54
任务 2.3　组句技巧与活动信息的撰写发布 ···························· 61
2.3.1　句子、句型和句类 ·· 62
2.3.2　文案的组句技巧 ·· 65
2.3.3　活动信息的撰写与发布 ·· 66
任务 2.4　修辞技巧与开头结尾的写作 ································ 79
2.4.1　修辞技巧 ·· 80
2.4.2　开头结尾的写作 ·· 86

项目 3　创意类文案撰写技巧 ·· 93
任务 3.1　软文撰写技巧与创意 ······································ 95
3.1.1　软文概述 ·· 96
3.1.2　如何撰写软文 ·· 98
任务 3.2　新闻稿写作与发布 ······································· 106
3.2.1　新闻营销概述 ··· 107
3.2.2　新闻稿的写作 ··· 115

3.2.3　新闻稿的SEO优化与发布 …………………………………………… 119
　任务3.3　广告文案与互联网广告 …………………………………………………… 126
　　　3.3.1　广告文案及广告文案的写作 ………………………………………… 127
　　　3.3.2　互联网广告类型及图文广告的写作 ………………………………… 135
　任务3.4　信息流广告的撰写、运营推广及投放 …………………………………… 144
　　　3.4.1　原生广告与信息流广告 ……………………………………………… 145
　　　3.4.2　信息流广告文案的写作 ……………………………………………… 152
　　　3.4.3　信息流广告的运营推广 ……………………………………………… 159
　　　3.4.4　申请投放信息流广告的基本流程 …………………………………… 160

项目4　编辑类文案内容规划与写作 …………………………………………………… 163
　任务4.1　宝贝详情页的设计与转化 ………………………………………………… 165
　　　4.1.1　如何设计宝贝详情页 ………………………………………………… 166
　　　4.1.2　如何让宝贝详情页转化率更高 ……………………………………… 170
　任务4.2　微博整体设计与文案写作 ………………………………………………… 176
　　　4.2.1　官方微博整体设计 …………………………………………………… 177
　　　4.2.2　微博文案的写作 ……………………………………………………… 183
　任务4.3　微信公众号内容规划与写作 ……………………………………………… 194
　　　4.3.1　了解微信公众号文案 ………………………………………………… 195
　　　4.3.2　公众号文案的内容规划 ……………………………………………… 196
　　　4.3.3　公众号文案写作架构及要领 ………………………………………… 200
　任务4.4　短视频制作及剧本撰写 …………………………………………………… 209
　　　4.4.1　短视频概述 …………………………………………………………… 210
　　　4.4.2　短视频制作基础 ……………………………………………………… 212
　　　4.4.3　短视频剧本编写 ……………………………………………………… 218
　　　4.4.4　短视频拍摄与剪辑 …………………………………………………… 223

项目5　活动类文案写作与应用 ………………………………………………………… 235
　任务5.1　活动策划案的撰写 ………………………………………………………… 237
　　　5.1.1　策划案概述 …………………………………………………………… 238
　　　5.1.2　策划案写作四原则 …………………………………………………… 245
　　　5.1.3　策划案写作思路六步法则 …………………………………………… 248
　　　5.1.4　策划案写作具体格式要求 …………………………………………… 252
　任务5.2　入驻天猫平台运营策划案 ………………………………………………… 256
　　　5.2.1　天猫商城及店铺类型 ………………………………………………… 257
　　　5.2.2　组建天猫运营团队 …………………………………………………… 259
　　　5.2.3　制定天猫运营年度规划 ……………………………………………… 259
　　　5.2.4　日常运营要点 ………………………………………………………… 261
　　　5.2.5　天猫开店的前期成本 ………………………………………………… 262

参考文献 ………………………………………………………………………………… 266

项目 1

电子商务文案基础

> 文案写手（copywriter），就是坐在键盘后面的销售人员。
>
> ——朱蒂丝·查尔斯
>
> 就内容来说，文案大部分时候要说的内容是专业性很强的，就其诉求来讲，文案要诉求的则应该是人们的生活常识。也就是说，文案的一个主要职责是要把产品专业化的信息常识化。
>
> ——丰信东《小丰现代汉语广告语法辞典》

任务 1.1 电子商务文案与内容营销

任务导入

文案是一种语体，是为产品而打动消费者内心甚至打开消费者钱包的文字；文案是一种职业，即专门创作广告文字的工作者。内容营销是一种通过生产发布有价值的、与目标人群有关联的、持续性的内容来吸引目标人群，改变或强化目标人群的行为，以产生商业转化为目的的营销方式。内容营销可以分为哪些类别？内容的贡献者是谁？媒体、新媒体、自媒体和社会化媒体之间有什么区别？通过本任务的学习，读者将对上述内容有初步的了解。

任务导图

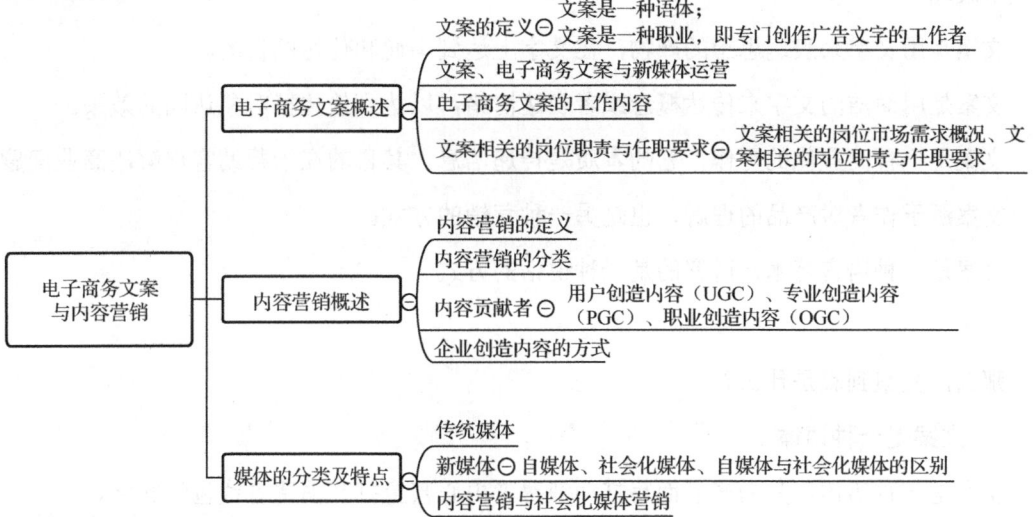

学习目标

知识目标	了解电子商务企业文案的工作内容
	熟悉内容营销定义的四个关键点
	辨别 UGC、PGC、OGC 的异同及关系
	掌握媒体、新媒体、自媒体、社会化媒体之间的关系
能力目标	能够通过百度或招聘网站，了解当地城市、企业对电子商务文案的岗位需求
	能够运用思维导图工具软件，画出媒体关系的架构图

任务实施

1.1.1 电子商务文案概述

1. 文案的定义

文案是什么？在人们的心里，对文案的解读有很多种。

文案是为了达到营销目的而从事创作的文字工作者。

文案是一个故事，是对人性全面的参透，然后利用科技的手段去展示出来的文字。文案其实是为了达到目标的一种载体，通过点击、吸粉、转化、销售……直至达到制定的目标，最终形成一篇成功的文案。文案的形式各异，如"无厘头""走情怀""标题党"等，用尽方式吸引眼球。

文案是用文字来表达思想的产物，在文字上达到沟通和传达的目的。

文案是用简洁的文字来传达概念或者表达情绪，以达到使传播对象认同的效果。

文案是一种商业化的写作，它的本质是传递信息，其目的在于帮助客户解决商业问题。

文案源于作者对产品的理解，也是另一种营销的方式。

文案是一种语言艺术，讲究的是一种说话的方式。

……

那么，文案到底是什么？

1）文案是一种语体

文案是一种语体，是为产品而写打动消费者内心甚至打开消费者钱包的文字。

文案来源于广告行业，是广告文案的简称，多指以语句、修辞进行广告信息内容表现的形式，有广义和狭义之分。广义的广告文案包括标题、正文、口号的撰写和对广告形象的选择、搭配；狭义的广告文案包括标题、正文、口号的撰写。文案的语体特征将在任务2.1.1中作详细介绍。

2）文案是一种职业

文案是一种职业，即专门创作广告文字的工作者。文案是为了宣传产品、企业主张或想法，在各种媒体平台上使用创作的广告文字并以此为业的人。文案是用文字来表现已经制定的创意策略，是用文字来传达产品、服务的灵魂和思想的过程，这个过程是一个信息传达的过程而不是审美的过程。简单地说，文案是撰写广告文稿并以此为业的人，是用笔工作的推销员。

◆阅读材料 1-1

广告文案与推销员的异同

广告是什么？现代广告奠基人，美国克劳德·霍普金斯在《文案圣经》里提出"广告即推销"，推销遵循的原则也是同样适用广告，两者成功或失败的原因相同。因此，每一个有关广告文案的问题都应该按照推销员的标准来回答。

广告文案与推销员的相同之处有以下几点：

（1）目标相同。两者的目标都是为了销售，对自身盈亏负责，都要计算成本和收益。

（2）要求相同。在表述自己的观点时，必须做到简明、清晰和令人信服。对广告文案来说，文章使用华丽的辞藻明显是一个不利的因素，独特的文体风格也可能是一个不利的因素。因为它们会分散读者对广告主题的关注，暴露销售意图。任何刻意的销售意图一旦暴露，都会导致消费者产生相应的抵触情绪，就好比着装，过度修饰就是误区。

（3）前期准备工作相同。成功的广告文案和推销员一样，他们不需要像演说家那样字正腔圆，但一方面需要熟悉产品，另一方面需要熟悉顾客。在策划和筹备广告的时候，心里要始终想着某个极具代表性的顾客，主题或标题要引起他的注意。心里要想着跟顾客面对面交流时该怎么做，以此来指导你的广告写作。

广告文案与推销员的不同之处有以下几点：

（1）面对人群不同。推销员面对的一般是单独个人，而广告受众则是成千上万的人，广告是放大了很多倍的推销。因此，每位广告文案都应该成为一位超级推销员。

（2）后果不同。推销员失误的代价也许并不高，但广告文案失误的代价可能是前者的一千多倍。

（3）方式不同。推销员主要用嘴巴，使用的是口头语言；广告文案主要用笔，使用的是口头或书面语言。广告文案需要研究消费者，努力将自己放在消费者的立场上，有技巧地组织消费者想要听的语言。

3）文案与作家、策划、编辑、文秘的区别

（1）文案不是作家。作家，泛指以文化创作为职业的人，特指文学创作上有盛名成就的人。因此，一般能被称为"作家"者，其作品大都能够获得出版发行。

同样是写作，作家可以自由创作，而文案是需要针对特定的产品、特定的人群、特定的目标进行命题创作的。

（2）文案不是策划。在很多企业中，文案、策划的岗位是合二为一的，但其实二者还是有较大的区别。

策划常与"活动"联系在一起，策划开幕活动、路演活动、订货会及展览会活动、新闻发布会活动、促销活动等，有清晰的目标，需要有活动过程的详细规划，涉及时间节点的把控及人、财、物的分配。

文案常与"广告"联系在一起，经常会配合策划活动，撰写路演活动宣传单、新闻发布会新闻稿、促销活动海报等。除了配合公司活动撰写文案外，平常可能还需要负责官方网站、官方微博、微信公众号等平台的管理工作。

（3）文案不是编辑。专业编辑活动是指以生产精神文化内容为目的，策划、组织、审阅、选择和加工作品的一种专业性的精神生产活动。广义的编辑活动包括日常活动中的编辑活动，泛指对已有作品进行加工整理的活动。"编辑"一词还指从事编辑活动的职业、岗位人员。由于内容营销越来越重要，企业也可能设置新媒体编辑岗位（简称"小编"），管理企业自媒体平台。编辑是选择和加工作品，文案兼具作者和编辑的职能，有时还需要进行创作。

在企业中，从事原创或改编文字的工作人员，称"文案"的还是比较多。

（4）文案不是文秘。虽然文秘有部分工作也是进行写作，但主要是用公文语体来进行公文撰写，如会议纪要、请示报告、决定、通知、公告和工作总结等，要求情况属实、用词准确、句式明确、结构严谨、条理清楚、表达精练，有固定的习惯用语。

文案并不只是来营造那些大脑懂、逻辑通、道理明的信息，而是像丰信东在《小丰现代汉语广告语法辞典》中所说的："站在消费者心理上说话。"好的文案，应该是具有听觉化、趣味化、口语化的特点，不一定用词规范、符合逻辑，消费者懂得、喜欢、愿意传播就好。例如：

"淘我喜欢""温一壶月光下酒""今年过节不收礼，收礼还收脑白金"等，是优秀的广告词但不一定符合语句结构严谨的要求。

2. 文案、电子商务文案与新媒体运营职位

文案、电子商务文案与新媒体运营职位，虽然没有严格的区别，但仍有细微的不同之处。

传统的文案是指在广告作品中撰写语言文字，在大众媒介上发布出来，达到促进销售目的的专职工作人员。在传统企业市场部或广告公司中，文案多指广告文案。作品发布渠道以报纸、杂志、电台、电视台、户外等传统的平台为主。

电子商务文案是指在电子商务企业中，基于网络平台发布有价值的、与目标人群有关联的、持续性的内容来吸引目标人群，改变或强化目标人群的行为，以产生商业转化为目的的专职工作人员。作品发布渠道以网络媒体（官方网站、天猫淘宝京东网店、官方微博、微信公众号）为主。电子商务文案是传统文案在电子商务行业中的应用。该职位的工作内容除了与文案相同的品牌产品的命名、广告语的创造、硬广文案、软文和新闻稿的撰写外，增加了网店海报、宝贝详情页、信息流广告、手淘产品文案的制作。电子商务公司的文案，除了具备文字能力外，还需要会使用 Photoshop（PS）软件。

新媒体运营是指通过现代化互联网手段，利用微信、微博、贴吧、音频、视频、短视频、直播等新兴媒体平台工具，进行产品宣传、推广、营销等一系列活动的人员。通过策划品牌相关的优质、高度传播性的内容和线上活动，向客户广泛或者精准地推送消息，提高客户的参与度，提升产品的知名度，从而充分利用"粉丝经济"，达到相应的营销目的。新媒体运营，除了与电商文案工作相同的微博和微信平台的管理、贴吧论坛、知乎问答等社会化媒体的营销外，还可能增加了音频、视频、直播、短视频等新兴媒体的运作。新媒体文案在大部分企业所承担的工作内容已远远超越了"文案"这个词的意思，甚至可以说是"文案＋编辑＋策划＋运营"的角色，除了具备文字编辑能力，还需要会运用视频、音频剪辑软件等。

文案、电子商务文案、新媒体运营职位的共同点：它们都是用笔工作的推销员，都是用文字达到销售目的、实现商业转化为目标的一群人。结果的呈现形式包括创意类、编辑类和策划类文案。

文案、电子商务文案、新媒体运营之间的关系如图1-1所示。

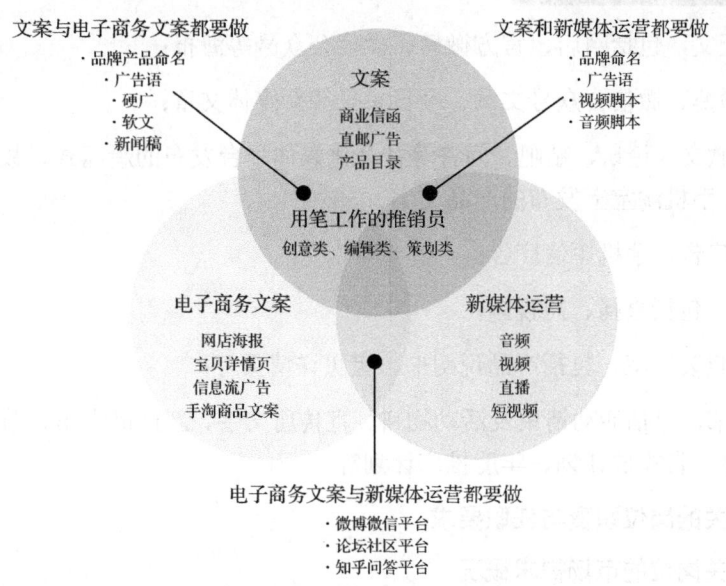

图 1-1　文案、电子商务文案、新媒体运营之间的关系

3. 电子商务文案的工作内容

文案写手们接触到的文案类型，根据其侧重点不同，主要包括三类：创意类文案、编辑类文案和活动类文案。

创意类文案比较偏重奇文巧思和与众不同的内容展示，如各种命名、海报配文、电视广告脚本等，都需要借助新奇的创意来表达；编辑类文案更注重清楚地说明一个问题、阐述一个观点、描述一个概念，如产品功能说明等；活动类文案偏重创意和实操性，需要对未来可能发生的市场营销活动进行人、财、物的分配和时间节点的规划，如新闻发布会、路演活动、展示订货会、开业庆典、节日大促销、新产品上市等。

大型的电子商务企业，对文案类岗位的设置非常具体。例如，家具品牌林氏木业，文案类岗位就设置了产品策划、活动策划、视频策划、内容运营等，甚至内容运营又分出了社交内容运营和微信内容运营。小型的电子商务企业更需要独当一面的全能型人才，一个人就需要兼职运营、推广、策划和美工等岗位。

一般来说，电子商务文案可能涉及如下工作：

（1）各种命名，包括品牌、自媒体平台、网店等；

（2）企业歌曲的歌词、广告歌词；

（3）品牌广告、新产品广告、自媒体介绍说明等；

（4）品牌故事；

（5）企业画册、品牌画册、产品画册等各种宣传册的印制版和电子版文案；

（6）网站、微网站、APP 等平台内的文字；

（7）企业内刊和电子内刊文章；

（8）硬广配文，包括网店、官方微博、微信公众号等海报；

（9）官方微博、微信公众号文章、今日头条等新媒体文章；

（10）各类软文（论坛、贴吧、问答等社会化媒体平台发布的新闻式、故事式、评论式等类型的文章、在手机淘宝上发布的产品文案）；

（11）广播广告，手机短信广告；

（12）脚本，包括直播、短视频；

（13）产品包装文案，包括产品说明书、宝贝详情页等；

（14）策划书，包括活动请柬及活动物料、宣传册文字、新产品上市、节日大促销、年度销售计划、年度广告投放计划、年度推广计划等。

4．文案相关的岗位职责与任职要求

1）文案相关岗位的市场需求概况

在百度搜索栏输入"文案 招聘"关键字，仅广州地区，就搜索到约 14.5 万条信息，如图 1-2 所示。用同样的方法输入"电子商务文案 招聘"关键字，搜索到约 2 万条信息，如图 1-3 所示。说明广州市场对于文案和电子商务文案的人才需求量最非常巨大的。

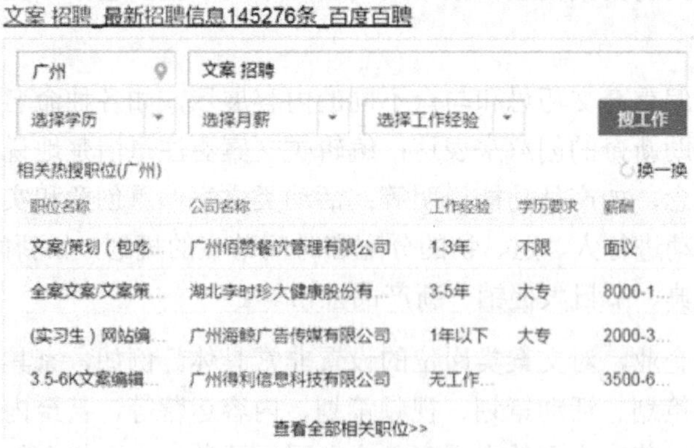

图 1-2 广州地区文案招聘信息

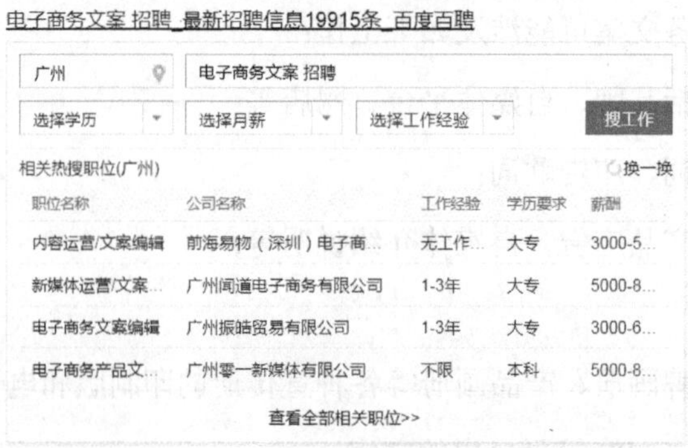

图 1-3 广州地区电子商务文案招聘信息

项目 1 电子商务文案基础

电子商务文案在每家公司，职位名称大同小异：文案策划、电商文案、淘宝文案、天猫文案、网络文案、文案编辑、微博文案、微信文案、新媒体文案等。

◆ 阅读材料 1-2

新媒体岗位人才需求状况

据人人都是产品经理网站统计的资料，马里奥（新媒体从业者）对 11 624 份招聘数据进行整理，发布了《2016 年新媒体行业人才薪酬报告》，以下几个结论值得读者关注：

（1）北京、深圳、上海、杭州和广州五个城市占据了整个市场 90%的新媒体行业的相关岗位需求。

（2）报告指出，新媒体岗位的行业人才需求，集中在电子商务（26%）、教育行业（18%）、生活服务（17%）、金融行业（7%）、文化娱乐（7%）、广告营销（7%）等行业。专员级别员工的薪水在 4 000～9 000 元（2016 年调查统计的数据）。

图 1-4 为十大行业新媒体岗位的需求状况。

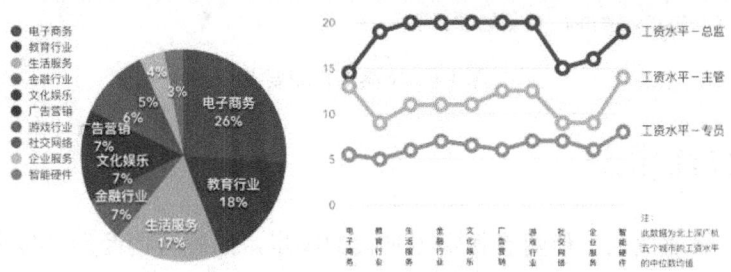

图 1-4　十大行业新媒体岗位的需求状况

（资料来源：人人都是产品经理.http://www.woshipm.com/it/412371.html.）

2）文案相关的岗位职责与任职要求

某家电子商务企业，对于文案的岗位职责描述如图 1-5 所示。职位信息包括：天猫、京东等电商平台促销活动文案的策划、实施；网店首页及宝贝详情页文案的撰写；微博、微信、微淘的文字编辑；软文编写等。

电子商务文案创意与撰写

文案 广州

有限公司　　　　　　　　　　　该公司所有职位

1年经验　　大专　　招3人　　02-01发布

职位信息

岗位职责：

1、负责天猫国际店铺ajoysahu海外旗舰店、京东等电商平台的首页文案和推广广告文案以及日常聚名品等活动文案，能根据产品提取亮点及人群特性，分析客户需求，对产品卖点进行直观、感性、有吸引力的文案描述，定期对线上产品及产品知识进行更新和维护并执行；

2、根据部门任务，策划实施天猫、京东等不同平台的促销活动，如"6·18""双11""双12"聚划算、日常店铺促销、上新、官方活动等主题方案策划；

3、负责微信、微博、微淘发布，淘宝达人等文字编辑和软文撰写，能积极主动贡献创意，制造话题，吸引粉丝，提升销售；

4、能独立完成品牌页面专题的策划撰写、编排，并指导设计；店铺的各级页面内容优化，使店铺定位更清晰，能更准确地传达品牌形象，并有效促进购买转化率的提升；

5、关注竞争对手动向和优秀店铺营销手法，研究其营销策略、活动促销、广告诉求、文案风格，并作出适当整合，作出快速应对策略；

6、完成上级领导交待的其它工作事项。

图1-5　文案的岗位职责描述

文字功底和策划能力是文案岗位重要的要求。某公司文案的任职要求如图1-6所示。

任职要求：

1.大专学历以上，广告、市场营销、中文、新闻等相关专业1年以上文案策划经验，有电商文案编辑或相关行业策划经验者优先；

2.具有较强的思考分析和策划能力、能够独立完成广告策划案、品牌推广方案、项目活动方案；

3.文笔优美，富有创意，文字功底扎实，语言表达能力及逻辑思维能力强；

4.热爱文案策划工作，工作细致、严谨认真；

5.熟练操作OFFICE相关办公软件，有较强的沟通能力、统筹能力和学习能力，责任心强，能承受较大的工作压力，且具备良好的团队合作精神，能服从上级领导安排。

图1-6　文案的任职要求

1.1.2　内容营销概述

媒介更迭，渠道变换，伴随着新媒体时代的脚步，品牌营销经历了传统营销和数字营销阶段，进入了以音乐、电影、短视频、网生内容（网络生活的内容）、微博、微信等为主要载体的内容营销阶段。内容营销的市场规模，2015年达到610亿元，2019年预计达2 000亿元。

随着消费者信息接收方式、购物习惯的改变，通过优质内容生产、场景化引导、社交化媒体传播、心理唤起等方式建立的品牌知名度，更能激发消费者的购买欲望，提高流量转化率。因此，我们认为传播进入内容营销时代。

1-1　传播进入内容营销的新时代

1. 内容营销的定义

美国内容营销协会对内容营销的定义是:"内容营销是一种通过生产发布有价值的、与目标人群有关联的、持续性的内容来吸引目标人群,改变或强化目标人群的行为,以产生商业转化为目的的营销方式。"这里面包含四个关键点。

(1) 内容营销是一种营销方式,是与传统媒体的广告营销、数字媒体的搜索营销相并列的营销方式。

(2) 内容营销是以产生商业转化为目的的一种营销方式。就像营销的目的是为了赚钱,内容营销的目的是商业转化。

(3) 内容营销是通过吸引目标人群来实现商业转化的一种营销方式。从营销的角度将人群分为潜在人群、意向人群、目标人群和核心人群四类,如图 1-7 所示。例如:

对于华为手机而言,长期浏览、关注手机信息的人是潜在人群,想买手机并且兜里有钱的人是意向人群,将购买手机品牌锁定在华为、苹果、OPPO 等品牌的

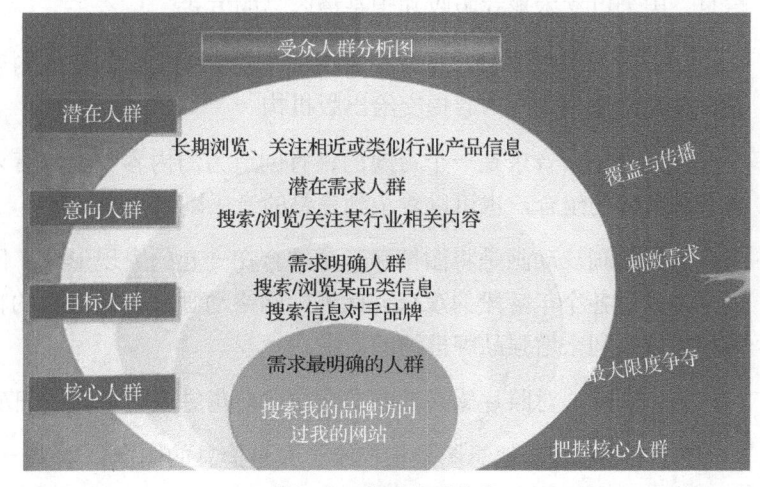

图 1-7 营销人群分类

人是目标人群,经过货比三家最终锁定华为手机的人则是核心人群。内容营销要吸引、改变、强化的是目标人群,即既有消费欲望又有消费能力的人。

(4) 内容营销是以生产发布有价值的内容来达到吸引目标人群、实现商业转化的一种营销方式。什么是有价值的内容?借用新闻价值五要素来讲,就是需要把内容写得具有"时新性、接近性、重要性、显著性、趣味性",对消费者"有用、有利、有趣"。

什么是内容营销?可以用图 1-8 所示的内容来概括。

2. 内容营销的分类

内容营销可以分为以下 16 个类别。

(1) 社会化媒体。社会化媒体营销是指依赖或者基于社会化媒体上用户形成的互相连接的人际关系,来进行品牌或者产品的营销。一般社会化媒体营销平台包括论坛、微博、微信、博客、SNS 社区等。

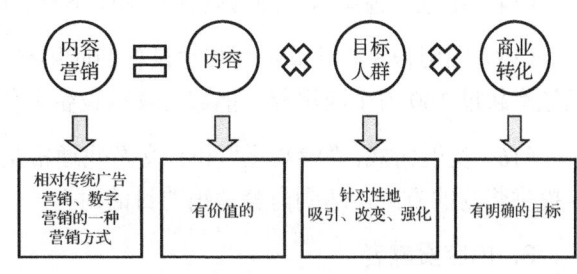

图 1-8 什么是内容营销

（2）新闻稿。新闻稿是一种基于文本发出某项声明的文章。

（3）音频或播客。采访或播客教学的内容通常以音频的形式体现。音频或播客的优势在于：人们可以边听边做其他的事情，即使是最漫不经心的听众，音频中最难忘的内容还是会渗入到他的大脑中。

（4）Podcast Feed。Podcast Feed 就像是一个博客，但采用播客的音频更新方式取代了博客的文本更新，通过有趣的音频，吸引人们听取更多内容。忙碌的人们比较喜欢倾向使用 Podcast Feed 获取资讯。

（5）博客。博客是基于文本的出版物，会定期更新。喜欢博客的读者往往会花时间钻研信息，因为以文本形式吸收知识是最容易的方式。

（6）文章和白皮书。文章和白皮书是同一个类型的在线内容，它比博客含有更多的信息量，并经常作为优质内容提交给出版机构。

（7）音乐。音乐是一个冒险的、有创造力的内容类型。音乐内容营销可能是简单到几个音节和歌词的组合，也可以复杂到完整的音乐剧。

（8）动画。动画是将图像和音频结合在一起的表现形式。网络动画可以用来分解复杂的信息，吸引各个年龄段的观众。此外，网络动画具有病毒性的特点，可以通过展示产品、服务和发放福利来增强品牌推销的效果。

（9）图片。对照片感兴趣的受众往往会花更多的时间仔细观察你的图片。

（10）信息图。信息图是指描绘了大量信息的图像。如果一幅画能够表达 1 000 个词汇，那么信息和图像结合的效果远超于此。

（11）在线研讨会。将音频与幻灯片演讲、解答问题与聊天结合起来提供内容的在线研讨会，也是内容营销的一种重要形式。

（12）在线授课。在线课程是一种面向许多种受众的现场演示。它所涉及的范围从几千名参与者到几千万名参与者。这种形式会延伸许多内容，比如录音、抄本和现场直播。

（13）幻灯片。通过一系列的图像来获得信息是非常轻松的一种方式。根据 Slide Share 的分析，幻灯片最受欢迎的模板形式应该由许多页演示幻灯片组成。每个演示幻灯片的页面总数最好为 65 页，每页演示幻灯片的字数最好是 32 个。

（14）视频。视频内容通常是针对那些不想花时间阅读的受众。

（15）应用程序。计算机和移动设备的应用已经风靡整个网络。苹果 iOS 和 Android 系统已经有超过 100 万个应用程序能够在移动设备上使用。

（16）交互游戏。"游戏化"和社交游戏通常是通过解锁关卡提供奖励的方式，达到内容营销的目的。

1-2 内容营销的分类

3. 内容贡献者

内容贡献者有三类：UGC、PGC 和 OGC。

1) 用户创造内容（UGC）

UGC（User Generated Content）是指用户原创内容，是伴随着以提倡个性化为主要特点的 Web 2.0 概念而兴起的内容创造方式。它并不是某一种具体的业务，而是一种用户使用互联网的新方式，即由原来的以下载为主变成下载和上传并重。随着互联网应用技术的发展，网络用户的交互作用得以体现，用户既是网络内容的浏览者，也是网络内容的创造者。

UGC 包括：视频分享（优酷土豆）、内容生产（微博、微信）、社区论坛（知乎、贴吧）、照片分享（图钉网、优美图）、知识分享（百度文库、维基百科）、好友社交（Facebook）等。

UGC 激励方式包括：竞争激励（排行榜、推荐榜）、虚拟头衔（加 V、高级功能、用户勋章、特权）、实物激励（优惠券、积分奖品）、情感激励（点赞、回复、粉丝数、首页置顶、线下活动）、兴趣圈子（兴趣团体、标签、话题）等。

2) 专业创造内容（PGC）

PGC（Professionally-generated Content）是指专业生产内容（视频网站）和专家生产内容（微博、微信公众号等），具有内容个性化、视角多元化、传播民主化、社会关系虚拟化的特点。"P"通常指社区中的 KOL（Key Opinion Leader，关键意见领袖）、大 V、运营人员等专业人士或公司。

PGC 产业包括内容制作、内容分发和内容变现三个部分。

◆ 阅读材料 1-3

艺恩发布《2016 年 PGC 产业生态研究报告》

关于 PGC 产业，艺恩在 2017 年 2 月发布的《2016 年 PGC 产业生态研究报告》中指出："2016 年上半年，中国 PGC 产业快速升温，大量资本及制作者涌入其中，优酷土豆等各平台纷纷推出 PGC 产业扶持计划，对 PGC 产业创作团队在资金及资源上给予支持。在多方支持下，市场得到快速发展，PGC 产业的质量有显著提升，头部 PGC 产业形成较强的品牌效应，并向 IP 化发展。PGC 产业逐渐形成以内容制作、分发、变现的生态链闭环。进入 2016 年下半年，资本投入渐趋冷静，PGC 产业逐渐进入洗牌期，PGC 产业野蛮生长时期宣告结束，市场竞争进入白热化阶段。"PGC 产业生态链模型如图 1-9 所示。

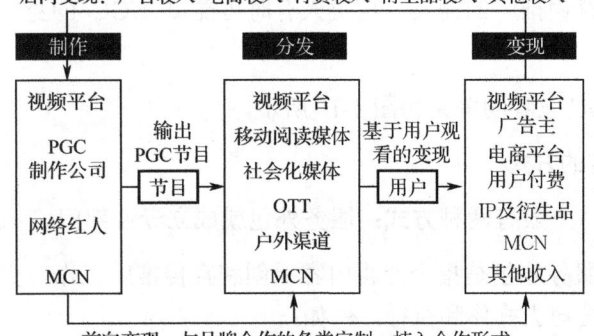

图 1-9 PGC 产业生态链模型

PGC 产业图谱包括内容制作、内容分发、内容变现三个部分，如图 1-10 所示。

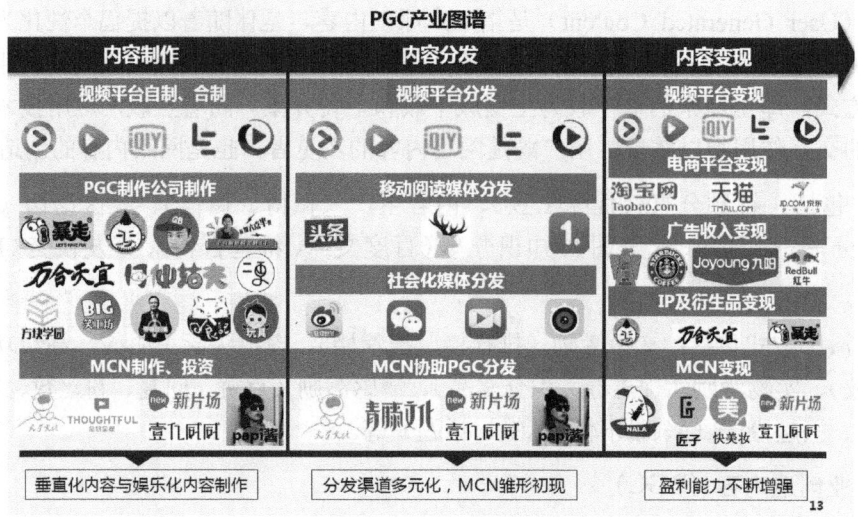

图 1-10　PGC 产业图谱

内容制作包括三类：视频平台自制、合制（优酷土豆、爱奇艺等）、PGC 制作公司制作以及 MCN 制作、投资。MCN（Multi-channel Networks）是依托视频平台机制创造、生产的商业模式。

内容分发包括视频平台分发、移动阅读媒体分发（今日头条）、社会化媒体分发（新浪微博、微信、美拍）和 MCN 协助 PGC 分发。

内容变现包括视频平台变现、电商平台变现、广告收入变现、IP 及衍生品变现和 MCN 变现。

（资料来源：艺恩. http://www.entgroup.cn/Views/38806.shtml.）

3）职业创造内容（OGC）

OGC（Occupationally-generated Content）是指品牌生产内容，为受众提供产品、品牌和品类相关的信息，目的是让品牌成为消费者心目中的权威专家。生产内容的对象可以是企业的专职内容运营人员，也可以是公关公司的专业人士，还可以是媒体平台的记者或编辑。他们为企业品牌服务，领取企业给予的报酬。

出于对品牌网络营销推广的需要，这类人有时可能以 UGC 的身份出现，有时也可能以 PGC 的身份出现。

UGC、PGC、OGC 三者的关系如图 1-11 所示。

4．企业创造内容的方式

企业的内容创造，一般有两种方式：服务外包或成立专业部门。

（1）服务外包。服务外包是指企业将内容原创和宣传推广工作，交给专业的广告公司、营销策划公司、公关公司去操作和执行。例如：

王老吉的"怕上火就喝王老吉"广告，是由广州成美营销顾问公司提炼的。

项目1 电子商务文案基础

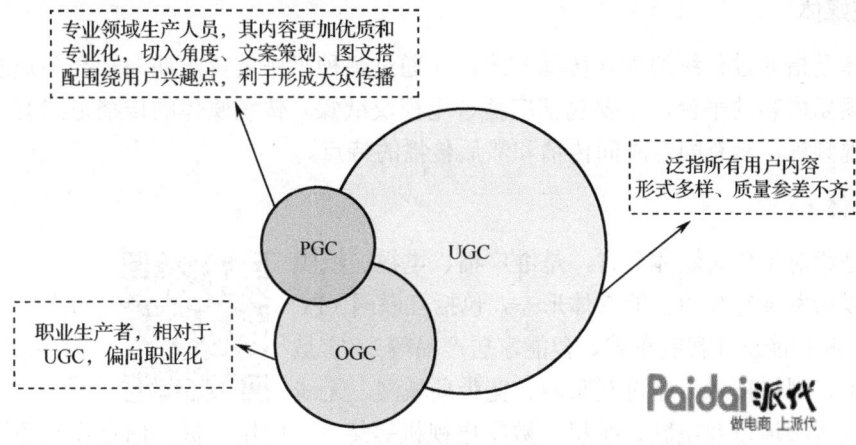

图1-11 UGC、PGC、OGC三者的关系

（图片来源：派代.http://www.paidai.com/.）

（2）成立专业部门。企业也可以成立专业部门，从事官方微博和微信公众号运营、官网编辑、新闻及软文写作与发布、海报宣传单设计与制作等工作。这个部门可能是市场部、推广部、公关部，也可能是新媒体运营部等。如江小白酒业有近百人的文案团队。

1.1.3　媒体的分类及特点

内容营销离不开媒体。在了解内容营销的概念及分类以后，我们再来看看什么是传统媒体和新媒体。其中，新媒体包括自媒体和社会化媒体。

媒体（Media）一词来源于拉丁语"Medius"，音译为媒介，意为两者之间。媒体是指传播信息的媒介，是指人借助用来传递信息与获取信息的工具、渠道、载体、中介物或技术手段。媒体可以分为传统媒体和新媒体，传统媒体与新媒体的区别如图1-12所示。

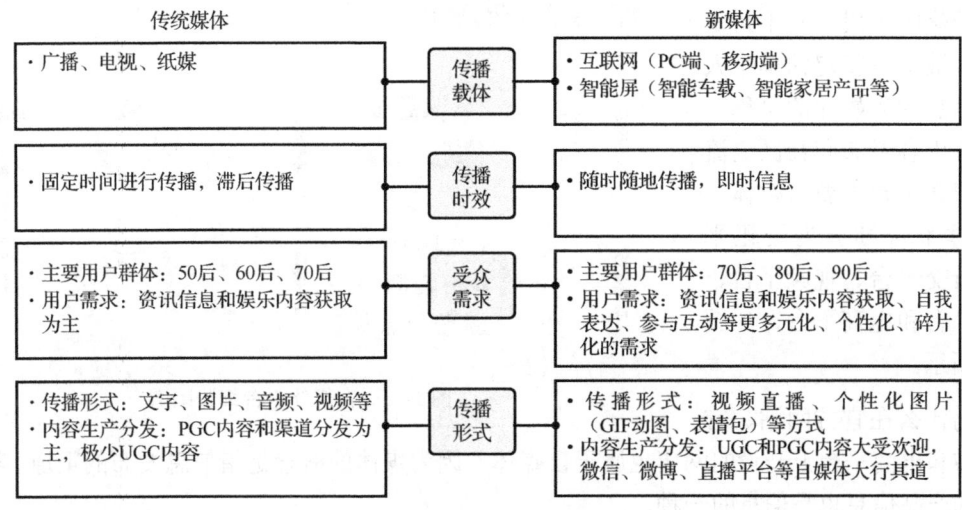

图1-12　传统媒体与新媒体的区别

1. 传统媒体

传统媒体是指通过传统的大众传播方式，即通过某种机械装置定期向社会公众发布资讯信息或提供娱乐内容的平台，主要包括广播、电视及纸媒。传统媒体的传播形式有文字、图片、音频和视频等，具有固定时间传播和滞后传播的特点。

2. 新媒体

新媒体是相对于传统媒体而言，是继广播、电视、纸媒等传统媒体以后发展起来的新的媒体形态，包括互联网（PC端、移动端）和智能屏（智能车载、智能家居产品等）。它是利用数字技术、网络技术，通过互联网、宽带局域网、无线通信网、卫星等渠道以及电脑、手机、数字电视机等终端，向用户提供信息和娱乐服务的传播形态。严格地说，新媒体应该称为数字化新媒体（户外广告中，有的属于传统媒体，如平面的车身广告、墙体广告、候车亭广告等；而楼宇电视广告、LED 电子户外屏广告，又属于新媒体的范畴）。新媒体的传播载体分为三种类型，如表 1-1 所示。

1-3 不同类型新媒体的优劣势

表 1-1 新媒体的传播载体

类 型	内 容
互联网（PC端）	门户网站、电子商务、网络广告、搜索引擎、微博、社区网络、会员、内容等
互联网（移动端）	服务、内容、会员、定制等
智能屏	数字电视、移动电视、户外数字广告、楼宇电视、电子阅读等

目前较为主流的新媒体平台有 7 种：资讯类、视频类、短视频类、音频类、直播类、开放式社交类、封闭式社交类。不同类型的新媒体平台，具有不同的优劣势。

按照内容创造的对象来分，新媒体可以分为自媒体、社会化媒体。

1）自媒体

自媒体（We Media）又称"公民媒体"或"个人媒体"，是指私人化、平民化、普泛化和自主化的传播者，以现代化和电子化的手段，向不特定的大多数或者特定的单个人传递信息的新媒体的总称。通常在内容发布和社区交流等新媒体平台上做自媒体。自媒体平台细分为资讯平台、社交平台、视频平台、音频平台和电商平台，如图 1-13 所示。

图 1-13 自媒体平台细分图谱

为什么在官方网站、官方商城和电商平台上开设的网店也属于自媒体？因为媒体的概念是指信息发布的渠道、载体，网店的产品信息也是信息的一种。

自媒体平台的发展经历了以下几个阶段：

（1）最初的自媒体平台。2000年博客平台兴起，国内自媒体开始出现，以新浪博客、天涯社区、猫扑豆瓣为代表的博客社区，形成了最初的自媒体平台。该时期涌现出了最早一批自媒体的网络红人。

（2）基于社交网络的自媒体平台。2009年，新浪网试水微博，并借助它强大的媒体属性，将微博推向重要的互联网应用程序之一；2011年，新浪网微博走到巅峰状态，它是继博客之后的又一个典型的自媒体应用。

（3）基于公众号的自媒体平台。2011年，腾讯公司推出微信，用于人际关系传播的个人通信工具；2012年，腾讯公司推出微信公众平台（公众账号），随即引发大量机构和个人入驻并开设自己的账号。随着今日头条、搜狐、网易等门户网站纷纷推出公众号平台，自媒体发展进入公众号时代。

（4）基于富媒体的自媒体平台。2012—2014年，门户及视频网站等平台布局自媒体，自媒体活跃媒介平台日益多元，出现"文字＋图片＋音频＋视频"等形式，涌现出爱奇艺、搜狐视频、喜马拉雅等自媒体平台，专业组织参与的平台数量增加。

（5）直播兴起，自媒体行业多元化。2015—2016年，自媒体行业经历了博客、微博、微信公众号到真人直播等形式的多元化发展历程，网红、直播平台推进自媒体新一轮热潮，自媒体行业步入黄金时代。

克劳锐（自媒体生态服务机构）发布的《2018自媒体行业白皮书》数据显示，截至2017年12月，自媒体从业人员达到300万人。

2）社会化媒体

社会化媒体是指以Web 2.0技术为支持，允许用户创造、分享与传播信息的实时互动的网络应用平台。社会化媒体以互联网技术为基础，将以往媒体与受众间信息一对多的对话模式转变为在用户间多对多的沟通模式。它支持知识和信息的民主化，使在此媒体平台上的用户群体从内容的消费者变为内容的制作人。社会化媒体具有碎片化、草根化、互动化、社交化和混沌化的特征。

◆阅读材料1-4

中国社会化媒体格局概览

Kantar Media CIC通过10多年的社会化媒体调研，于2017年7月发布了中国社会化媒体格局概览，将社会化媒体分为了电子商务、交友、论坛、博客、社交网络、图片社交、分类信息、商务社交、社交搜索、通讯、新闻、公益、微博、视频、游戏、音频、问答共17个类别，如图1-14所示。

Kantar Media CIC明确地将电子商务平台，如天猫、淘宝网、京东都列入社会化媒体的范畴。

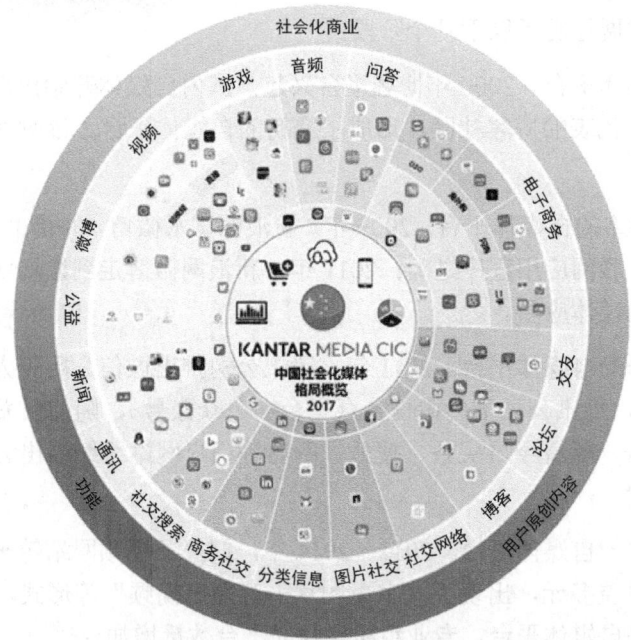

图1-14 社会化媒体格局概览

（资料来源：Kantar Media CIC官网. http://www.ciccorporate.com/.）

3）自媒体与社会化媒体的区别

自媒体与社会化媒体都属于新媒体的范畴，它们的区别有以下几点：

（1）目的不同。"我"建自媒体，是为了传播我的信息；"我"建社会化媒体，是为了方便大家交流信息。

（2）内容创造者不同。自媒体的内容创造者为自媒体所有者；社会化媒体的内容创造者为全体网民（社会化媒体本身主要是建设平台，而并非制造内容）。

（3）互动性有差异。自媒体首先是信息的传递，然后再考虑互动；互动是社会化媒体的命脉，无互动不社交，无互动不社会化媒体。

（4）平台不同。自媒体可以自建平台，也可以借用社会化媒体的平台；社会化媒体的本质是一个信息传播的交流平台。

自媒体与社会化媒体的主要区别在于内容是由谁来创造的。自媒体可以通过自建的平台，也可以通过社会化媒体的平台来创建内容；社会化媒体的主要目的是打造平台、鼓励用户在平台上发布内容、增加平台的黏度与活跃度。没有用户和用户创造的内容，社会化媒体就不再有存在的价值。

3. 内容营销与社会化媒体营销

内容营销与社会化媒体营销的区别有以下几点。

（1）两者的概念不同。内容营销是指通过持续生产和运营高质量的内容来达到营销目的的行为；社会化媒体营销是依托社会化媒体平台来设计和实施营销活动的行为。虽然两者在很多层面有大量的重叠，但实际上差别很大。

（2）两者产生的背景不同。社会化媒体营销的说法是伴随社会化媒体的产生和发展而兴起的，起源于计算机时代，在语境上相对的是传统媒体营销；内容营销则更多地对应了移动互联时代，伴随着各种类型媒体的迅猛发展，消费者的信息选择在渠道和体量上都过于丰富，从而导致以各种广告作为流量入口的传统营销方式开始失效，企业必须通过内容来构建与消费者的关系，并且创造价值。

（3）依托的阵地和载体不同。社会化媒体营销的主要阵地是社会化媒体；内容营销的阵地则丰富很多，可以是社会化媒体，也可以是传统媒体，还可以是企业销售端的各种媒介形式（如产品单页、终端宣传片、终端形象、产品的包装、售后服务的话术和表现等）。从这个意义上来讲，内容营销其实包含了社会化媒体营销。传统媒体内容营销举例如下：

最近两年，随着品牌人格化和CEO形象管理的重要性得到认同，很多企业尝试用出版图书的形式，对企业或者企业领导人进行深度报道或者立传，比如腾讯公司邀请吴晓波出版图书《腾讯传》，京东公关团队运作撰写的图书《创京东》，都是传统媒体内容营销的典型代表。

（4）内容的形式和要求不同。社会化媒体营销无论是基于"双微"（微信和微博），还是类似知乎、豆瓣等媒体形式，在操作层面上只需要根据对应的平台规则和用户类型去生产相应的内容；内容营销面对的是全网所有的传播渠道，因此，内容的表现形式和类型会更丰富，而且制作的要求和水准更高。例如：

企业参加线下的展览会，如果展台设计得很糟糕，或者在展会上也没有策划任何活动，企业当然可以把这些照片放在自身的"双微"上去做社会化媒体营销。当然，展会期间也可以拿个喇叭在展馆门口吆喝，但这些并不能保证有大量的顾客来到展位并且停下来交流。当使用内容营销思维时，企业需要针对这次展会的观众传达的企业核心信息和品牌形象，对展台进行造型和视觉设计，并且策划有趣的现场活动，从而自动吸引现场观众停留、注目并且和企业相关人员展开交流。当然，如果观众拍照并发送到微信朋友圈，那就"赚"得更大了。

（5）使用的手段和衡量标准不一样。由于内容营销的阵地更为广泛，因此进行内容运营时，就有更多的形式和手段可以使用，如针对官方网站的SEO和SEM，或者让社群成为内容生产和传播的手段。

内容营销的最高境界是通过内容来卖产品。如果企业在社会化媒体上做内容营销，则两者是互相重叠和统一的。这种统一能够达到四两拨千斤的效果。对于没有使用社会化媒体的B2B企业，虽然谈不上社会化营销，但是仍然离不开内容营销。

内容营销与自媒体营销、社会化媒体营销及线下营销关系如图1-15所示。

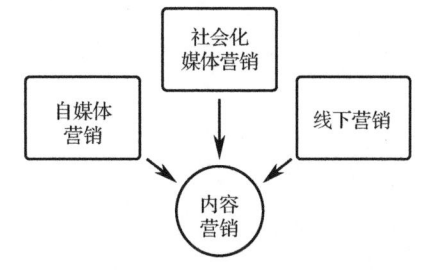

图1-15　内容营销与自媒体营销、社会化媒体营销及线下营销的关系

任务实训

【实训1】 登录百度百聘网站（http://zhaopin.baidu.com），选择你所在的城市，分别搜索：

"新媒体运营专员""微信专员""文案""策划专员""推广专员"。将"百度百聘"展现的内容截图,分析你所在城市文案相关岗位的人才需求概况。

【实训2】 浏览你所在城市的主流招聘网站(前程无忧/智联招聘/58同城/中华英才网/应届生求职网等),就你感兴趣的某一岗位,调查你感兴趣的三家企业的岗位设置情况,截图并归纳该岗位的岗位职责与任职要求。

1-4 文案策划专员笔试题

【实训3】 扫描"1-4 文案策划专员笔试题"二维码,下载某公司文案策划专员笔试题。请在30分钟内完成该测试题。

任务 1.2 卖点提炼与文案构思三七法

任务导入

文案不是文字，不是华丽的辞藻，不是语言的玩弄。文案是为商业服务的，要服从企业的营销战略，要有效地显示出产品的差异化，并且强化这种差异化所带来的优势，最终将产品映入消费者的脑海。我们可以从自身、竞争对手、消费者三个角度，来挖掘、找到、提炼产品的特点、痛点及卖点。

任务导图

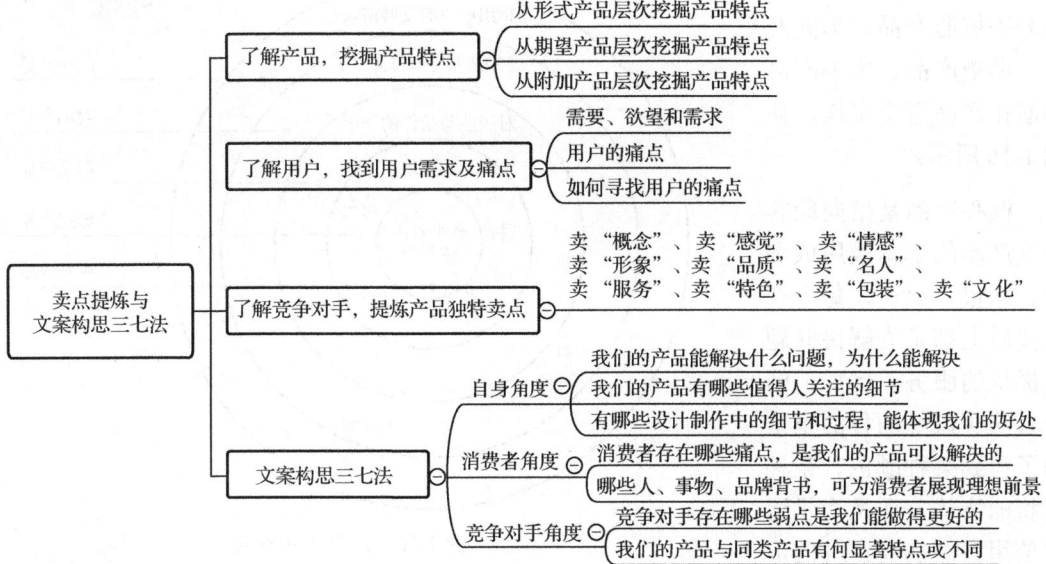

学习目标

知识目标	了解产品的五个层次
	熟悉提炼卖点的十种方法
	掌握文案构思三七法
能力目标	能够从形式产品、期望产品、附加产品的三个层次挖掘产品特点
	能够从用户的角度寻找产品的需求及痛点
	能够在了解产品、用户、竞争对手的基础上提炼产品卖点

1.2.1　了解产品，挖掘产品特点

没有将自身的产品和服务熟透于心，没有将竞争对手的产品和服务熟透于心，没有将目标客户的需求与痛点熟透于心，是没有办法写出好文案的。即便你用钱砸到满世界都是你的广告，那也只不过是一场华丽的自嗨罢了。

因此，我们在构思文案之前，必须先了解文案写作的对象（产品或服务），挖掘出产品或服务的特点。产品的特点是产品所具有的特别或特殊之处。简单地说，就是和同类产品不同的地方。

从营销角度来看，产品分为核心产品、形式产品、期望产品、附加产品和潜在产品五个层次，如图 1-16 所示。

核心产品是指向顾客提供产品的基本效用或利益。从根本上讲，每个产品实质上都是为解决问题而提供的服务。例如，消费者购买口红的目的不是为了得到某种颜色、某种形状的物体，而是为了通过使用口红提高自身的形象和气质。

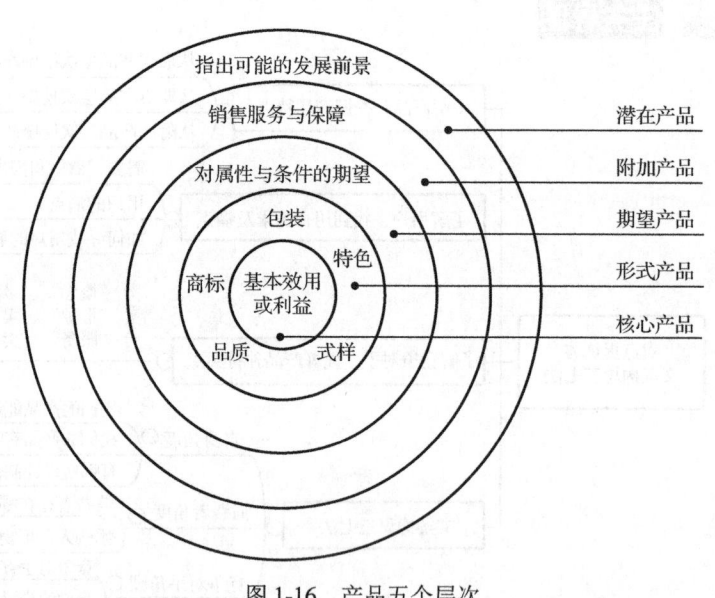

图 1-16　产品五个层次

潜在产品是指现有产品包括所有附加产品在内的，可能发展成为未来最终产品的潜在状态的产品。潜在产品指出了现有产品可能的演变趋势和前景。如彩色电视机可发展为大屏幕智能电视、激光电视等。

一般来说，产品的特点，主要集中在形式产品、期望产品和附加产品这三个层次。

1. 从形式产品层次挖掘产品特点

形式产品是指核心产品借以实现的形式或目标市场对需求的特定满足形式。形式产品一般由五个特征构成，即品质、式样、特色、包装和商标。从形式产品层次打造或提炼产品特点，是企业常用的手法。

1）品质

品质是指产品的质量，是产品的品位等级和质量等级的综合体现。费根堡认为："品质不是最好的，它只是在某些消费条件下的最好，这些条件指的是产品价格（隐含品质成本），以

及实际的用途。"例如：

同样强调品质形成自己产品的特点，某品牌饮用水说"27层净化"，某品牌口香糖说"根本停不下来"，某品牌手机说"充电五分钟，通话两小时"。

2）式样

很多产品都可能在形式上有所差异——产品的大小、形状或者实体结构。对于服装、箱包、鞋帽、手表、眼镜等日用品来说，式样是产品的一个重要因素。

3）特色

大部分产品可以在其基本功能上补充各种各样的特色，以满足不同细分市场人群的需求。例如：

同样是网上卖鲜花的品牌，"花点时间"是以周为单位对鲜花进行订购配送的；"FlowerPlus花+"颠覆了传统鲜花多在节庆、纪念日消费的模式，填补都市人日常鲜花消费的市场空缺，通过手机端下单、包月制住宅配送的方式，培育日常用花的消费模式；"rose only"主打"一生只送一人""一生只爱一人"的概念，聚集高端礼品用花市场。

4）包装

包装的本质不是一个产品包，而是一个信息包，是一个信息"炸药包"！这个信息包在商场或电子货架上和其他信息包竞争，脱颖而出，引起消费者的注意，并携带购买理由，"炸"开消费者的心智，达成购买。例如：

脑白金外包装为什么用蓝色？史玉柱说："因为当时保健品市场的大多数同类产品都是用红色的包装，所以在产品包装上我们选择了蓝色，让脑白金能在一片红里面脱颖而出，第一时间吸引消费者的目光。"

5）商标

商标是指运用图形或事物的象征性含义，间接地表现品牌的内在含义及特点的标识符号。例如：

我们看到金拱门会想起麦当劳、上校会想起肯德基、小钩子会想起耐克等。看到图 1-17 所示的三个商标，我们就知道它们所代表的汽车品牌。

图 1-17　汽车品牌商标

2. 从期望产品层次挖掘产品特点

期望产品是指购买者在购买产品时，期望得到与其密切相关的全部属性与条件的产品。例如：

旅馆的客人期望得到清洁的床位、洗浴香波、浴巾、电视等服务。顾客对产品的期望与顾客自身的条件有关，如知识水平、收入水平、生活习惯、价值观念等。比如我们住酒店，花 200 元和花 2000 元，对酒店的期望和要求是不一样的。

企业可以从耐用性、售后、物流、使用方便程度等期望产品的层次，打造产品的特点。

1）耐用性

耐用性是衡量产品在自然或有压力的情况下预期寿命的长短的因素。耐用性对交通工具、家具建材、家用电器和其他耐用品来说是一个重要因素。例如：

充电宝，市场上较为知名的品牌有很多。同样讲耐用性，可以讲"充电半小时，续航一整天/周"，可以讲"使用寿命 600 次以上，365 天只换不修"，也可以讲"偏执狂重塑经典，365 天只换不修"等。

2）售后

售后是衡量当产品发生故障或失常时的维修响应速度和容易程度的因素。

3）物流

物流是物品从供应地向接收地的实体流动过程中，根据实际需要，将运输、储存、装卸搬运、包装、流通加工、配送、信息处理等功能结合起来，实现用户需求的过程。电子商务时代，顾客对物流的速度有要求。例如：

外卖要求在半小时内送达，京东和天猫超市购物要求次日送达，电商物流"春节不打烊"等。

4）使用方便

消费者厌恶复杂，于是诞生了"傻瓜相机""P 图神器""一站式服务""自助下单""0 秒退房"等简便功能或服务。

3．从附加产品层次挖掘产品特点

附加产品是指顾客购买形式产品和期望产品时，附带获得各种利益总和的产品或服务。例如，购物中心的免费停车、免费 WiFi，小区楼盘的会所、重点学校，食品的试吃、赠品，酒店的无线网络、免费水果等。案例：

小米创始人雷军多次说过，小米真正学习的是三家公司：同仁堂、海底捞和沃尔玛。"我们像同仁堂一样做产品，货真价实，有信仰；向海底捞学用户服务，做超预期的口碑；向沃尔玛学运作效率。"海底捞是一家主营川味火锅的餐饮连锁店，让消费者津津乐道的不是它的产品或价格，而是其"逆天"的服务：等位时免费美甲、吃火锅时免费清洗眼镜、上洗手间时帮助挤洗手液、吃饭时的变脸及拉面表演、生日时加送的菜式及面条、服务员发自内心的微笑……

1.2.2 了解用户，找到用户需求及痛点

1．需要、欲望和需求

在了解用户需求及痛点之前，我们先来看什么是需要、欲望和需求。需要、欲望和需求在营销学上是三个不同的概念。

需要指没有得到某些基本满足的感受状态。人类对空气、食物、水、穿着和居所有基本的需要，对休闲、教育、娱乐有强烈的需要。

欲望是指想得到满足而产生的对具体产品的愿望。以"宵夜"为例，晚自习下课后肚子饿了，这时你就产生了吃东西的需要。吃什么？你的脑海里出现了曾经吃过的海鲜大餐、比萨汉堡、寿司火锅、湘菜粤菜等，这就是你的欲望。可是兜里只有5元钱，所以方便面或面包才是你真实的需求。

需求是指对有能力购买并且愿意购买的某个具体产品的欲望。什么是需求？需求是指在特定的情况下产生的特定的问题，并且这个问题是可以被解决的，这个问题我们就可以把它称为"需求"。需求有四个要点：特定的群体、特定的场景、特定的问题和问题可被解决。需求来源总结为两点：一点是来自用户的痛点，产生刚性需求；另一点是来自用户的兴奋点，产生非刚性需求。例如：

在沙漠中口渴想喝水，不喝就会危及生命安全，这就是刚性需求；徒步的过程中有人卖烧饼，卖得很贵，但是你自己还有其他的干粮，你想吃烧饼但是不愿意为它花钱，所以就没有买，也许心里会失落，但结果并不会对你的生命造成威胁，所以烧饼对此时的你来说是非刚性需求。

2．用户的痛点

痛点，就是刚性的、可以量化的需要。它带给消费者困扰，消费者愿意花钱解决它。例如：

在"美图秀秀"之前，大部分图像处理软件（如PS）都专注于提高处理图像的性能。这个时候，让用户使用图像处理软件的最大阻碍是什么呢？可能并不是图像处理的性能——对大多数人来说，PS的性能已经足够好。这时，让用户使用图像处理软件最大的阻碍可能是易用性。因此，易用性可能就是痛点。抓住这一痛点，专注于提高易用性的美图秀秀就取得了初期的成功。

需求来源于痛点，但是痛点不等于需求。可解决的痛点才是我们所要挖掘的需求。

生活中的痛点无处不在，但并不是所有的痛点都值得我们去深度挖掘。当我们发现一个痛点时，首先要做的就是对这个痛点进行判断。如何判断？依照下面四个标准：

- 是否是迫切的？
- 是否是必须解决的？
- 出现的频率是否高？
- 持续的时间是否长？

当痛点具备迫切又必须被解决、出现频率高、持续时间很长等特征时，这个痛点必然是高价值的，反之就是低价值的。案例：

作为经常外出的销售工作者，由于经常使用手机联系、跟进客户，大都会面临的问题就是手机电量耗电飞快，每天下午两三点电量就已经很少了，但是又没有地方和时间让你及时充电，以致很多事情都被耽误了。此时，手机无法及时充电是你的痛点。既然是痛点，我们就用上面四个判断标准来分析这个痛点的价值如何。

（1）是否是迫切的？是的，如果解决不了，客户联系不上，订单可能就无法交易。不仅如此，上网、线上支付等功能都不能用。

（2）是否是必须解决的？是的，除非你换手机，不然就得给这部手机充电。

（3）出现的频率是否高？高啊，每天都来一两次。

（4）持续的时间是否长？长啊，只有有电源的地方才可以充电，在外面真心不好找。

通过四个标准判断，这是个价值很高的痛点。实际运用中，我们可以分析一下OPPO手机是如何利用这个痛点的。"充电5分钟，通话两小时"，正中用户内心，从OPPO手机居高不下的销售额就可以看出，这个痛点抓得非常准。

既然是高价值的痛点，我们就可以想办法来解决。还有很多痛点位于高价值和低价值之间，如何取舍就需要结合多方面的因素综合考虑。例如：

人们想长生不老，生命短暂是人们的一个痛点，但是这个痛点是无法解决的，意味着它只是一个待解决的问题而不是需求。再者说，如果我们的目标转换为让人类的寿命延长，而不是长生不老，那么这个痛点就是需求。因为我们可以通过各种方式来延长寿命，这是完全可以解决的问题。

所以，痛点是不是需求？取决于消费者是否愿意花钱解决这个痛点，取决于我们是否有能力解决这个痛点。

需求、痛点与需要之间的关系如图1-18所示。

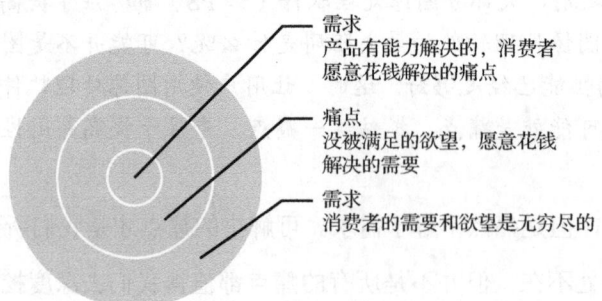

图1-18 需求、痛点与需要之间的关系

3. 如何寻找用户的痛点

寻找用户的痛点需要做到以下两点：

（1）对自己和竞争对手的产品或服务有充分的了解，这方面的了解是用来做产品差异化和产品定位的，以便通过细分市场找到痛点。

（2）对消费者的消费心理有充分的解读。对消费者的了解是非常重要的，因为购物的主体就是消费者，只有知道他们的真正需求并满足他们，你的产品或服务就是成功的，否则就是失败的。

寻找用户的痛点是一个长期观察和挖掘的过程，不可能一蹴而就。从马斯洛的需求层次理论去分析消费者的心理，也许会更容易发现用户的痛点。马斯洛的需求层次理论如图1-19所示。

项目1 电子商务文案基础

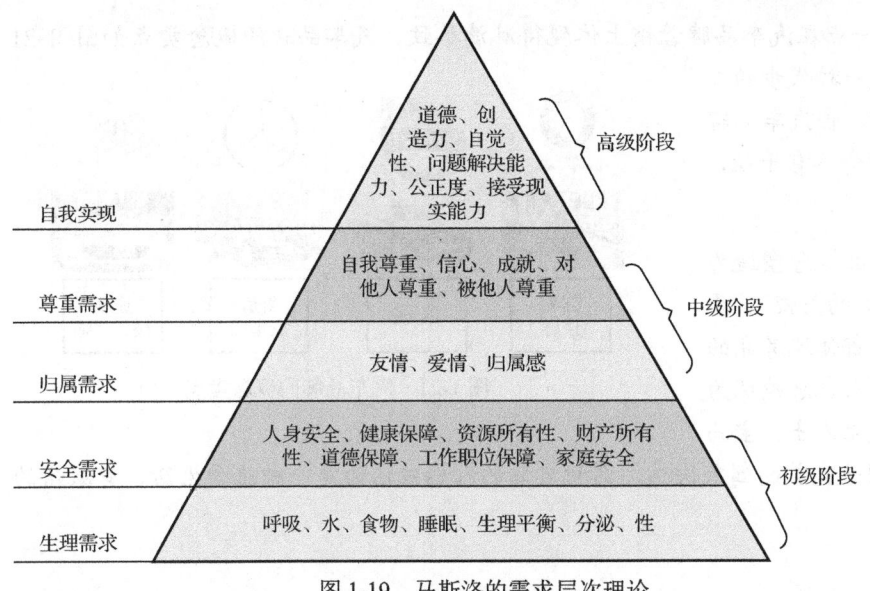

图 1-19 马斯洛的需求层次理论

1-5 解冻文案：不要让用户关注你的产品，先让他们关注自己

1.2.3 了解竞争对手，提炼产品独特卖点

所谓卖点，是指该产品具备了前所未有、别出心裁或与众不同的特色、特点。这些特点和特色，一方面是产品本身具备的，另一方面是通过营销策划人员的想象力"无中生有"而创造的。不论它从何而来，只要能够让它落实到营销的战略、战术中，转化为消费者能够接受、认同的利益和效用，就能达到产品畅销、建立品牌的目的。

根据罗素·李维斯的理论，卖点主张包含三个方面的含义：

（1）任何产品应该向消费者传播一种主张、一种忠告、一种承诺，告诉消费者购买产品会得到什么样的利益；

（2）这种主张应该是竞争对手无法提出或未曾提出的，应该独具特色；

（3）这种主张应该以消费者为核心，易于理解和传播，具有非常大的吸引力。

例如：

宝洁旗下不同的洗发水品牌，根据不同消费者的需求，提炼出不同的卖点。如图1-20所示。

如何提炼产品的卖点，可以从概念、感觉、情感、形象、品质、名人、服务、特色、包装、文化等角度进行思考。

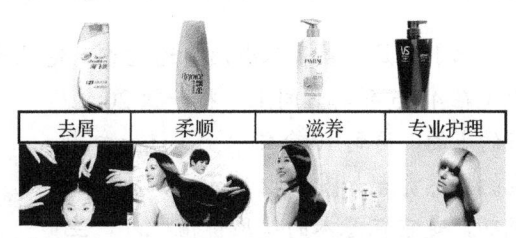

图 1-20 根据不同消费者的需求提炼的卖点

1. 卖"概念"

概念是表现产品卖点的一种形式，概念炒作会对产品销售产生巨大影响。案例：

27

卖"概念",这一点在汽车品牌营销上体现得淋漓尽致。汽车品牌的概念卖点如图 1-21 所示。虽然汽车只是一种代步的工具,只要性能好便可。但汽车品牌众多,他们产品的概念各有千秋,契合着不同人的胃口。

例如,奔驰将产品概念塑造为"精确是生活驾驭自如的关键",于是在它的车中,处处都体现考究的品质,而开奔驰车的人也总被认为是一个精致生活的成功人士;宝马

图 1-21　汽车品牌的概念卖点

的产品概念中试图创造完美的驾乘快感,驾驶宝马的人总被认为是一种热爱生活、有激情的年轻人。

2. 卖"感觉"

所谓感觉,就是企业以产品或者服务为载体,为消费者创造出的一种心理舒适与精神满足。如今,这种心理舒适与精神满足已经超越物质需求,成为消费者渴望得到的重要价值。案例:

可口可乐公司从 1892 年成立至今已有 100 多年的历史,该公司根据时代及自身的发展需求,更换了不少于 50 次广告语,并且每次所更换的广告语都与其时代及公司的发展步伐紧密相联,成为广告语中的经典之作。这种创造"感觉"的卖点提炼,可口可乐可谓一马当先。近几年,为了摆脱销量的颓势和日益增长的健康问题,可口可乐将广告语"Open Happiness"(畅爽开怀)更改为"Taste the feeling"(品味感觉),期望通过这样的洞察,释放生活在高压、快节奏环境下的消费者的压抑心理,抓住"The moment",使可口可乐融入日常生活,给每一位消费者带来心理与精神的"感觉"享受。

3. 卖"情感"

所谓情感,就是把消费者个人情感差异和需求作为企业品牌营销战略的核心,通过借助情感包装、情感促销、情感广告、情感口碑、情感设计等策略来实现企业的经营目标。案例:

江小白是一款青春小酒,通过重新定位产品、渠道、目标客户、消费场景,使它从零起步(在 4~5 年的时间里)将一款 20 元/瓶的小酒,卖到 10 个亿以上。江小白文案的情感卖点如图 1-22 所示。江小白的成功,是它在基本的饮用价值之外,主打情感营销:首先,给消费者一种"喝的不是酒,是情怀"的消费体验;其次,其语录与消费者共鸣,用陶石泉自己的话说"有心灵治愈的情感价值",第三,借助语录和瓶体、喝酒场景在社交平台上的分享,让消费者表达自己的情绪(现

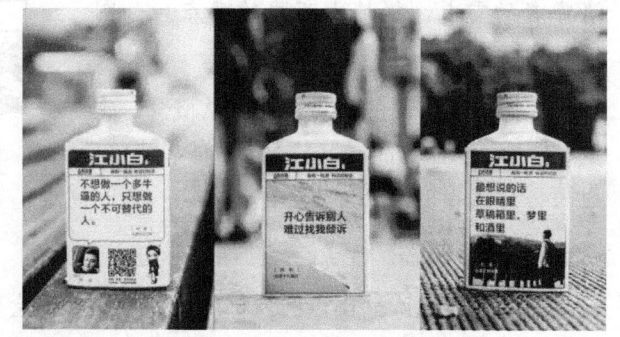

图 1-22　江小白文案的情感卖点

在由"语录瓶"到"表达瓶",消费者还可以自己参与产品设计)。

4. 卖"形象"

形象化的销售主张能够在消费者心目中留下美好的印象。这就是为什么许多公司会给自己的产品创造出一个产品形象的原因。形象卖点示例如图 1-23 所示。

图 1-23 形象卖点示例

5. 卖"品质"

产品品质的完整概念是指顾客的满意度。一方面,在科技进步、产品严重泛滥和同质化的今天,对产品品质更全面的理解除了可用、实用、耐用,更注重的是好用、宜用。另一方面,在卖"品质"的过程中,经常可以卖"专家"、卖"故事"、卖"售后服务"、卖"专业"(宣扬自己的专业化水准)。例如:

矿泉水行业:依云牌矿泉水的"来自阿尔卑斯山底"、农夫山泉牌矿泉水的"我们不生产水,我们只是大自然的搬运工"、乐百氏牌矿泉水的"27层净化"、益力牌矿泉水的"优质天然矿泉水",都从不同角度来形容自己产品的品质卖点。

6. 卖"名人"

许多品牌在推出一种产品的同时,经常会邀请名人进行代言。这是因为名人拥有很大数量的崇拜者或"Fans",所以,把名人作为产品的形象代言人,能成功地吸引一大批消费者。案例:

百事可乐在消费者定位上实行差异化策略,从年轻人入手对可口可乐实施了侧翼攻击,如 1961 年的广告语"这就是百事,它属于年轻的心"。图 1-24 为百事可乐部分年份的广告语。

"你经典,我就创新,你传统,我就年轻",基于这一定位,百事可乐走上了持续至今的"明星刷脸"之路。代言人选择方面,百事可乐当然特别青睐年轻人眼中的最"酷"明星,如 1994 年,百事可乐支出 500 万美元聘请

1903年	提神、爽心、增进消化
1939年	一样的价,双倍的量
1949年	口味最好、花钱更少
1961年	这就是百事,它属于年轻的心
1963年	奋起吧,你就属于百事新一代
1964年	让自己充满活力,你是百事新一代
1975年	百事挑战,让你的感觉来决定
1998年	新一代的选择The choice of a new generation渴望无限(Ask for more)
2004年	突破渴望(Dare for More)敢于第一(Dare to Be No.1)

图 1-24 百事可乐部分年份的广告语

了流行乐坛明星迈克尔·杰克逊做广告。其代言人郭富城的劲歌热舞、王菲的冷酷气质,让无数年轻消费者着迷。的确,百事可乐的全明星战略取得了不错的成效,甚至今天相当多的 80 年代消费者仍然认为,蓝色的百事可口相对红色的可口可乐要更"酷"一些。

7. 卖"服务"

服务除了常见的售后服务,还包括对产品的体验,即对产品本身的体验和生产过程的体验。如进行产品或服务营销时,推出工业旅游、服务承诺、服务差异化、服务品牌的打造、个性化服务、衍生服务等举措。例如:

在排队等位时能美甲,过生日时会收到小礼物,服务员总是充满微笑……海底捞这一系列在服务上带来的极致体验,或许比它火锅本身的口味,给你留下的印象更深刻。

8. 卖"特色"

特色作为功能性诉求或独特销售主张(USP)的营销卖点,并不主要突出消费者的行为特性,也不过分强调产品的核心精神文化内涵(比如产品的一种主张或者倡导的一种文化)。它直截了当、一针见血地体现了产品的特性。例如:

"味道好极了""吃喝玩乐好帮手""总有新奇在身边""点评在手,吃喝不愁""今年过节不收礼,收礼只收脑白金""金嗓子喉宝,入口见效"等品牌的产品推广语,简单粗暴地将产品的特性告诉了消费者。在快节奏的生活中,这不失为对产品信息的有效传递。

9. 卖"包装"

卖产品更要卖"包装",在相同质量的前提下,那些内在质量好、产品包装好的产品更具有市场竞争力,更能赢得消费者的喜爱。案例:

包装卖点的提炼,自然绕不开无印良品(MUJI)。它的产品包装多以素雅为主,没有多余的色彩。不仅能在一众色彩斑斓的包装中脱颖而出,而且极具识别度,并且从它的产品风格中,我们能感受到那份源于和式文化的美学理念,展现了一种生活哲学,得到了消费者的青睐。

10. 卖"文化"

文化卖点在产品促销市场中具有非常大的潜力,而且影响力越来越大,因而文化卖点更为商家所看重,这一点值得策划者着重关注。案例:

苹果牌计算机所带来的颠覆性创新,获得了广大"果粉"的追捧,这是为什么呢?究其根源,头把交椅非它的经典广告"1984"莫属,它以其特殊的方式宣告"Think Different",以此突破精神控制者的"老大哥",即当时在 PC 界如日中天的 IBM 的禁锢。站在历史背景之下,向众人宣判:现在是打破传统、异类崛起的时刻!

广告内容:在一个电影院里,200 名群众演员被剃成光头,无精打采地等待着一个身穿白色苹果 T 恤的女模特儿冲进片场,用铁锤砸碎大银幕上那个象征着精神控制者的"老大哥"。低沉的男声在此时缓缓道来:"1 月 24 日,苹果电脑公司将会发布麦金托什电脑。而你也将明白,为什么 1984 不会成为'1984'。"

1.2.4 文案构思三七法

我们可以从自身、消费者和竞争对手三个角度,重点思考七个问题,来挖掘、找到、提炼产品的特点、痛点及卖点。文案构思的三个角度及说明如图 1-25 所示。

文案构思重点思考的七个问题如下。

（1）我们的产品能解决什么问题，为什么能解决？

（2）我们的产品有哪些值得人们关注的细节？

（3）有哪些设计制作中的细节和过程能体现我们的优点？

（4）消费者存在哪些痛点是我们的产品可以解决的？

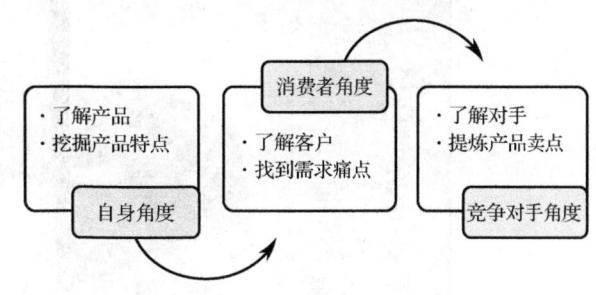

图1-25　文案构思的三个角度及说明

（5）哪些人、事物、品牌背书，可以为消费者展现理想的前景？

（6）竞争对手存在哪些弱点是我们能做得更好的？

（7）我们的产品与同类产品有何显著特点或不同点？

下面以ofo共享单车为例，着重分析文案构思需要重点思考的七个问题。

问题1：我们的产品能解决什么问题，为什么能解决？

ofo共享单车是一个无桩共享单车的出行平台，创造了无桩单车共享模式，致力于解决城市短途出行的问题。

在出行市场上，滴滴出行、曹操专车、神州专车等平台都是解决人们的中长途距离的出行需求，而共享单车则瞄准人们出行的"最后一公里"。

用户通过ofo APP应用程序获得解锁密码即可用车，随时随地、随取随用，不像共用自行车，需要到固定地点才能借还。

问题2：我们的产品有哪些值得人们关注的细节？

（1）押金低，仅需99元。相比其他共享单车，99元押金应该是最低的，并且与支付宝的芝麻信用合作，只要芝麻信用分在650分及以上，无须交纳99元押金（部分地区可用）。

（2）车身为亮黄色，被称为"小黄车"。

问题3：有哪些设计制作中的细节和过程能体现我们的优点？

（1）为保障用户人身安全，ofo为用户每次用车都提供太平洋保险。

（2）车身轻便，座位高度可调节，整体骑行体感舒适。

问题4：消费者存在哪些痛点是我们的产品可以解决的？

解决消费者怕堵的痛点："想轻松出行？出门就骑ofo小黄车！""怕堵？出门就骑ofo小黄车！"如图1-26所示。

图 1-26　ofo 解决消费者怕堵的痛点

问题 5：哪些人、事物、品牌背书，可为消费者展现理想的前景？

（1）明星（鹿晗）代言。

（2）为全球 21 个国家、超过 250 座城市、2 亿用户提供服务，业务全球化。

问题 6：竞争对手存在哪些弱点是我们能够做得更好的？

目前市面上的共享单车品牌非常多，比较常见的如 ofo、摩拜、小鸣、哈罗单车（Hellobike）、小蓝单车等。单车出行服务模式分析如图 1-27 所示。

	摩拜单车	ofo共享单车	小鸣单车	小蓝单车	政府公共自行车
押金	299元	99元	199元	99元	不同城市有差异
收费标准	城市：0.5元/半小时起 合作校园：0.1元/10分钟	城市：1元/半小时 校内：0.5元/半小时	1元/半小时	0.5元/半小时	不同城市有差异
驱动方式	轴传动/链条传动	链条传动	链条传动	链条传动	链条传动
重量	经典版：≈22kg Lite：≈15kg	初代大黄车：普通自行车 3.0版小黄车：≈16kg	≈16kg	≈15kg	普通自行车
车锁	GPS智能锁	手动密码锁	蓝牙智能锁	GPS智能锁	咪表+电子锁
轮胎	防爆轮胎	普通轮胎	防爆轮胎	普通轮胎	普通轮胎
刹车	碟刹	初代大黄车：普通车刹 3.0版小黄车：夹刹+抱闸	前后双抱闸	前后双抱闸	普通车刹
使用方式	合规区域内灵活停放	合规区域内灵活停放	虚拟停车场	合规区域内灵活停放	固定桩位
结算方式	无需开启App，自动结算	需开启App，手动结算	需开启App，手动结算	需开启App，手动结算	
押金监管	通过银行专有监管账户（合作招行）	暂无公开信息	暂无公开信息	暂无公开信息	暂无公开信息
投放城市	北京、上海、广州、深圳、成都、南京等33座城市	北京、上海、广州、深圳、成都、厦门等25座城市	上海、广州、深圳、无锡、杭州、汕头	广州、深圳、佛山、南京、成都、北京	主要集中在一二线城市

图 1-27　单车出行服务模式分析

（图片来源：艾瑞咨询．http://www.iresearch.com.cn/．）

根据调研的数据，ofo 小黄车用户对其单车轻便状况、支付、提取/停放便捷性等方面的满意度较高，同时 ofo 小黄车在寻找便捷、单车质量方面有待提升。

问题 7：我们的产品与同类产品有何显著特点或不同点？

（1）ofo 小黄车以校园作为突破口，覆盖全国 200 多所高校。

（2）2018 年 3 月起，ofo 小黄车实行信用免押金一周年的政策，为近 3 000 万用户节约押金超过 40 亿元。

任务实训

【实训1】 参考旅馆产品的五个层次，写出手机、学校产品的五个层次的内容。

旅馆核心产品：休息与睡眠；

旅馆形式产品：床、浴室、毛巾、衣柜、厕所等；

旅馆期望产品：干净的床、新的毛巾、清洁的厕所、相对安静的环境；

旅馆延伸产品：电视机、网络接口、鲜花、快捷结账、美味晚餐、优良服务等；

旅馆替代产品：全套家庭式旅馆、公园旅馆。

【实训2】 通过百度搜索查找产品的广告文案，对照提炼产品独特卖点的十种方法，列举文案独特卖点的提炼方法（每种方法至少列出2个实例）。

【实训3】 参考图1-28，用思维导图工具软件画出"文案构思三七法"，并按照七个问题对你们学校或本专业进行分析，提炼出学校或本专业广告文案的独特卖点。

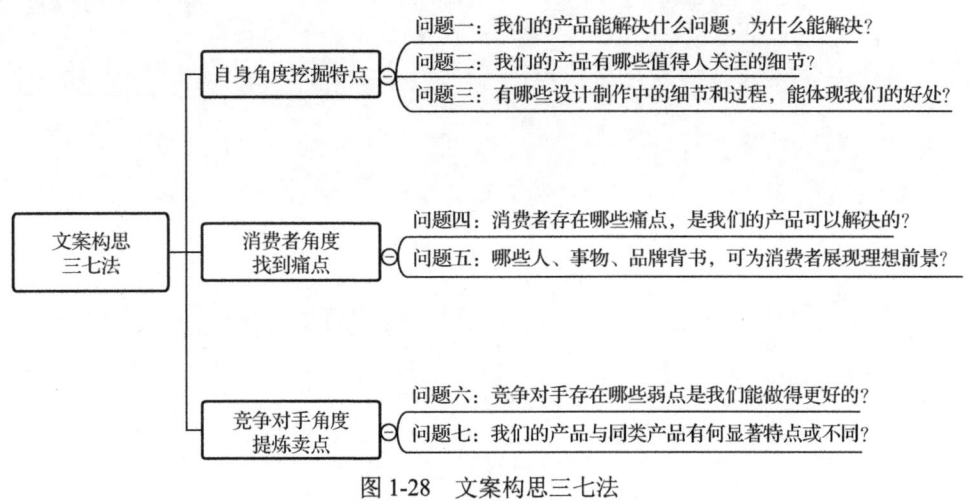

图1-28 文案构思三七法

项目 2

文案撰写基本技巧与应用

> 写广告文案的时候一定要切记，你不是在写文章，而是在写一行一行的字……文案的品质感来自于"品字"……你的文案最终要通过被反复的"品字"而获得真正的"品质"！
>
> ——丰信东《小丰现代汉语广告语法辞典》

> 标题在大部分广告文案中，都是最重要的元素，能够决定读者到底会不会看这则广告。一般来说，读标题的人比读内文的人多出4倍。换句话说，你所写标题的价值将是整个广告预算金额的80%。假如你的标题没有达到销售效果，那么你可以说是浪费了客户80%的广告预算。
>
> ——大卫•奥格威《一个广告人的自白》

> 一句文案要有基本的逻辑，但消费者要看的是文案的内容而不是文案逻辑……你可以把一句文案按照正常的逻辑先写下来，但在写完后，你还要反掉它的逻辑，然后让词语或段落之间断裂、错位、省略等，来探求怎样才能让它更有感染力。
>
> ——丰信东《小丰现代汉语广告语法辞典》

任务 2.1　用字技巧与广告语的写作

任务导入

文案用字技巧包括省字、加字、换字、错字、偷字和押韵。

广告语是企业和团体为了加强受众对企业、产品或服务等的一贯印象，在广告中长期反复使用的一两句简明扼要的、口号性的、表现产品特性或企业理念的句子。优秀广告语的五个原则：展示产品最大卖点、易记易传播、适合目标受众、具有流行语潜质、嵌入品牌名称。

任务导图

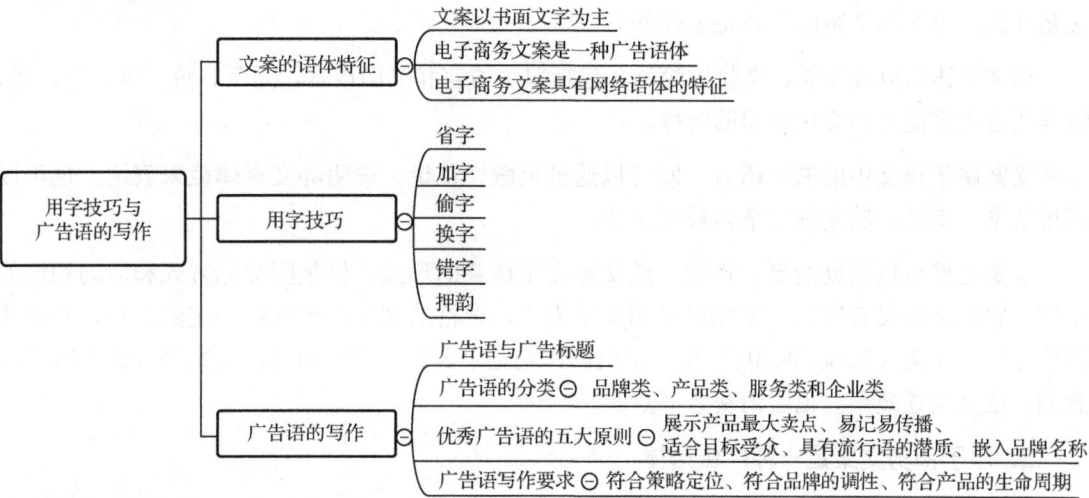

学习目标

知识目标	了解电子商务文案的语体特征
	了解广告语的分类
	掌握优秀广告语的五大原则
能力目标	能够用省字、加字、偷字、换字、错字、押韵的方法撰写广告语

任务实施

2.1.1 文案的语体特征

文案有两层含义：一是一种语体，是为产品而写，打动消费者的内心，甚至是打开消费者钱包的文字；二是一种职业，即专门从事创作广告文字的工作者。在项目1里面，我们了解了文案的第二层含义，即作为一种职业该做什么，该如何思考。接下来我们从语体的角度，从字、词、句、段、篇、文的角度来剖析电子商务各种类型文案写作的要求与要领。

1. 文案以书面文字为主

我们从小学到初中，再从初中到高中，有一门学习了十多年的学科叫作语文。那么，语文是什么，语文和文案的关系是怎样的？

语文是语言以及文学、文化的简称，包括口头语言和书面语言，是听、说、读、写、译、编等语言文字能力和文化知识的统称。

文案属于语文中的书面语言，既可以通过记叙、议论、说明等文章体裁来表达，也可以通过故事、诗歌、散文等文学体裁来表达。

文案虽然可以借助故事、诗歌、散文等文学体裁的形式，但是因交际方式和活动领域的不同，它们之间又有区别。文案以书面文字为主，合格的文案必须具备一定的特点，正如美国罗伯特·布莱（Robet W.Bly）在《文案创作完全手册》一书中指出：文案必须做到吸引注意力、达到沟通效果、说服消费者三点。

2. 电子商务文案是一种广告语体

由于交际方式和活动领域的不同，同样的语言文字具有不同的语言特点，形成了谈话语体、书卷语体、交融语体三大类别，如图 2-1 所示。文学科技、演讲、广告、网络、广播属于交融语体。

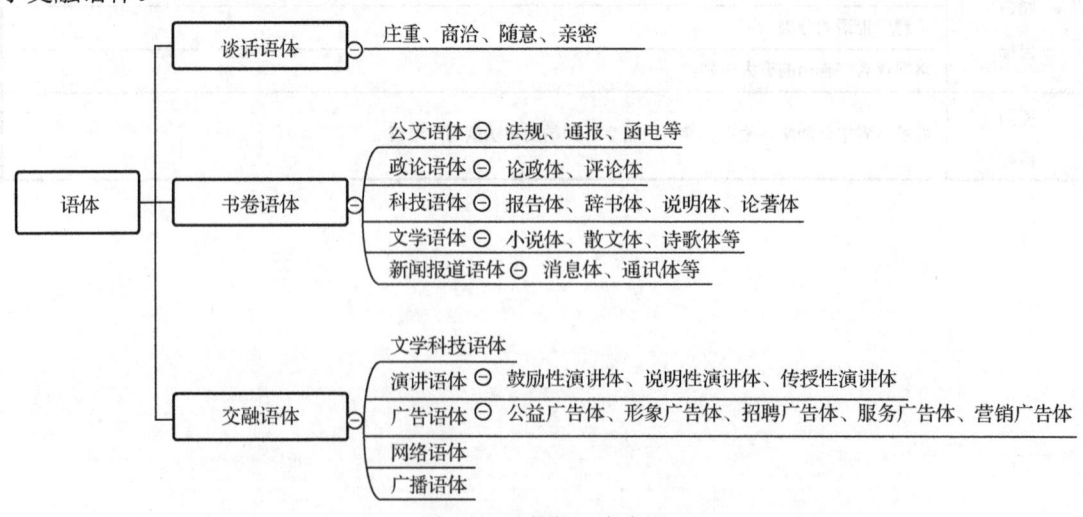

图 2-1 语体的三大类别

广告语体是随着商品经济发展而产生的一种应用语体，是用广告的形式及时向社会传递商业和服务信息,沟通业务渠道的实用性语体。电子商务文案源自广告文案,在风格、音韵、词语、句式、结构、修辞等方面,基本遵循广告语体的特征。

(1) 风格上,具有真实性、生动性、通俗性、艺术性相统一的特点;
(2) 音韵上,重视声、韵、调的配合,讲究语言的音律美和节奏美;
(3) 词语上,注重选用通俗、大众化的词语;
(4) 句式上,主要以短句为主,语法简单;
(5) 结构上,篇章结构由标题、正文、口号和附文组成;
(6) 修辞上,大量运用修辞,极尽语言的一切可能性。

3. 电子商务文案具有网络语体的特征

网络语体是随着网络的发展而新兴的一种语言形式。由于网络语言具有多样性、混合性和动态性的特点,其创造力不受正规语体的限制,"书写"必然比标准语言有更多的自由度。网民可以自己打造和选择,多渠道传播和使用。通过多媒体广泛地传播,使网络语体更有亲和力、创造力和传播力。

由于传播渠道主要集中在网络,电子商务文案必须符合网民的阅读和审美习惯,兼有网络语体和广告语体的共同特征。电子商务文案多用网民喜闻乐见的语言,具有简洁、口语化、创意趣味十足等特点。例如:

淘宝网、天猫首页焦点图中的"get""心机""尖货""疯抢ing"等广告语言,都是网民喜闻乐见的,如图2-2所示。

图2-2 淘宝网、天猫首页焦点图广告的网络语言

◆阅读材料 2-1

年度"十大流行语"

《咬文嚼字》杂志从2008年开始,按照"流行""创新""文明"三原则,每年选出"十大流行语"。表2-1所示是2008—2017年所评出的流行语。其中绝大部分首先是由网民在网络上原创,然后才在社会上流行起来的。

表2-1 年度"十大流行语"(2008—2017年)

年 份	年度"十大流行语"
2008年	山寨、雷、囧、和、不抛弃不放弃、口红效应、拐点、宅男宅女、不折腾、非诚勿扰
2009年	不差钱、躲猫猫、低碳、被就业、裸、纠结、钓鱼、秒杀、蜗居、蚁族

续表

年 份	年度"十大流行语"
2010年	给力、神马都是浮云、围脖、围观、二代、拼爹、控、帝、达人、穿越
2011年	亲、伤不起、hold住、我反正信了、坑爹、卖萌、吐槽、气场、悲催、忐忑
2012年	正能量、元芳,你怎么看、舌尖上、躺枪、高富帅、中国式、压力山大、最美、赞、接地气
2013年	中国梦、光盘、倒××、逆袭、女汉子、土豪、点赞、微××、大V、奇葩
2014年	顶层设计、新常态、打虎拍蝇、断崖式、你懂的、断舍离、失联、神器、高大上、萌萌哒
2015年	获得感、互联网+、颜值、宝宝、创客、脑洞大开、任性、剁手党、网红、主要看气质
2016年	洪荒之力、吃瓜群众、工匠精神、小目标、一言不合就××、友谊的小船,说翻就翻、供给侧、葛优躺、套路、蓝瘦香菇
2017年	不忘初心、砥砺奋进、共享、有温度、流量、可能××假××、油腻、尬、怼、打call
2018年	命运共同体、锦鲤、退群、店小二、教科书式、官宣、确认过眼神、佛系、巨婴、杠精

(资料来源:《咬文嚼字》杂志)

2.1.2 文案用字技巧

丰信东在《小丰现代汉语广告语法辞典》中说:"广告文案的用字,并不只是用来营造那些大脑懂、逻辑通、道理明的信息,文字更要用来制造感觉、气息、色彩、味道、疼痛——鼻子能懂、舌头能懂、皮肤能懂、心灵能懂的多不胜数的看不见的'东东'",例如:

"犹如置身音乐会现场""纵享新丝滑"(感觉);

"滴滴香浓,意犹未尽"(气息);

"白里透红,与众不同"(色彩);

"味道好极了""酸酸甜甜就是我"(味道);

"孤独跟关节炎一样痛"(老年人公益广告)(疼痛)。

广告文案是兴趣的加法和乘法,是阅读的减法和除法!文案用字技巧包括省字、加字、换字、错字、偷字和押韵。

1. 省字

省略不必要的字是基本常识。省略必要的字,而又能达意,才是文案的基本功。

"人艰不拆",是"人生已经如此艰难,有些事就不要拆穿了"的网络省略语言,如图2-3所示。

省字技巧在网络流行语和广告语中应用比较广泛,例如:

广告语,"我就喜欢"(我就喜欢吃肯德基)、"我能"(我能实现全球通话——全球通广告)、"世界上所有人都在看"(世界都在看优酷视频)等。

【人艰不拆】
人生已经如此艰难,有些事就不要拆穿了。

图2-3 省字网络语言示例

2. 加字

省字的自的是为了制造新鲜的语感，加字也一样。

既然"早九晚五"代表着"早上九点上班，晚上五点下班"，那么我们没有正常作息时间的广告人该怎么形容呢？——"一群早不九晚不五的文化工人"，多加字以后，语句就立刻鲜活了许多。芝麻信用的地铁广告文案，其新颖的形式很快在朋友圈刷屏，成为 2017 年十大营销案例之一，如图 2-4 所示。

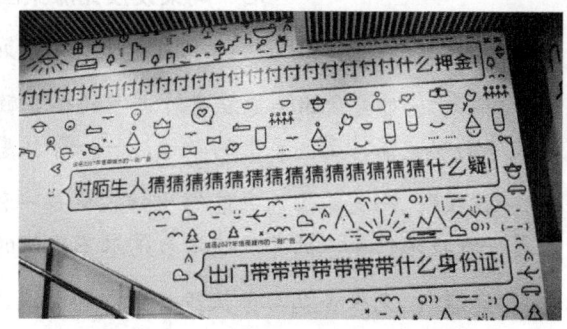

图 2-4　芝麻信用的地铁广告文案

3. 换字

用谐音字替换原来的字，是广告文案中最常使用的方法，以至于许多人认为写文案就是用谐音字。这种技巧的应用在 20 世纪的广告文案中尤为突出。

广告语 "7 宗 zui"，用 "zui" 替换 "最"或"醉"等。客户本意想体现产品的 7 大特点，要求的是 "7 宗最"，但 "最" 字禁止用于媒体广告，这里采用汉语拼音来代替，让受众产生联想："7 宗罪"，借用典故来包装它（也暗含了 7 种欲望）；"7 宗醉"，从美术的角度来包装它（表现了某物的 7 种醉态）。通过这则文案达到了两重效果：巧妙逃避媒体广告不准使用"最"字的禁令；把换字的权力还给读者。

网络流行语"有木有"，将"有没有"中间的"没"换成"木"，没有改变词语的本来含义，却多了几分俏皮的味道。关于换字技巧的例子有很多，例如：

"完美无夏"（空调机）、"随心所浴"（沐浴器）、"咳不容缓"（咳嗽药）、"爱不湿手"（洗衣机）、"尚天猫，就购了"（天猫电商购物平台）"保胃你的正肠生活"（统一牌 AB 优酪乳）等。

4. 偷字

偷字是指不对字进行加、减、换的处理，却改变了本来的含义。偷字的要诀在于巧，不能生硬，字要"偷"得神不知鬼不觉，不落丝毫痕迹。例如：

"浮云""马甲""恐龙""备胎""潜水""神马""草根""毛线""打酱油"等，字是原来的字，词是原来的词，但网友们赋予了完全不同的新意。

5. 错字

这里的错字是指故意错误地使用字，以达到特定的广告文案效果，而不是错别字，例如：

网络流行语，"小盆友""鸡冻"等。

广告语，"生活如此多娇""非我不型""谁是心玩家""今天心情几""难以抗剧"等。

◆阅读材料 2-2

招"闻案设技克服策画"（文案设计客服策划）

一则招聘广告标题为：招"闻案设技克服策画"，这么多错别字为什么呢？请看内文。

"闻案"：对美食的嗅觉没有对文字的嗅觉敏感，对美女的嗅觉也没有对文字的嗅觉敏感，对文字的嗅觉保持至高无上的敏感，——寻找患有重度文字敏感症的文案。

"设技"：一支笔画的画能够出神入化是一种技术信奉，橡皮泥制作的模型能够栩栩如生也是一种技术信奉，拥有一技之长是永不落伍的生活必要——寻找藏有独家秘技的设计。

"克服"：克服香烟与争执轮番轰炸的会议，克服朝九晚五的非传统工作方式，克服一切能够克服的和不能够克服的，——寻找把克服作为自我修养的客服。

"策画"：认为 PPT 上面每一个文字都具有优美的版式，认为绘制一张表格的功夫不亚于画一幅彩图，认为策划同样需要独特的审美，——寻找潜意识坚持完美主义的策划。

6．押韵

押韵是指在相关句子的末尾音节选用韵母相同或相近的字，从而增强语言的感染力，例如：

广告语，"钻石恒久远，一颗永流传""点评在手，吃喝不愁""人头马一开，好事自然来"等。

2.1.3 广告语的写作

1．广告语与广告标题

广告语，也叫广告口号、广告中心词、广告中心用语、广告标语等，它是企业和团体为了加强受众对企业、产品或服务等的一贯印象，在广告中长期反复使用的一两句简明扼要的、口号性的、表现产品特性或企业理念的句子。

广告标题是整个广告文案乃至整个广告作品的总题目。广告标题为整个广告提纲挈领，将广告中最重要的、最吸引人的信息进行富于创意性的表现，以吸引受众对广告的注意力；它昭示广告中信息的类型和最佳利益点，使他们继续关注正文。人们在进行无目的的阅读和收看时，对标题的关注率相当高，特别是在报纸、杂志等选择性、主动性强的媒介上。

广告语与广告标题的不同之处有以下几点。

（1）功能不同：广告语是为了加强企业、产品和服务的一贯的、长期的印象而写的。广告标题是为了使每一则广告作品能够得到受众的注意，吸引受众阅读广告正文而写作的。

（2）表现风格不同：广告语因为着力于对受众的传播和波及效应的形成，在表现风格上立足于口头传播的特征，其语言表达风格就是要体现口语化的特征，自然、生动、流畅，给人以朗朗上口的音韵节奏感；在语言的构造上体现平易、朴素但富于号召力的遣词造句的特点。广告标题的表现功能则要求新颖、有特色、能吸引人，在广告中起提纲挈领的作用，更倾向于书面语言风格的运用。

（3）运用时限、范围不同：广告语运用时间长而且频繁，它是广告主在长期过程中的一贯运用，可以被一则广告作品所运用，也可以被不同媒介中多种广告作品运用。因此，广告语运用的时间长、运用的范围广。广告标题则是一则一题，在每一则广告中，标题都是不同的。因此，广告标题运用的时间短、运用范围窄。

（4）负载信息不同：广告语所负载的信息，一般是企业的特征、企业的宗旨、产品的特性、服务的特征等，是企业、产品和服务理念特征的体现，是相对固定的。广告标题不一定是负载这些信息的，它为了吸引消费者的注意，可以用广告语中的同样的信息负载，也可以负载与广告中的信息不相关的信息内容。在信息的负载面上，广告标题与广告语各显特色。因此，广告标题可以对表达的重点进行更改。公司广告语属于战略层次，一旦确定就相对稳定，除非决策层授权，文案或基层员工是绝对不能擅自更改的。

◆ 阅读材料 2-3

阿里巴巴集团电商平台活动的广告语

天猫和淘宝网的广告语基本不变，如天猫的"理想生活上天猫"，淘宝网的"淘！我喜欢"。天猫、淘宝网会根据时令季节、消费者需求、平台属性不同而举办不同的促销活动，活动的广告标题也会有相应的变化。

同样是年货节，阿里巴巴集团旗下各交易平台广告语和广告主题是有区别的。阿里巴巴集团各交易平台年货节广告语一览表如表 2-2 所示。

表 2-2 阿里巴巴集团各交易平台年货节广告语一览表

交 易 平 台	广 告 语	年货节广告主题
天猫商城	理想生活上天猫	天猫年货节 2018
天猫超市	在乎每件生活小事	天猫超市，年货买不停
天猫国际	原装进口全世界	全球精选 极速发货 全球底价
淘宝网	淘！我喜欢	过年回家，教爸妈用淘宝
聚划算	无所不能聚	好货来拜年
全球速卖通	PayPal 中国	用 PayPal 提升您的 AliExpress 业务
1688	采购批发上 1688	通用物资"齐"采

2. 广告语的分类

广告语分为四大类别：品牌类、产品类、服务类和企业类。

1）品牌类广告语

互联网时代，要让受众在海量的信息中接受广告主的广告，首先要让受众记住该品牌。品牌广告语按其诉求的性质可分为：理念、科技、服务、品质和功能五大类。案例：

据工业和信息化部统计的数据，截至 2017 年 11 月，我国移动应用程序（APP）在线数量为 391 万款，以游戏类、生活服务类、电子商务类为主，占比 52%。而据《互联网周刊》统计，社区交友类 APP 使用人数排名前十的是：微博、QQ 空间、陌陌、百度贴吧、知乎、派派、豆瓣、她社区、最右、堆糖。

社区交友类的 APP，具有代表性广告语的产品如表 2-3 所示。

表 2-3　社区交友类 APP 产品广告语列表

APP 产品名称	广　告　语
微博	随时随地分享身边的新鲜事儿
QQ 空间	分享生活、留住感动
陌陌	总有新奇在身边
百度贴吧	上贴吧，找组织
知乎	与世界分享你的知识、经验和见解
派派	像当年偷菜一样偷红包
豆瓣	我们的精神角落
她社区	只有女生的社区
堆糖	美好生活研究所

在饮料行业中，品牌类广告语代表有：可口可乐的 "Taste the feeling"（品味感觉），百事可乐的 "Live for now"（渴望，就现在）。

2）产品类广告语

产品类广告语的创作重点是对该产品卖点的诉求。卖点是在产品差异化的基础上提炼出来的，也有可能就是产品的推广主题。而产品的差异化，是指被竞争者忽略的、消费者受用的和产品本身能提供的利益点。

产品类广告语表现形式不定，字数可多可少，音调可升可降，但诉求的内容一定要有功能点、利益点，或者是二者相结合。案例：

可口可乐和百事可乐两大全球饮料行业巨头、宝洁和联合利华两大全球日用消费品行业巨头，均实施多品牌战略。除了品牌或公司名有广告语以外，旗下产品根据消费者或产品定位不同，有各自独立的广告语。

可口可乐旗下产品类的广告语，雪碧是 "晶晶亮，透心凉" "透心凉，心飞扬"、醒目是 "够爽够醒目"、芬达是 "新一代的选择"、美汁源是 "身体喜欢，嘴巴喜欢"。

百事可乐旗下产品类的广告语，激浪是 "There's no Felling Like doing"、佳得乐是 "解口渴　更解体渴"，乐事是 "片片刻刻有乐事"，七喜是 "七喜——非可乐"，美年达是 "好喝放不下，美味美年达"。

宝洁旗下产品类的广告语，海飞丝是 "头屑去无踪，秀发更出众"，潘婷是 "拥有健康，当然亮泽"，飘柔是 "就是这么自信"，沙宣是 "我们的光彩来自你的风采"，汰渍是 "有汰渍，没污渍"。

3）服务类广告语

服务类广告语的创作重点是给消费者提供附加值，突出"超值"，诉求上一定是利益的承诺。服务类广告语的表现形式可长可短，字数可奇可偶。例如：

保险公司服务类的广告语，太平洋保险公司是 "平时注入一滴水，难时拥有太平洋" 以及 "太平洋保险保太平"，平安保险公司是 "买保险就是买平安"，中国人民保险是 "人民保险，造福于民"，泰康人寿是"一张保单保全家"，友邦保险是"真生活，真伙伴"，阳光保险是"分担风雨，共享阳光"，华夏保险是"传递爱与责任"，中国人寿是"要投就投中国人寿"。

4）企业类广告语

大多数企业的品牌广告语和企业广告语是相同的，表现形式相对来说要求不是很严格，与广告语创作方法大同小异，灵活应用即可。

烟草企业因为其产品的特殊性及传播的受限性，企业名称一般与产品名称保持一致，产品广告也会以企业广告的形式出现。

为传播效果最大化，某些企业名、品牌名和产品名会保持一致。例如：

电器行业企业类的广告语，美的是"原来生活可以更美的"、格力是"好空调，格力造"等。

3. 优秀广告语的五大原则

1）展示产品最大卖点

在商品同质化日益严重的今天，品牌需要创造心理差异、个性差异来展示产品的最大卖点。独特的销售主张一定是竞争者没有提供的，它必须是独特的。根据产品与其他竞品的不同之处，展示产品最大的卖点，诉求产品特征，以利益吸引消费者。例如：

饮料行业产品展示卖点的广告语，农夫山泉是"农夫山泉有点甜"、王老吉是"怕上火就喝王老吉"，乐百氏纯净水是"27层净化"，伊云矿泉水是"来自阿尔卑斯山底"等。

2）易记易传播

广告就是要广而告之。广而告之有两点内容：一是易记，便于广泛地传播；二是要准确地传达信息。广告语与其他广告文案不同，它是口语语言，而非书面语言。因此，通俗易懂、朗朗上口、易记易传播是一条好广告语的基本要求。最好的广告语，来源于人们日常生活中的语言，因而也具有长久的生命力。所谓"真佛只说家常话"，请抛弃技巧，慎用修辞，但求简白。文采是第二位，通顺、简练才是第一位。

如何做到易记易传播？最好能做到字易认、话易懂、句宜短、律宜谐（广告语分成两句时，这一点尤其重要）四点。例如：

互联网行业易记易传播的广告语，淘宝网是"淘！我喜欢"，百度是"百度一下，你就知道"，优酷是"世界都在看"，土豆是"人人都是生活的导演"，滴滴出行是"滴滴一下，美好出行"，大众点评是"点评在手，吃喝不愁"，今日头条是"你关心的，才是头条"，新浪微博是"随时随地分享身边的新鲜事儿"，六房间是"直播精彩人生"，快手是"记录世界记录你"，抖音是"记录美好生活"，携程旅行是"携程旅行说走就走"，全民K歌是"你其实很会唱歌"。

3）适合目标受众

优秀的广告语要写出反映目标用户的个性或价值观，可以有两种类型：青春自我型和成功励志型。

青春自我型。"我们"的时代已经远去,"我"的时代正在来临。证明"我"的存在,强调"我"的存在,宣告"我"的存在,是这个时代的主流价值观。广告,不过是社会观念的复制与模仿。于是,那些喊着表现自我、彰显个性的广告语大行其道,而且以"我"为主体的广告语越来越多。多见运动品、快速消费品、数码产品、服装等目标对象以青年人为主的品牌。"我就喜欢"把青年人酷、特立独行的形象表达得淋漓尽致。"我的地盘听我的"喊出了动感地带目标用户独立、张扬并带有一些霸气的个性,后来被一些年轻时尚族视为口头禅。

成功励志型。成功学是这个时代的显学,成功励志型广告语在汽车、酒类、地产(代表成功人士的必备品)行业体现较多。例如:

汽车行业成功励志型的广告语,奔驰汽车是"领导时代,驾驭未来",奥迪汽车是"突破科技,启迪未来",沃尔沃(VOLVO)汽车是"关爱生命,享受生活",现代汽车是"驾驭现代,成就未来"。

中国移动通信集团公司之所以一家独大,很大程度上是因为他们敢于把自己的业务拆分成三个子品牌:动感地带、神州行和全球通。这三个子品牌分别对应不同人群,广告语所使用的语言风格也有所不同。动感地带定位年轻用户,广告语是"我的地盘听我的",非常活泼且有主张。全球通定位的是高端用户,一句"我能",自信而简洁。神州行定位 60 后和 70 后中坚力量人群,通信信号的好坏有时关系着事业的成败,因而稳定的信号就成了消费者心中非常关心的问题。"神州行,我看行",这句再明白不过的普通话,给予消费者信心。

4) 具有流行语的潜质

建立在准确预见和正确把握社会流行趋势、充分了解社会心理和客户心理的基础上,广告语如果能够成为流行语,就可以形成自传播效应,传播效果会大大增强,而传播费用则会大大降低。流行的广告语不用说品牌,我们都知道代表的是哪个产品,例如:

"大家好才是真的好""洗洗更健康""今年过节不收礼""停下来,享受美丽""感动常在""你好色彩""不在乎天长地久,只在乎曾经拥有""味道好极了""根本停不下来"等。

5) 嵌入品牌名称

"多快好省,只为品质生活""只为更好的生活""有见识的人都在此""为你而省",这些广告语是哪些著名公司的?虽然符合了广告语的易记、适合目标受众、具有流行语潜质三个方面的要求,但是它们说的到底是哪家公司?好像哪家公司都适合,但哪家都不算很贴切。

因此,广告语的写作,最好能够部分或全部嵌入品牌名称。纵使我们没见过它的广告,但凭着广告语,我们也能猜得出属于哪个品牌,大概的业务范围。例如:

"一起来哈啤""不是所有牛奶,都叫特仑苏""百度一下,你就知道""点评在手,吃喝不愁""上贴吧,找组织""你关心的,才是头条""让旅游更简单,要旅游找途牛"等。

4．广告语的写作要求

1）符合策略定位

一条好的广告语是建立在策略定位的基础上。广告语要符合品牌策略定位，这样才能够形成品牌的个性，传递品牌的核心价值和市场企图，兼顾目标消费者的市场需求，并最终形成自己独特的品牌形象，与竞争对手形成差异化的表现。

"今年过节不收礼，收礼只收脑白金"，这句广告语的定位就是礼品，借助传统文化中的孝道来培养品牌。晚辈孝敬长辈，子女孝敬父母，这种价值观信仰是大多数消费者都认同并且追求的。自然而然，脑白金代表了一个有孝心的品牌。

2）符合品牌的调性

广告语要符合品牌本身的调性。每个品牌都是带着烙印来到市场上的，这一点从企业的命名特色以及树立的形象就可以感受到。广告语要将其品牌身上的烙印发挥到极致，形成自己的独特的品牌调性。

品牌的调性，是基于品牌的外在表现而形成的市场印象，从品牌人格化的模式来说，等同于人的性格。京剧有京剧的调性，越剧有越剧的调性。一个品牌根据它的核心价值，可以赋予独特的调性，以丰富品牌的性格，增加品牌的独特魅力，强化品牌识别和利于品牌的传播。例如：

哈根达斯品牌体现的是爱的调性，所以其广告语是"爱它就请它"；星巴克品牌体现的是舒适休闲的调性，所以其广告语诉求的是星巴克时光，传递都市白领阶层的休闲调性。

3）符合产品的生命周期

产品不同的生命周期，需要传递的信息是不同的。

产品导入期，消费者对于品牌和产品都很陌生时，一定要告诉大家"我是谁"，明确所属品类。例如：

娃哈哈前期广告语是"妈妈我要喝，娃哈哈果奶"。明确表明娃哈哈是果奶。

产品进入成长期，随着竞争对手增加，需要突出产品的优势和特色，突出产品不同于竞争对手的地方，着重描述功效结果，重点突出"我能带给你什么利益"。例如：

洗发水行业，面对宝洁旗下"柔顺"的飘柔、"去屑"的海飞丝、"营养"的潘婷等不同功能定位的产品，霸王的"防脱发"、奥妮的"植物一派"、舒蕾的"本草养发"，凭借自己的独特定位及传播方式，仍然取得了一席之地。

产品进入成熟期，消费者对于产品耳熟能详后，广告语由实而虚，着重表达自己的生活信仰。如果消费者和你的认同一致，那么他们就会接受甚至跟随你的产品。例如：

运动鞋行业，耐克的广告语是"想做就做 just do it"、阿迪达斯的广告语是"没有不可能 Impossible is nothing"、锐步的广告语是"我就是我 I am what I am"、安踏的广告语是"永不止步 keep moving"、李宁的广告语是"一切皆有可能"、特步的广告语是"非一般（飞一般）的感觉"。

广告语相对固定,但非一成不变,会随着产品的生命周期、品牌需求、消费者的变化而变化。红牛进入中国市场,导入期广告是"汽车要加油,我要喝红牛",以顺口溜的形式,告知消费者这是一款补充能量的功能性饮料;在消费者了解红牛的产品属性后,产品进入成熟期时,推出了"渴了,喝红牛;困了,累了,更要喝红牛!"(2011年),强调红牛带给消费者的利益及使用场景("渴""困""累");产品进入成熟期后,于2013年将广告语改为"你的能量,超乎你想象",表达企业品牌理念,一直沿用至今。

◆阅读材料2-4

可口可乐不同时期的广告语

可口可乐,诞生于1886年美国亚特兰大,原是作为治疗感冒的糖浆在药房销售。

在产品销售前期,可口可乐广告语突出的是其饮品饮料的属性。1928年的广告语是"可口可乐——自然风韵,纯正饮品"。

1940年百事可乐推出广告主题"Nickel Nickel"。该广告语颇为流行后,可口可乐开始强调自己的独特定位及与竞争对手的区别,并于1942年推出了"只有可口可乐,才是可口可乐……"的广告语,1943年推出"美国生活方式的世界性标志——可口可乐",强调自己的独特卖点、差异化的地方。

二战结束后,可口可乐将产品变成了一种生活方式。推出了"可口可乐——伴随美好时光"(1972年)、"这就是可口可乐"(1982年)、"永远是可口可乐"(1993年)、"Life tastes good 生活的味道不错"(2001年)、"Open happiness 开启快乐"(2013年)、"Taste the feeling 这感觉够爽"(2016年),以唤起消费者的生理感受和心理情感。

任务实训

【实训1】扫描二维码,阅读《文案资料库——把1 000句文案装进头脑》,对照文案用字的六大技巧(省字、加字、换字、偷字、错字、押韵),每种技巧找出3个案例(网络流行语、广告语、文案皆可)。

2-1 文案资料库——把1 000句文案装进头脑

【实训2】请根据优秀广告语的五大原则,通过网络查找表2-4中各种企业或品牌的广告语,指出它们符合广告语的哪些原则,给出你的评分(每项满分10分,共50分),并将结果填写在表2-4中。

表2-4 企业或品牌广告语分析评分表

品 牌 名	广 告 语	展示产品最大卖点	易 记	适合目标受众	具有流行语潜质	嵌入品牌名称	你的评分
百度							
天猫							
淘宝网							
手机淘宝							

续表

品牌名	广告语	展示产品最大卖点	易记	适合目标受众	具有流行语潜质	嵌入品牌名称	你的评分
京东							
唯品会							
新浪网							
新浪微博							
网易							
快手							
陌陌							
花椒							
小米							

【实训 3】 通过网络搜集唯品会的广告语，分析其广告语变化的原因。唯品会为什么没有采用周杰伦为其撰写的广告语，现在的广告语是否符合优秀广告语的五大原则。

【实训 4】 你知道你学校的广告语吗？请为你的学校撰写一则广告语。

任务 2.2　用词技巧与标题的写作

任务导入

词是汉语语法中最小的、能独立运用的语言单位,用词技巧可以让广告文案"活"起来。

标题是标明文章、作品等内容的简短语句。标题可以从新闻价值五要素的角度,采用"5法12式"的写作方法。

任务导图

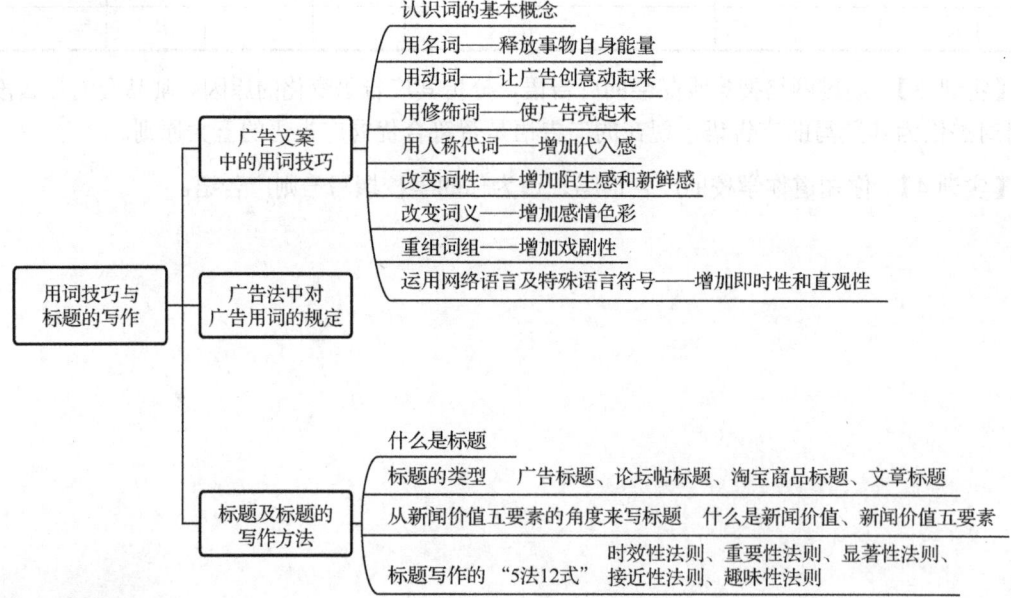

学习目标

知识目标	掌握广告文案中的用词技巧
	熟悉标题写作的基本要求
	熟悉广告法对于用词的规定
能力目标	能够运用用词技巧撰写广告文案
	能够运用"5法12式"撰写标题

2.2.1 广告文案中的用词技巧

1. 认识词的基本概念

汉语语言单位,包括词、句子和短语。词是汉语语法中最小的、能独立运用的语言单位。

语法包括了词法和句法。词分实词和虚词两大类 12 小类,其中实词有 7 种,虚词有 5 种,如图 2-5 所示。

2. 用名词——释放事物自身能量

把名词作为关键词的广告文案,往往突出的是广告传播主题和目标消费者之间的直接联系,体现产品定位或品牌主张,起到为品牌直接摇旗呐喊的作用。由于名词能彰显广告的率真本性,因而也是最受广告创意人青睐的表现形式。例如:

"不放手,直到梦想到手"(黑松沙土)、"老人家在哪,老家就在哪儿"(某地产广告)、"重要的不是享受风景,而是成为风景"(方太)、"最好的学区房是家里的书房"(书店广告)。

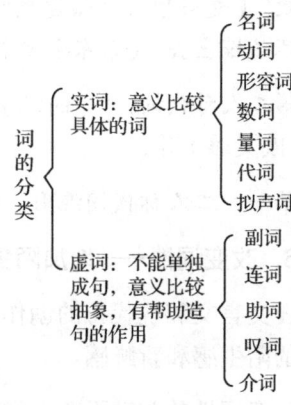

图 2-5　词的分类

3. 用动词——让广告创意动起来

动词的运用,让文字动感十足,是使语言鲜活起来的原动力。在文案中恰当地使用动词,就像给广告创意打了一支兴奋剂。让广告动起来,产生无限动力,尤其是日常生活中常用的单音节动词,词义凝练、富于动感,用法灵活多样、长于表现,更易记忆,符合广告语言简练、通俗、上口的特点。例如:

"去哪儿不重要,重要的是去啊!"(去啊)、"总觉得没喝够,其实是没聊透"(江小白)、"把 1 000 首歌装到口袋里"(苹果 MP3 iPod)、"别赶路,去感受路"(沃尔沃)、"寻寻寻,寻找工作;招招招,招聘人才"(中国招聘求职网)等。

4. 用修饰词——使广告亮起来

这里所谓修饰词主要指形容词、拟声词、副词等在广告文案中起修饰作用的词和词组。修饰词是一种开放性的词类,可以对名词、动词等核心词起修饰、描绘的作用,也可单独使用,起到意想不到的文字表达效果。修饰词不可过分使用造成冗长,也不可过分吝啬造成生涩。

广告中大量使用描述性、动态的修饰词代替有条理的客观陈述,一方面体现了广告语言的易读原则,另一方面也体现了广告语言偏重感情色彩的特点。广告文案中使用修饰词是很重要的创意手法,可以起到润色广告内容、强调广告主题、增强广告韵律和节奏感的效果。总之,用修饰词可以使广告亮起来。例如:

"Think small（小即是好）"（德国大众甲壳虫汽车）、"农夫山泉有点甜"（农夫山泉）、"漂亮得不像实力派"（锤子手机）等。

5．用人称代词——增加代入感

为了唤醒人们内心深处的共鸣，达成双向交流，使消费者在阅读、聆听广告时有一种亲切的感觉，并达到刺激消费的要求。例如：

第一人称代词，"我的地盘听我的"（动感地带）、"我要的，现在就要"（QQ 浏览器）、"我就喜欢"（麦当劳）、"热爱我的热爱"（雪佛兰汽车）、"我这么努力，不是为了嫁出去，而是为了不必嫁出去"（京东金融）等。

第二人称代词，"你的能量超乎你想象"（红牛）、"你本来就很美"（自然堂）、"你值得拥有"（欧莱雅）等。

第一、二人称代词混用，"约了有多久？我在等你主动，你在等我有空"（江小白）等。

6．改变词性——增加陌生感和新鲜感

在文言文和现代诗的创作中，改变词性是一种常见的修辞手法，目的在于达到一种阅读效果的陌生感和新鲜感。

改变词性的关键不在于你怎么使用，而在于你要找到要表达的核心"词"，需要注意的是，被改变词性的词要和你想表达的卖点密切相关。例如：

"肚子瘦了，理想却胖了"——"胖、瘦"，形容词变趋向动词，表明两个相反的发展趋势，造成反差效果；"一年买两件好衣服是道德的"——"道德"，名词变形容词。

7．改变词义——增加感情色彩

"词语附着强烈的情感，当你在分析这些词语的时候，想一下怎么能用它们创造出一则富有感染力的信息来，这样你就掌握了文案写作中的一条非常重要的经验。"——约瑟夫·休格曼《文案训练手册》。

词义是指词语的感情色彩，是指词语在某种语言环境中带有赞扬、喜爱或贬斥、憎恶等感情倾向。词义分为褒义词、贬义词和中性词三种，如图 2-6 所示。

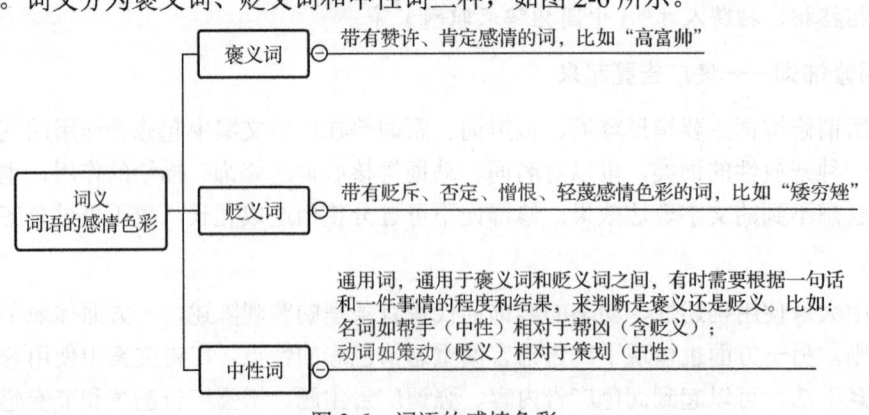

图 2-6　词语的感情色彩

改变词语的情感色彩，赋予词语新的内涵和含义，能够达到出新、出奇的效果。这种技巧的运用在现代网络流行语中比比皆是，比如"霸道""女神""恐龙"等。

在广告文案中，改变词义，将词从原来的情感色彩中解放出来，赋予它新的解释。例如：

"把生命浪费在美好的事物上是值得的"，这是茨威格的一句话，被一个广告商直接拿来用作广告语，"浪费"原意是个贬义词，这里当作褒义词来用。"唯有美食与爱不可辜负"中的辜负一词，贬义词当作褒义词使用。

8. 重组词组——增加戏剧性

正常的语法中，把词组合在一起是为了表达一个更完整的意思。在广告语法中，词和词"相遇"是为了寻找一种关系，寻找一种戏剧性。例如：

"碰了杯却碰不到心，才是世界上最遥远的距离""不是我戒不了酒，而是我戒不了朋友""我们之间，其实只有两个酒杯的距离""你的酒窝里没有酒，可你一笑，我却醉了""一切不以分手为目的的吵架，都是在秀恩爱""不小心说出的酒话，是藏在心里许久的真话"。

碰＋心、戒＋朋友、酒杯＋距离、酒窝＋醉、吵架＋秀恩爱、酒话＋真话，把这些平时不常搭配在一起的字、词组合起来运用，别致新颖，造就了江小白的"走心"文案。

9. 运用网络语言及特殊语言符号——增加即时性和直观性

除了常规汉字符号以外，网络广告语言中经常会超常规地运用网络语言或特殊符号，由它们充当语言符号来表达意义。这些语言符号在纸质媒体中较少运用。

像"@""#""*""☆""(⊙_⊙)"等没有常规汉字读音的网络符号，在特定网络广告语中，常常被用来表达一定的神态或意义，目的是为了追求口语交流的即时性和语气、语调的直观性，这也形成了网络广告语用特定的语言符号来进行书面表达的特点。图 2-7 为网络语言及特殊语符示意图。

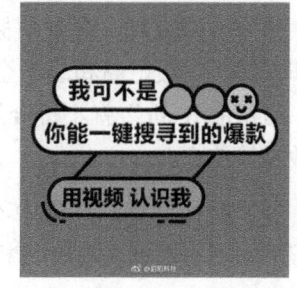

图 2-7　网络语言及特殊语符示意图

2.2.2　广告法中对广告用词的规定

《中华人民共和国广告法》（以下简称《广告法》）中对广告用词进行了规定，特别说明以下几点。

（1）有奖销售。电子商务文案写作时经常会碰到有奖销售活动，如买商品可以抽奖等。活动类文案写作过程中需要注意：不得谎称有奖；不得内定人员中奖欺骗；不得推销质次价高的商品；抽奖式的有奖销售，最高奖励金额不得超过 5 000 元（这条请务必注意）。例如：

某超市门口在举行关注微信公众号的抽奖活动，最高奖为"欧洲五国游（价值万元）"。这个奖项价值超过 5 000 元，属于违反《广告法》的规定吗？由于该活动不涉及商品销售，因此奖励金额没有 5 000 元的限制，从这个角度来讲是符合规定的。但是，如果实际上没有人中这个奖，那就涉嫌欺诈；有人中奖，是内定人员也涉嫌欺骗，这是不符合规定的。

（2）活动解释权。很多活动规则的最后一条是这样一句话：本活动最终解释权归×××公司所有。这种写法是不符合规定的，正确的表述方式应该是：本单位保留在法律允许范围内对活动的解释权。

（3）极限词。2015年9月1日起实行新的《广告法》，乱用词可能会被罚款20万元。关于禁止使用极限词的规定：不得在商品包装或宣传页面上使用绝对化的语言或表示用语，包含但不限于以下词汇：最高级（最×）、国家级、最佳、顶级、顶尖、极品、第一、第一品牌、绝无仅有、万能、最低、销量+冠军、抄底、最具、最高、全国首家、极端、首选、空前绝后、绝对、最大、世界领先、唯一、巅峰、顶峰、最新发明、最先进等。

在网店运营中，极限词的限制，包含但不限于商品列表页、商品的标题、副标题、主图以及详情页、商品包装等。

（4）数据资料。《广告法》第十一条：广告中使用数据、统计资料、调查结果、文摘等，应标明出处；引证内容要加适用范围和有效期间来明确表示。例如：

"90%的互联网用户信息会遭到个人信息危机"这个数据是从哪里得来的，要有权威的出处和证明。比如来自国家某机构、某数据调查公司、公司内部某部门的数据等，同时，也要注意数据是否可以引用，如果数据标明"未经授权不得使用"，则不能引用。

"香飘飘奶茶销量连起来可以绕地球3圈"这种描述就不符合规定，需要在前面加上有效期限或时间限制。如"截至2017年2月8日，香飘飘奶茶销量连起来可以绕地球3圈"。

（5）买赠信息。广告中标明是附带赠送的商品或服务，应该明示品种、规格、数量、期限和方式。一般电商和线下企业都会有买赠活动，如"买××送××"。比如"在本店买羽绒服，送赠品1份"就不符合规定，应该明确说明赠品的名称和数量等信息。

2-2 《广告法》全文（2015版）

（6）贬低同行。广告中不得贬低其他生产经营者的商品或服务。不得贬低同行，借机抬高自己。

（7）虚假或引人误解的宣传。《广告法》和《中华人民共和国消费者权益保护法》中都明确规定，不得作虚假或者引人误解的宣传，否则以消费者个人主观认定为准。

2.2.3 标题及标题的写作方法

1. 什么是标题

标题（Title，Head）是标明文章、作品等内容的简短语句，一般分为总标题、副标题和分标题。标题可以使读者了解文章的主要内容和主旨。

标题在文案写作中无处不在：写广告文案需要有主标题、副标题；网店运营中标题优化是引入流量的关键因素；论坛贴吧为吸引眼球，诞生了"标题党"这一类人群。微信推文、软文、新闻稿，有"三一法则"之说，即"三分之一时间写标题、三分之一时间写开头、三分之一时间写正文"，用数字说明了标题的重要性。

美国文案大师罗伯特·布莱在《文案创作完全手册》中，列出了标题的四大功能：吸引注意、筛选听众、传达完整的信息和引导读者阅读文案内文。

◆阅读材料 2-5

阅读量超过 10 万次"爆文"的产生过程

2014 年 9 月 22 日,李靖推送《7 页 PPT 教你秒懂互联网文案》,这篇文章当时并没有什么影响力,只有 1 万多次的阅读量。

2014 年 10 月 20 日,李靖看到知乎上有这样一个问题,"如何提高写产品文案的能力",他便将一个多月前写的文章按照知乎的问题进行调整并做出回答,因为回答专业并通俗易读,被多名知乎大 V 点赞,同时被推荐至"知乎日报"并被"知乎周刊"收录,得到第一次大众曝光的机会。

接着,该回答被某网站的编辑复制,并改标题为《月薪 3 000 与月薪 30 000 的文案区别》,发布在某 APP 上,据称至 2014 年 10 月底,阅读量达到 700 万次。更换一个标题,就让同一篇文章的阅读量从 1 万次升至 700 万次!可见标题在文案写作中的重要性。

在广告界,广告引起读者的注意是标题的责任。正如《如何让你的广告赚大钱》的作者约翰·卡普斯曾经说:"标题写得好,几乎就是广告成功的保证。相反,就算是最厉害的文案写手,也救不了一则标题太弱的广告。"

2. 标题的类型

标题按使用场合,大致分为四种类型:广告标题、论坛帖标题、淘宝商品标题和文章标题,如图 2-8 所示。标题的类型不同,其目的也不同,写作要求也不一样。

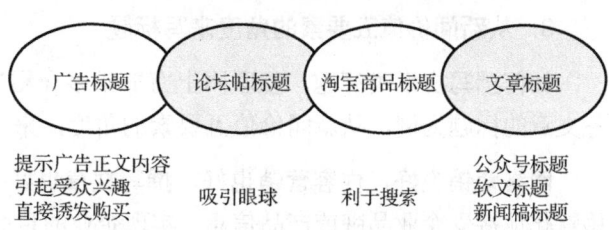

图 2-8 按使用场合进行的标题分类

1) 广告标题

广告标题的作用有三种:突出最重要的广告信息,提示广告正文内容;引起受众兴趣,诱导受众阅读(收听或收看)正文;直接诱发消费者产生购买行为,起到直接的促销作用。

广告标题和新闻标题一样,可以有主标题和副标题之分。

2) 论坛帖标题

论坛是一个网络交流、分享的平台,娱乐消遣是其主要功能。论坛是一个相对宽松的交流平台,因此人们对有趣的、好玩的、新鲜的事情更加敏感。论坛的特性催生了"标题党"的诞生。为了吸引眼球,论坛帖的标题相对来说会比较夸张。

3) 淘宝商品标题

淘宝商品标题是让商品排名靠前、获取搜索流量、提升店铺流量,从而促进商品成交的第一步。淘宝商品标题的字数、关键词的数量、要不要加空格、多长时间需要修改等都有技巧。淘宝商品标题最主要的功能是便于搜索引擎的抓取,修辞手法和吸引力一般不会特别讲究,这是与文章类标题显著不同的地方。

4) 文章标题

公众号推文、软文、新闻稿的标题都属于文章类标题。它们有着共同目标：最大限度地展现文章的特色和亮点之处来吸引目标客户的阅读，实现作者想要达到的目标。

文章类标题该怎么写，今日头条总监吴达从基础规范、结构设置、悬念设置和不做"标题党"四个方面提出了建议，如图2-9所示。

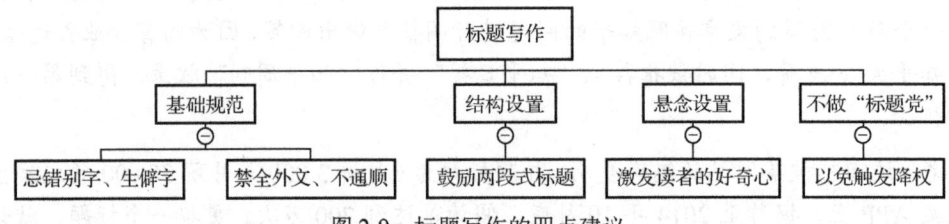

图2-9 标题写作的四点建议

第一，基础规范方面不要有错别字、生僻字，不建议全篇外文，语言要通顺；

第二，结构设置方面鼓励两段式标题；

第三，建议设置悬念，以激发用户的好奇心；

第四，不要做"标题党"，以免触发降权。

3. 从新闻价值五要素的角度来写标题

如何撰写文章类标题，互联网上有非常多介绍攻略和技术的文章。这里将以热门电子商务文章的标题为例，从新闻价值五要素的角度，来分析和学习文章类标题的写作。

网络营销也好，内容营销也好，撰写文章也好，目的都是为了吸引目标客户，让他们潜移默化地接受企业品牌或产品信息，实现企业的目标。热门的电子商务文案，基本模式就是：有吸引力的标题＋趣味的故事＋不露痕迹的广告植入＋广告主和广告受众各取所需、皆大欢喜的结局。

1) 什么是新闻价值

新闻价值是新闻事实本身所包含的、满足社会需求的素质的总和。

一个客观存在或发生的事实能否成为新闻，然后被传播，应该取决于两点：一是多大程度以及怎样的方式与公众的利益相关联，二是能否满足人们的心理感官需求。在这里，公众利益既包括经济利益，也包括安全、公正、道德、荣誉、审美等社会文化利益。心理感官需求则是人们对事物的好奇、趣味等的心理满足。当然，心理感官需求不是猎奇，不是低俗、庸俗和粗俗，不是满足少数人需要的感官刺激。

为什么是从新闻价值五要素的角度来写标题？新闻价值要素的研究，始于1833年的美国，是经过近两个世纪许多新闻学家的实践研究制定出来的，也是相对成熟和系统的标准方法。对于新兴的软文和公众号推文写作，有借鉴和指导作用。

2) 新闻价值五要素

新闻价值五要素包括时效性、重要性、显著性、接近性和趣味性。新闻事实所包含的价值要素越丰富，级数越高，新闻价值就越大。

(1) 时效性。时效性包括客观事实发生的新近性、事实内容的新鲜性两个方面。

(2) 重要性。重要性是指与人们利益的相关性，它包括两个方面内容：事实在客观上对受众的影响程度，受影响的受众的数量多少；事实对社会影响时间的长短，事实影响空间的大小。

(3) 显著性。显著性是指考察事实本身要素的知名度。它包括两个方面内容：人的显著性，领袖、权威、精英等；事情本身的显著性，别人做不到的事情。

(4) 接近性。接近性是指周围的事物比遥远的事情对人的影响更大，人对客观世界的改造总是从近处着手，包括物理距离和心理距离。

(5) 趣味性。趣味性是指事实具有普遍趣味、多元性、多层次的特点。它包括三个方面内容：与人们利益的相关性；非常态的事实；有人情味。

4. 标题写作的"5 法 12 式"

从新闻价值五要素的角度，我们总结标题写作的"5 法 12 式"，如图 2-10 所示。

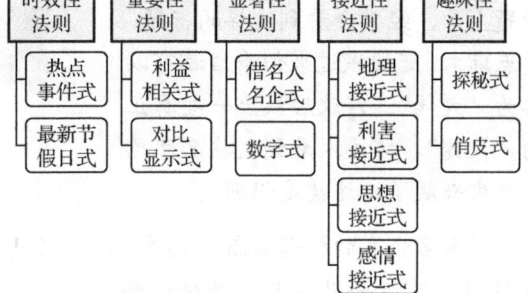

图 2-10 标题写作的"5 法 12 式"

1) 标题写作的时效性法则

(1) 时效性法则之热点事件式。标题结合最新的热点事件，不仅具有时效性，还能吸引大众对热点的关注，提高文章的打开率和转发率。例如：

2016 年 8 月 30 日，王健林在《鲁豫大咖一日行》的节目中聊及梦想时说："很多年轻人，有自己目标，比如想做首富是对的，有奋斗的方向，但是最好先定一个小目标，比方说我先挣它一个亿。""先定一个小目标"瞬间"爆红"网络。

(2) 时效性法则之最新节假日式。标题结合节假日、季节活动的内容，也能吸引受众对活动的关注，提高文章的打开率和转发率。

2) 标题写作的重要性法则

(1) 重要性法则之利益相关式。标题提醒读者：读文章有福利，能够让用户得到经验、干货和好处，这篇文章能解决什么问题，能给他带来什么样的利益。让读者觉得这篇文章对他而言很重要。例如：

"3 分钟教会你 3 年没学会的，免费送 100 套绝美 PPT 模板""5 000 本电子书免费送，从热门到经典，你值得收藏""懒人福利（1）：有了这 700 多份简历模板，你还怕求职？""懒人福利（2）：有如此厉害的模板库，你还怕做 PPT？"等。

(2) 重要性法则之对比显示式。标题以某方面的差异为基点，通过数字对比、明显矛盾体的对比以及与常识相违背来制造冲突，突出事件或文章的重要性，吸引目标客户阅读或观看。

对比显示式标题示例如图 2-11 所示。

3) 标题写作的显著性法则

（1）显著性法则之借名人名企式。名人效应，即每个人或多或少有膜拜权威的心理，所以当标题上出现名企、名校、名人等字眼时，自然会吸引读者打开。这种以名人名企为背书的文章，网络转化率都比较高。案例：

借名人式的标题示例如图 2-12 所示。图 2-12 的示例中，从修改前标题上看，经常会看到这样的标题，有点麻木，随便搬过来似乎谁都可以称为"大佬"。修改后换上一些真正的"大佬"，许多人看到这些名字已经产生兴趣了，这就是识别度。

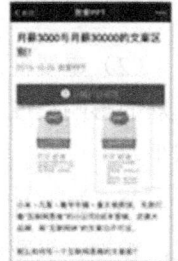

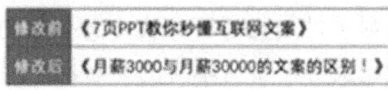

图 2-11 对比显示式标题示例

图 2-12 借名人式的标题

借用名企式的标题如图 2-13 所示。图 2-13 的示例中，修改前的标题看似高大上，但没有吸引力，很多公司容易犯这样的错误，自己标榜自己有多牛没有用。修改后利用了知名企业（谷歌），大家都知道谷歌已经很牛了。但是，这家企业可以超越谷歌，大家就会好奇它有什么本事，从而提高文章的点击率。

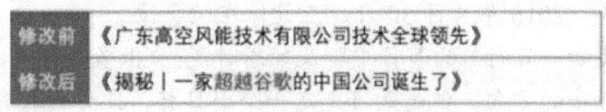

图 2-13 借用名企式的标题示例

（2）显著性法则之数字式。数字，能够产生让人觉得文章有效信息含量高的效果，而且迫切想知道到底是哪几点，它能够帮助读者提炼、总结干货，激发他们打开文章获取有价值信息的欲望。另外，数字和汉字有明显的区别，适当使用数字可以在视觉上造成冲击，识别度高，更能够吸引读者的目光。数字式标题示例如图 2-14 所示。案例：

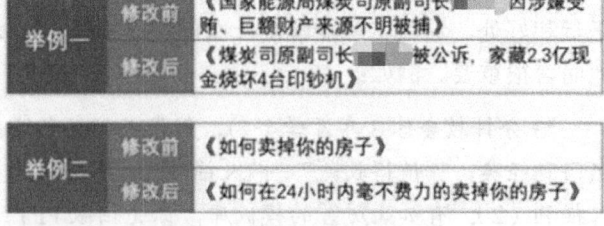

图 2-14 数字式标题示例

图 2-14 中举例一：修改前很普通，缺乏吸引力，修改后红遍大江南北的原因有两点：一是有具体受贿的金额，用点钞机点钞，对前面的金额有无穷放大的效果。二是金额大到可以

烧坏点钞机,这一点用户可以用来当作互相调侃的梗,有利于这个话题的传播。

图 2-14 中举例二:大家都知道房子有时候 2~3 个月卖不掉都很正常,24 小时就能卖掉让这件事看起来很轻松,这都是数字带来的视觉冲击力。

4) 标题写作的接近性法则

如何拉近与目标客户的距离?可以从四个角度去思考并做尝试:地理接近式、利害接近式、思想接近式和感情接近式。

(1) 接近性法则之地理接近式。对于读者来说,总是首先关注自己熟悉的区域发生的新闻,即对所在地区熟知的人和事发生的新变化感兴趣,这就是新闻学讲的接近性,心理学称这种现象为求近心理。在地理空间上接近的事情更容易引起普遍兴趣,这是因为身边的事情可能更直接受到影响,更容易受到感染,更具有亲切感,并且往往有更多亲身参与其中的机会。案例:

"过年回到四川,我的画风都变了。"不管有没有广告,四川人的阅读率必定是最高的,因为接近而好奇,因为接近而亲切。

(2) 接近性法则之利害接近式。任何一篇好的文章,都会传递很多有价值的信息,这就需要选择用户最关心的那个痛点呈现在标题上。案例:

利害接近式标题示例如图 2-15 所示。

修改前	中国首富向银行心脏插刀,银行破产模式开启
修改后	打劫!中国首富向银行心脏插刀,银行破产模式开启,我们的钱……

图 2-15 利害接近式标题示例

点评:修改前给人的感觉像是普通的新闻,设想如果人们存钱,最关心的是什么?会关心自己的钱会怎么样。修改后,就利用了大家这种关心自己的钱的心理,用了省略号,吸引用户想打开看看结果会怎样。

(3) 接近性法则之思想接近式。标题表达的思想观点一致,更能引起受众的共鸣。标题的接近性法则之思想接近式,正是利用思想观念趋同性的特点,提高文章的打开率和转发率。

(4) 接近性法则之感情接近式。对标题表达的感情抱有高度认同感,以"代言人"的方式,接近读者的感情。案例:

《我为什么笑得这么甜,因为生活太"特么"苦了》——乐观是有方法论的。文章介绍了 13 种乐观的方法后,总结出"所有乐观的人都爱笑",接着话题引出"笑出强大是这一季益达口香糖倡导的自信生活态度",完成口香糖产品的广告植入。

5) 标题写作的趣味性法则

(1) 趣味性法则之探秘式。看到这样的标题,读者会很好奇,很想点击进去获知答案。如果内容能够激起读者窥探私密的欲望,他们一般会更愿意作为传播源,向别人散播文章。怎样撰写探秘式标题?案例:

《90%的女人都无法拒绝一种男人》,什么样的男人会有如此大的魅力?作者讲了自家先生的故事,分析出世界上两种男人的特征,一种是顾家型,一种是事业型。选了顾家型就不能要求他事业上有多大成就，选择了事业型就不要指望他常在家陪你。引出微博热搜话题"寻夫启事"、报纸头版刊登顾太太的《寻夫启事》的趣事。其实，这些都是"顾家"品牌"全民顾家日"的活动，该广告的植入也是推广的一部分。

原标题：《鬼脚七出家第一天是怎么过的？》；修改后：《揭秘：鬼脚七出家第一天是怎么过的？》。

（2）趣味性法则之俏皮式。俏皮式标题的特点是通过有趣、活泼、流行的词语吸引眼球。如何撰写趣味性的标题？案例如下。

《我特别擅长两件事，一拖，再拖》——拖延是一种逃避，不想面对现实。该文章是2016年12月份写的，你能猜到是为哪个品牌做的广告吗？该文章采用讲故事的方法，重点讲的是拖延症的后果：实习生拖延资料提交错过保研、自己拖延减肥计划造成"三高"、朋友拖延错过风投、粉丝拖延春季订票导致倚门等候的奶奶意外过世。文章总结："有的时候，我们拖延带来的后果是无法弥补的。"元旦还好，春节订票就不能拖延了，因为父母早就盼望我们回家过年。其实，该文案推广的是某春运购票助手APP应用程序的下载。

原标题：《为什么你的PowerPoint没有吸引力？》；修改后：《为什么你的PowerPoint既没Power也没Point?》。

点评：把PowerPoint拆成"Power"和"Point"，用来代替"吸引力"的表达，更加让人值得玩味。

任务实训

【实训1】 用思维导图工具软件，画出标题写作的"5法12式"。

【实训2】 关注你认为比较有名的微信公众号，分析其微信公众号推文的标题采用了标题写作"5法12式"中的哪些方法，每种方法找出两个标题，并将结果填写在表2-5中。

表2-5 "5法12式"标题分类统计表

法　则	方式方法	标　题　内　容（每种方法找出2个标题）
时效性法则	热点事件式	
	最新节假日式	
重要性法则	利益相关式	
	对比显示式	
显著性法则	借名人名企式	
	数字式	
接近性法则	地理接近式	
	利害接近式	
	思想接近式	
	感情接近式	
趣味性法则	探秘式	
	俏皮式	

任务 2.3　组句技巧与活动信息的撰写发布

任务导入

句子是具有一个句调、能表达一个相对完整意思的语言单位。句子按语气划分，有陈述句、疑问句、祈使句和感叹句，不同语气句式的使用，可以达到不同的文案效果。

推广活动信息的撰写是电子商务文案的重要工作之一，如何撰写活动的信息内容？本任务将通过邀请函的制作、邮件营销的内容规划、手机短信的撰写以及 H5 活动信息的制作来加以说明。

任务导图

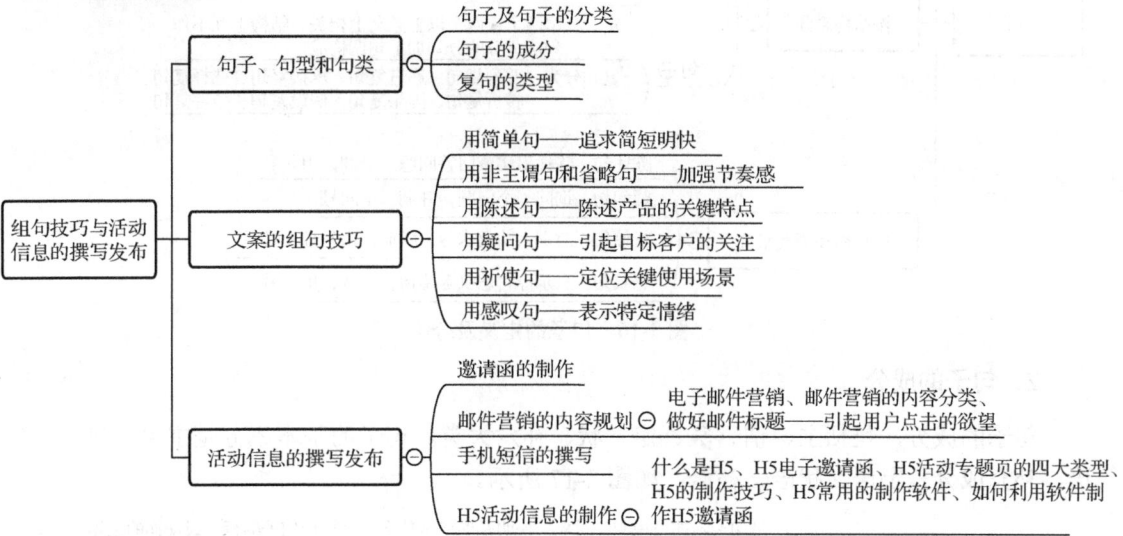

学习目标

知识目标	熟悉文案的组句技巧
	熟悉手机短信写作的五点要求
	熟悉邮件营销的内容分类
	熟悉 H5 专题页的四大类型
能力目标	能够按手机短信的五点要求撰写手机短信
	能够制作 H5 邀请函

任务实施

2.3.1 句子、句型和句类

1. 句子及句子的分类

句子是具有一个句调、能表达一个相对完整意思的语言单位。按照结构来分，句子可分为单句和复句；按用途和语气来分，句子可分为陈述句、疑问句、祈使句和感叹句。句子的定义及分类如图 2-16 所示。

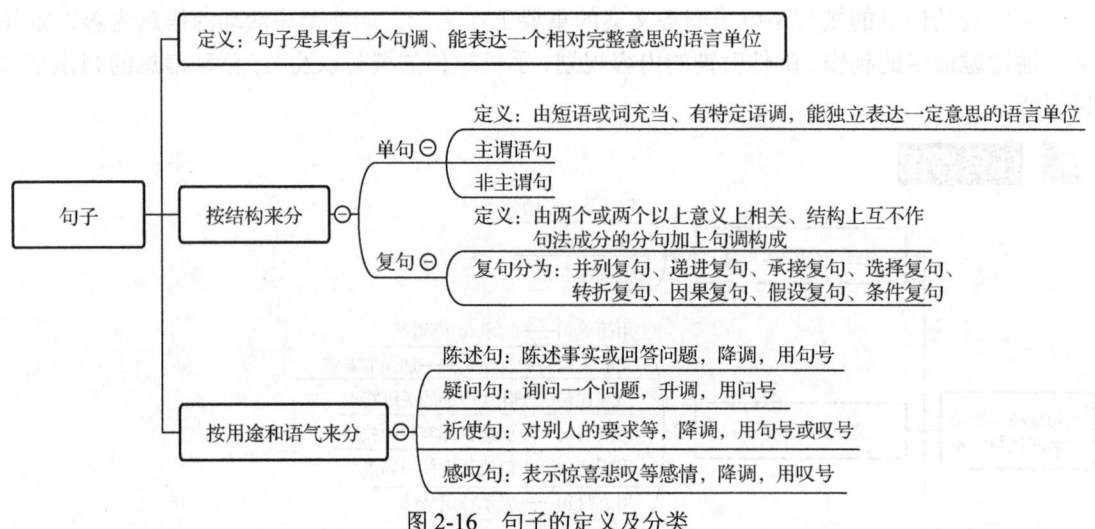

图 2-16 句子的定义及分类

2. 句子的成分

句子的成分，包括主、谓、宾、定、状、补六大类。句子的基本成分是主语、谓语、宾语，补充成分是定语、状语、补语，如图 2-17 所示。

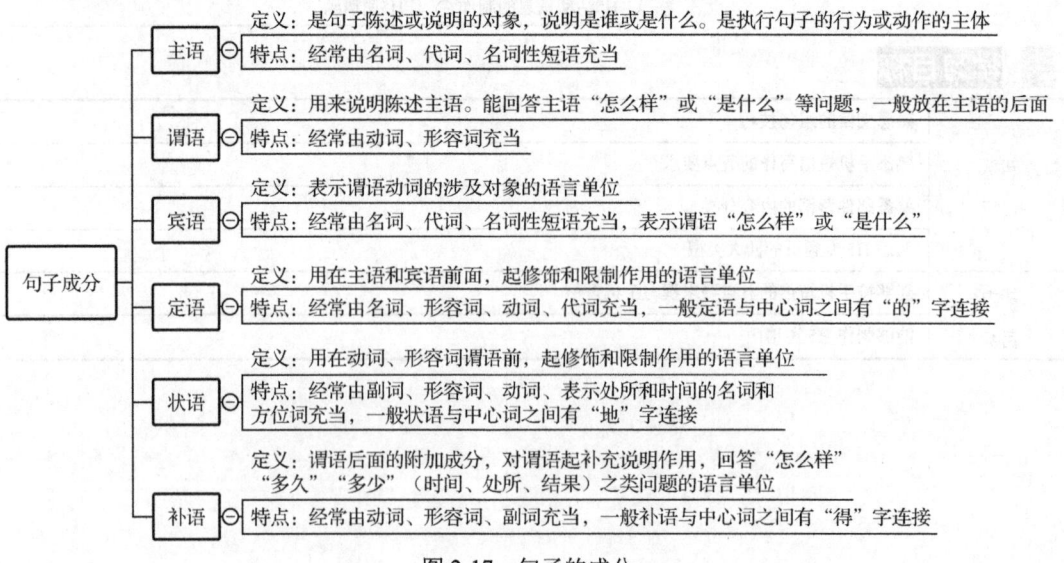

图 2-17 句子的成分

如何区分句子的成分？记住下列口诀：

　　主谓宾、定状补，主干枝叶分清楚。主干成分主谓宾，枝叶成分定状补。

　　定语必居主宾前，谓前为状谓后补。状语有时位主前，逗号分开心有数。

在广告语中，相比单句，复句运用得更多。主谓句在广告语中运用广泛，例如："人人都是生活的导演"（土豆）、"让好奇心不再孤单"（知乎）、"原来生活可以更美的"（美的）。

3. 复句的类型

复句由两个或两个以上意义上相关、结构上互不作句法成分的分句加上句调构成。主要包括并列复句、递进复句、承接复句、选择复句、转折复句、因果复句、假设复句、条件复句八大类。

（1）并列复句。两个或两个以上的分句分别陈述几种事物，或者几件事情，或一件事情的几个方面，分句之间是平行相对的并列关系。

主要关联词语有：既……又……，还，也，同样，不是……而是……，是……不是……，同时，一方面……一方面……，有时……有时……，有的……有的……。

（2）递进复句。后面分句的意思比前面分句的意思更进一层，分句之间是层进的关系。

常用的关联词有：不但（不仅、不只、不光）……而且（还，也，又）……，尚且……何况（更不用说，还）……，况且。例如：

"越欣赏，越懂欣赏"（轩尼诗 XO）、"看得越多，越想看更多"（知乎）。

（3）承接复句。两个或两个以上的分句，一个接着一个地叙述连续发生的动作，或者接连发生的几件事情。分句之间有先后顺序。

常用的关联词语有：就，便，才，又，于是，后来，然后，接着，继而，终于，刚……就……，首先……然后……。例如：

首先提出汽车品牌的名称，然后介绍该汽车的品牌，继而引出该品牌的车展信息并植入该品牌概念车的图片。

（4）选择复句。两个或两个以上的分句，分别说出两件或几件事，并且表示从中选择一件或几件。分句之间构成选择关系。

常用的关联词有：与其……不如……，宁可……也不……，或者……或者……，不是……就是……，要么……要么……，或许……或许……，可能……可能……，也许……也许……。例如：

"与其原地回忆惊天动地，不如出发再次经历"（路虎）、"与其在别处仰望，不如在这里并肩"（腾讯微博）、"期待下一次，不如靠自己"（某女性购物网站）、"喜欢就表白，不爱就拉黑"（麦当劳）。

（5）转折复句。后一分句的意思不是顺着前一个分句的意思说下去的，而是接着一个转折，说出同前一分句相反、相对或部分相反的意思来。分句之间构成转折关系。

常用的关联词有：虽然（虽、尽管）……但是（但、可是、却、而、还是）……，但是，但，然而，只是，不过，倒，竟然。例如：

"我不认识你，但是我谢谢你"（公益广告）、"100年可以改变山，但石头就是石头"（哈雷）、"我们没有发明车轮，但我们发明了纯粹驾驶乐趣"（宝马）。

（6）假设复句。前一个分句假设存在或出现某种情况，后一个分句说出假设情况一旦实现产生的结果。两个分句之间是一种假定的条件与结果的关系。

常见的关联词语有：如果（假如、倘若、若、要是、要、若要、假若、如若）……就（那么、那、便、那就）……，即使（就是、就算、纵然、哪怕、即便、纵使）……也（还、还是）……，再……也……。例如：

"人类失去联想，世界将会怎样"（联想）。

（7）因果复句。前面分句说明原因，后面分句说出结果，可分为说明因果和推论因果。说明因果一个分句说明原因，另一分句说明由这个原因产生的结果，因和果是客观事实。推论因果一个分句提出一个依据或前提，后一分句由此推出结论，结论是主观判定的，不一定是事实。

说明因果复句常用关联词有：因为（因）……所以（便）……，由于……因而……，因此，故此，故而，之所以……是因为……。

推论因果复句常用关联词有：既然（既是）……就（那就、便、又何必）……。例如：

"没有买卖，就没有杀害"（动物保护广告）。

（8）条件复句。前一个分句提出一个条件，后一个分句说明这个条件一旦实现所要产生的结果，分为充分、必要和完全三种类型。

常见关联词语有：只要……就……，只有……才……，除非……才（不）……，无论（不管，不论）……都……。例如：

"想拥有从未有过的东西，必须走从未走过的路"（女装品牌）。

按照句子的语气划分，有陈述句、疑问句、祈使句和感叹句四种，如图2-18所示。

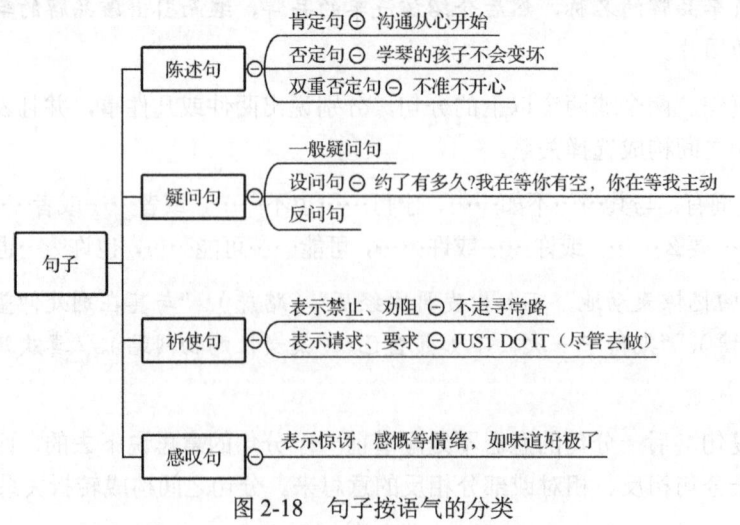

图2-18　句子按语气的分类

2.3.2 文案的组句技巧

1. 用简单句——追求简短明快

广告文案的造句法则是一切从简单出发，使用简单句。简单句具有短而精、结构紧凑、表意明确的特点。句子有单句和复句，这里所说的简单句并不专指单句，也指简单的或省略的复句。

最失败的文案是："主谓宾介副叹的地得"皆全。广告语体中，结构助词"的""地""得"和动态助词"着""了""过"出现的频率低。此外，介词和连词等虚词在现代汉语的广告语体中出现的频率也是很低的。

广告人在创作广告文案时，多使用祈使句式，在句子结构上多选择单句，即便使用复句结构，也是句式简短的复句，力求运用简短明快而又言简意赅的词语，达到高效快捷、经济实效的目标。案例：

"寻寻寻，寻找工作；招招招，招聘人才"（中国招聘求职网）。——结构对称，整句排列，语音和谐，利用节奏韵律，使之简洁明快，表明求才若渴的急迫。

"买基金，就上天天基金网"（天天基金网）。——这则广告语用于网站的链接指示，省略了复句结构的关联词，简洁醒目。

2. 用非主谓句和省略句——加强节奏感

非主谓句和省略句简短、突出，读起来有很强的节奏感，还便于人们记忆。而且语气强烈、突出，能吸引受众的注意力，唤起受众的记忆。同时它也符合广告语简洁的特点，尤其在利益主张与励志型的广告语中，更是惜字如金。例如：

"Think small"（大众甲壳虫）、"我能"（全球通）、"我就喜欢"（麦当劳）。

3. 用陈述句——陈述产品的关键特点

陈述句是指叙述或说明事实具有陈述语调的句子，以主谓结构和非主谓结构为主，直陈事实或直接回答问题，以肯定或否定的句式来体现说话者的态度与感情色彩，广告语中陈述句一般很少带语气词。

陈述句包括肯定句、否定句和双重否定句。广告多用肯定句式，表达肯定态度和感情倾向的事物，体现企业的自信，目的是让人信服其企业的实力和产品的质量。例如：

"充电五分钟，通话两小时"（OPPO 手机）、"只融在口，不融在手"（M&M）、"太平洋保险保太平"（太平洋保险）、"乐百氏纯净水，27 层净化"（乐百氏）、"总有新奇在身边"（陌陌）、"为发烧而生"（小米）、"没有中间商赚差价，瓜子二手车直卖网"（瓜子）。

4. 用疑问句——引起目标客户的关注

疑问总能引人注意，疑问的力量来自人类天生的好奇心。同时，疑问句也是简单句。疑问句分为一般疑问句、设问句和反问句。广告文案中设问句用得比较多。设问句是无疑而问，自问自答，目的在于强调，用以提醒受众的对象，在引起受众好奇心并获悉答案后加深印象。例如：

"最高的那座山在哪里？在你的心里"（凯迪拉克）、"好看，是什么？好看，是镜子说的；好看，是喜欢的人说的；好看，是全世界说的；好看，不用别人说；好看，就是喜欢自己。我好看，世界才好看！"（美颜相机）。

5．用祈使句——定位关键使用场景

祈使句分两种，一种表示禁止、劝阻，一种表示请求、要求。广告文案中后者用得比较多，以直接倡导某种活动，让人不用思考就知道该怎么做。例如：

"小困小饿，喝点香飘飘"（香飘飘）、"怕上火，就喝王老吉"（王老吉）、"经常用脑，多喝六个核桃"（六个核桃）、"要旅游，找途牛"（途牛）、"吃完喝完，嚼益达"（益达）。

6．用感叹句——表示特定情绪

感叹句用来表示惊讶、感慨等情绪，其独特的情感渲染、加强语气的作用也常在广告文案中得到发挥。感叹句在需要感叹处，突出的标志是感叹词，把惊奇、赞叹、愉快等语气模拟出来。例如：

"味道好极了"（雀巢）、"就是这个味"（康师傅）。

2.3.3 活动信息的撰写与发布

如何撰写与发布活动的信息内容？下面将通过邀请函的制作、邮件营销的内容规划、手机短信的撰写以及 H5 活动信息的制作来加以说明。

1．邀请函的制作

邀请函是邀请亲朋好友或知名人士、专家等参加某项活动时所发的约请性函件。它是现实生活中常用的一种日常应用写作文种。在国际交往以及日常的各种社交活动中，这类函件使用广泛。企业中邀请函（推送）在激活沉默客户、召回流失客户上，起着重要的作用。如何撰写促使人们快速行动的邀请函，也是文案写作的基本功之一。

当企业有了目标客户的数据库资源后，如何将信息传递给目标客户？电话、电子邮件、手机短信、H5 微传单等是投入产出比相对较高的形式，举办商务活动时向目标客户发送邀请函是企业常用的信息传递、销售促进的方式。

商务活动是指为达到一定商业目的而进行的各种投资、收购、兼并、重组、贸易、合作、会议、培训、聚会、展览、报告、促销等活动的总和。商务活动主要表现形式有会务活动、商务礼仪活动、商务促销活动三种。

（1）会务活动。会务活动主要有酒会、年会、商业会议、交流会、茶话会、论坛、记者招待会、文化节、艺术节、演出等，这类活动有固定场地和规模限制，出席人员固定，一般不对外开放，需要凭纸质邀请函才能出席。

（2）商务礼仪活动。商务礼仪活动分为庆典和仪式两类。庆典包括开业庆典、周年庆典等，仪式包括开工典礼、奠基仪式、开盘仪式、封顶仪式等。商务礼仪活动属于半开放式活动，一般会在人群聚集地或户外举行，有固定的邀请对象，同时也不拒绝观众参与。

（3）商务促销活动。商务促销活动是为促进卖场或商家销售额而举办的活动，比如线上

线下的周年庆活动、教育培训机构的会议营销活动、企业新产品上市的促销活动、企业展览会的活动等。商务促销活动属于开放式活动，目的就是要吸引尽可能多的目标客户参与，邀请对象广泛，邀请函的形式也会多样，包括但不限于纸质邀请函、电子邮件邀请函、手机短信邀请函、H5电子邀请函。

纸质邀请函是专门用于邀请特定单位或个人参加活动的书信，它是具有礼仪和告知双重作用的文书。纸质邀请函用于会议活动时，与会议通知的不同之处在于：邀请函主要用于横向性的会议活动，发送对象是不受本机关职权所制约的单位和个人，也不属于本组织的成员，一般不具有法定的与会权利或义务，是否参加会议由对象自行决定。举行学术研讨会、咨询论证会、技术鉴定会、贸易洽谈会、产品发布会产等，以发邀请函为宜。而会议通知则用于具有纵向关系（主办方与参会者存在隶属关系或工作上的管理关系）性质的会议，或者与会者本身具有参会的法定权利和义务的会议，如人民代表大会、董事会议等。对于这些会议的对象来说，参加会议是一种责任，因此只能发会议通知，不能用邀请函。学术性团体举行年会或专题研讨会时，要区别成员与非成员。对于团体成员应当发会议通知，而邀请非团体成员参加则应当用邀请函。

会议邀请函的基本内容与会议通知一致，包括会议的背景、目的和名称；主办单位和组织机构；会议的内容和形式；会议的参加对象；会议的时间和地点、联络方式以及其他需要说明的事项。

会议邀请函的结构与写法如下：

（1）标题。标题由会议名称和"邀请函（书）"组成，一般可不写主办机关名称和"关于举办"的字样，如"亚太城市信息化高级论坛邀请函"。"邀请函"三字是完整的文种名称，与公文中的"函"是两种不同的文种，因此不宜拆开写成"关于邀请×××出席会议的函"。

（2）称呼。邀请函的发送对象有三种情况。发送到单位的邀请函，应当写单位名称。由于邀请函是一种礼仪性的文书，称呼中要用单称的写法，不宜用泛称（统称），以示礼貌和尊重。邀请函直接发给个人的，应当写个人姓名，前面冠以"尊敬的"敬语词，后缀"先生""女士""同志"等。网上或报刊上公开发布的邀请函，由于对象不确定，可省略称呼，或以"敬启者"统称。

（3）正文。正文应逐项载明具体内容。开头部分写明举办会议的背景和目的，用"特邀请您出席（列席）"照应称呼，再用过渡句转入下文；主体部分可采用序号加小标题的形式写明具体事项；最后写明联络方式。结尾处也可写"此致"，再换行顶格写"敬礼"，亦可省略。

（4）落款。因邀请函的标题一般不标注主办单位名称，因此落款处应当署主办单位名称并盖章。

（5）成文时间。写明具体的年、月、日。对于商务促销类的活动邀请函，除了格式规范以外，设计精美、创意高超的邀请函，有助于提升企业的品牌形象，增加目标客户好感并吸引其出席参与。图2-19为美图手机新产品发布会邀请函。

图 2-19　美图手机新产品发布会邀请函

2．邮件营销的内容规划

1）电子邮件营销

电子邮件营销（E-mail Direct Marketing），即 E-mail 营销、EDM 营销。企业向目标客户发送 EDM 邮件，建立同目标顾客的沟通渠道，向其直接传达相关信息，用来促进销售。

电子邮件营销是一种比较传统的网络营销方法，因为其成本低廉、信息内容丰富全面、实施快速、投放精准、能够个性化实施、主动出击等优点，并没有在网络营销方法中消失，而仍然是企业互联网营销的第四大渠道。尤其在电子商务行业，会员制许可营销的投递数量，仍呈现正向增长。会员制邮件中，以邀请函方式出现的促销活动告知邮件，占据了非常大的比例。图 2-20 为企业各互联网营销渠道使用比例。

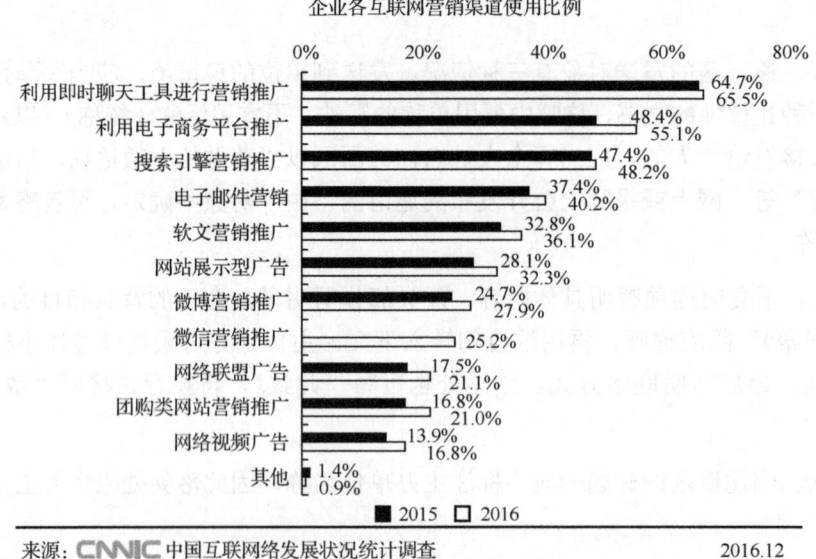

图 2-20　企业各互联网营销渠道使用比例

（资料来源：CNNIC 2016 年第 39 次中国互联网络发展状况统计报告）

2）邮件营销的内容分类

内容是营销最重要的部分，那么邮件营销怎样规划内容？可以按其分类归纳为 21 条营销内容，如表 2-6 所示。

表 2-6　邮件营销的内容分类

类　　别	营　销　内　容
特殊时期内容	（1）节假日祝福，答谢及相关内容
	（2）用户生日祝福等客户关怀类内容
	（3）产品或服务到期及续费提醒信息
	（4）产品或服务打折、促销等优惠信息
	（5）活动邀请或事件通知信息
	（6）会员召回信息，如针对沉睡用户唤醒、购物车丢弃提醒等流失客户的召回、唤醒信息
用户行为内容	（7）定期电子期刊
	（8）订阅类邮件
个性化内容	（9）策划一些企业自身的事件或邮件营销活动
	（10）针对一个主题或话题进行用户调研或话题讨论
	（11）提供网站、社交网络等外部对产品或服务的评论
	（12）关于活动的感言、图片、视频等个人内容分享
	（13）行业及公司新动态、新产品、新服务等新闻事件
	（14）分享行业的发展前景，公司的发展历程、成功经验及未来展望
	（15）行业及公司最新调研及统计报告
	（16）行业专家、公司高层、客户、员工等与公司相关的言论及动态
个性化内容	（17）行业活动及公司参与活动内容的报道分享
	（18）明星客户、赞助商、合作伙伴的动态
知识性内容	（19）产品或服务的案例展示及分享
	（20）提供行业教育方面的内容，如知识分享、操作方法、服务策略等
	（21）针对客户或市场需求，提供帮助其解决问题的一些建议和方法

3）做好邮件标题——引起用户点击的欲望

邮件要想引起用户点击的欲望，首先要有一个好的标题。好的邮件标题直接影响到邮件的打开率，没有打来率就不会有产品展示的机会。在这个信息爆炸的时代，每天打开邮箱会有大量的邮件，如何让邮件脱颖而出，邮件标题的撰写就非常重要！如何才能写出一个好的邮件标题？除了前面我们所学习的"5 法 12 式"标题撰写技巧以外，基于邮件营销的特殊性，特别注意以下几点：

（1）如果营销对象比较具体，知道其姓名或职务的时候，在标题中带上对方的称呼，可以大大提高邮件的打开率。同时，在标题上列出邮件内容的关键字，这样做可以区别其他群发的垃圾邮件。

（2）邮件标题跟客户利益相关。标题切中目标客户的利益点，基本上收到这类邮件的人都会打开看个究竟。

(3)标题的撰写不要带有推销信息。标题语气要像是认识客户的老朋友一样,这样做可以瞬间拉近与客户的距离。

(4)标题要融合推广内容的信息。考虑到用户的好奇和求知欲,将推广信息的关键点置于标题。图 2-21 为唯品会电子邮件的活动信息。

3. 手机短信的撰写

受微信传播功能的影响,虽然手机短信作为沟通交流的功能减少,但收到的手机短信数量并没有减少(大部分为活动信息)。手机短信在商业和企业领域,仍然是重要的客户沟通、客户激活的重要工具之一。比如银行等金融机构,手机短信往往成为其识别银行用户身份、保障用户账户安全的主要方式。我们在用户信息验证或网络购物时,经常要求提供验证码,而验证码便是通过手机短信的方式提供给用户的。

电商大促活动期间,如"6·18""双11""双12",我们的手机短信也会多起来。图 2-22 所示是笔者"3·15"期间收到的手机短信截屏。从图中可以发现,"京东""当当"等电商平台,"裂帛""沙宣""美即面膜"等知名品牌,都在利用手机短信发送促销活动信息。

撰写有吸引力、用户愿意查看的手机短信,也是电子商务企业文案人员日常工作的内容之一。

如何撰写有促销力的手机短信?以下五点需要注意:

(1)内容长度控制在 70 个字符(一个汉字为一个字符,英文占半个字符)以内。短信的字数一般是 70 个字符(含标点符号),超过 70 个字符就被视为长短信。在优易网短信平台上有这样的规定:短信内容 70 个字符以内按 1 条短信计费;71~134 个字符按 2 条短信计费;135~201 个字符按 3 条短信计费;最长可以发 300 个字符,按 5 条短信计费,但手机收到的信息也是标识为一条完整的短信。

图 2-21 唯品会电子邮件的活动信息

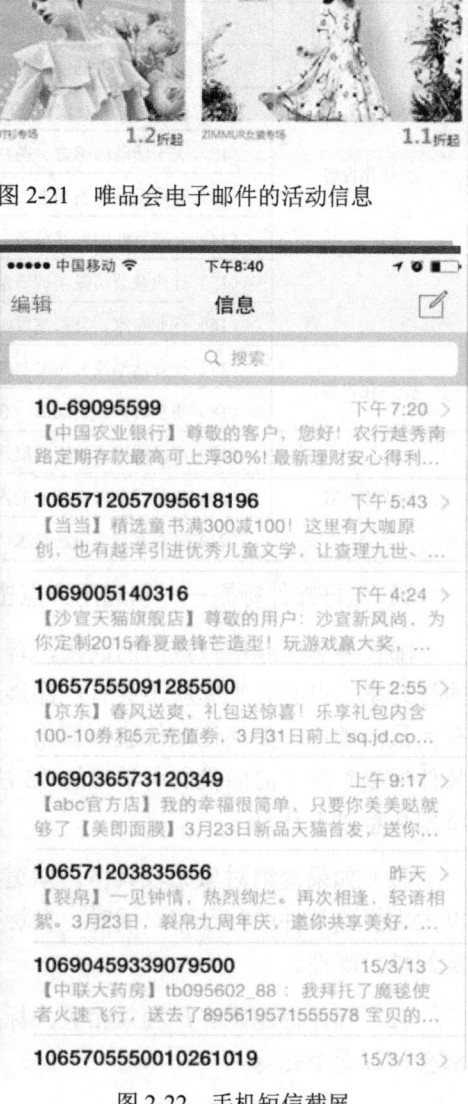

图 2-22 手机短信截屏

（2）固定前后格式。开头用实心中括号标识广告主，告诉大家你是谁，结尾用"回TD退订"字样。发送短信时，请务必以商家名称开头。这样，你的收件人不会将短信混淆为垃圾短信。如图2-23所示。

结尾为什么要用"回TD退订"的字样？因为按照2015年6月30日开始实施的《通信短信息服务管理规定》"第二十条 短信息服务提供者、短信息内容提供者向用户发送商业性短信息，应当提供便捷和有效的拒绝接收方式并随短信息告知用户，不得以任何形式对用户拒绝接收短信息设置障碍。"就像广告邮件在标题上必须注明"AD"字样一样，这是国家的规定。

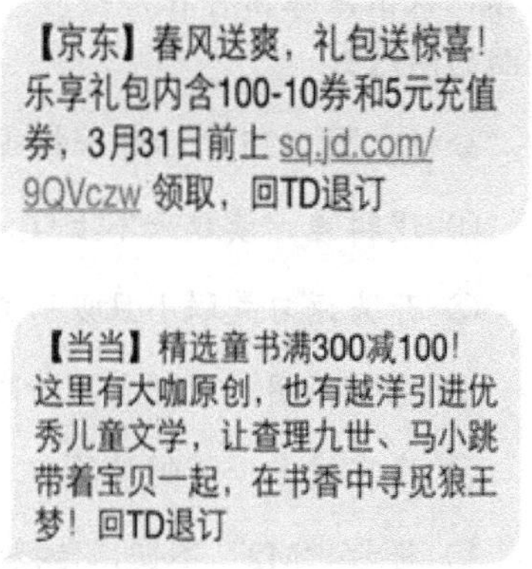

（3）开头一鸣惊人。发送营销短信的首要目的是为了吸引客户、留住客户，甚至是吸引一些潜在客户。在消费者时间和精力有限的前提下，必须在开头吸引消费者的注意力，以便让他们看下去。根据目前短信的过滤规则，若主题含有"免费""派送""优惠"等字样，很容易被判定为垃圾短信。"亲，1亿红包雨正在进行中""亲，预售先行，5折封顶包邮""精彩礼品'送'不停"这类短信标题，虽然是格式套路，但还是能够吸引大多数消费者阅读。

（4）卖点最多2~3个。短信本身字符有限，在信息量和消费者注意力有限的前提下，与其大而全，不如小而美。把消费者最关注的内容提炼出来，重点阐述，比面面俱到更能吸引读者。一条短信最好用70%的文字来诉求一个卖点。

（5）附上电话、案名等活动信息。短信附上活动信息，可以是网站的网址、电话号码或短代码等，提示他们下一步做什么。通过拨打电话或访问网站，他们可能会最终购买你的产品或服务。如果是举办活动的计划，他们也可以通过网址链接来了解更多的详细内容。

除了以上五个要点以外，语言朗朗上口、易懂、不产生歧义也是成功短信撰写的基本要点，如图2-24所示。

图2-23 手机短信示例

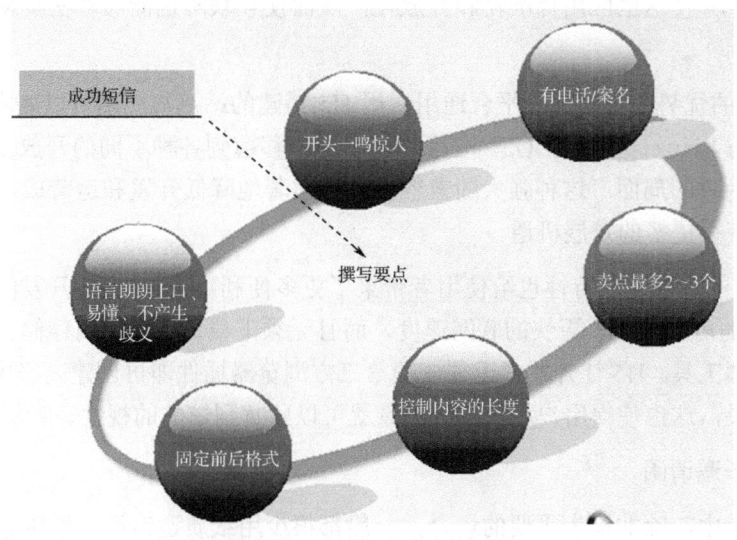

图2-24 成功短信的撰写要点

案例：

分析图 2-25 所示的短信内容，找出该短信存在哪些方面的问题？

> 细节成就完美！晶城，处南城新中心，拥有超高的赠送，公寓可变一房，一房可变两房，更有东莞首个花园小户社区，1200元/M2包豪斯艺术精装，热线23191999

图 2-25　手机短信示例（修改前）

分析：图 2-25 所示的手机短信，存在 7 个方面问题：

① 逻辑差，读起来不上口、沟通力弱；

② 开头语句关联小且吸引力不够；

③ 主张不明，记忆点不清晰；

④ 废字过多，不够精简；

⑤ 符号 "M2" 不妥，传播受限；

⑥ "热线"造势不够，太平淡；

⑦ 超出了 70 个字符。

修改后的内容如图 2-26 所示。

> 不可思议！晶城小户也可规划一家人的幸福，一房变两房，两房变四房，2.13倍绝无仅有超高赠送，东莞首个花园小户社区火热咨询中23191999

图 2-26　手机短信示例（修改后）

4．H5 活动信息的制作

1）什么是 H5

H5 是指第 5 代 HTML，也指用 H5 语言制作的一切数字产品。HTML 是"超文本标记语言"的英文缩写。我们上网所看到的网页多数都是由 HTML 写成的。"超文本"是指网页内可以包含图片、链接、音乐、程序等非文字元素，而"标记"指的是这些超文本必须用包含属性的开头及结尾标志来标记。浏览器通过解码 HTML，可以把网页内容显示出来。

H5 之所以能被广泛地应用，根本原因在于它不再只是一种标记语言。它为下一代互联网提供了全新的框架和平台，包括提供免插件的音视频、图像动画、本体存储以及更多炫酷而且重要的功能，并使这些应用标准化和开放化，从而使互联网也能够轻松实现类似桌面应用的体验。

H5 最显著的优势在于能够跨平台通用，用 H5 搭建的站点与应用可以兼容 PC 端与移动端、Windows 与 Linux、安卓与 iOS。它可以轻易地被移植到各种不同的开放平台、应用平台上，打破各自为政的局面。这种强大的兼容性可以显著地降低开发和运营成本，可以让企业特别是创业者获得更多的发展机遇。

此外，H5 的本地存储特性也给使用者带来了更多便利。基于 H5 开发的轻应用比本地 APP 拥有更短的启动时间、更快的联网速度，而且无须下载，以免占用存储空间，特别适合手机等移动媒体工具。H5 让开发者无须依赖第三方浏览器插件即可创建高级图形、版式、动画以及过渡效果，这也使得用户用较少的流量就可以欣赏到炫酷的视觉、听觉效果。

2）H5 电子邀请函

在当代社会中，除非极为重要的场合，一般都很少用纸质邀请函。纸质邀请函在追求效率的当代社会中，存在一定的局限性。而 H5 电子邀请函形式的出现，改变了这种情况，它既不需要花费太多精力去设计制作，又能将邀请的内容完好地表达出来。

H5 电子邀请函，被企业和个人使用居多，因此它的分类也是比较清晰的：企业使用电子邀请函，大多是为工作服务，如企业年会、峰会、庆典活动、促销活动等；个人使用邀请函，就是为自己服务，如生日派对、同学聚会、沙龙见面会等。

制作 H5 电子邀请函时，可以参考以下方法设计电子邀请函的内容。

（1）极为简练的形式：时间＋地点＋事件。首先，在微传单平台选择一个简单而又符合主题的电子邀请函模板，缩减至四张 H5 页面；其次，在模板的基础上，添加时间、地点、事件；最后，配合微传单的表单收集功能，收集出席宾客的信息即可。

（2）比较丰富的形式：时间＋地点＋事件＋流程图。通常企业的会议都会有一个大致的流程，为了让受邀嘉宾有所准备，可以将会议的流程图展示在电子邀请函上，让他们熟知会议的流程细节。

（3）内容饱满的形式：时间＋地图信息＋事件＋出席嘉宾介绍＋流程图。在前两种形式的基础上，将地点信息扩展为地图信息，配上著名嘉宾的介绍，以及文案设计、图文排版、背景音乐等要素，就可以制作出内容丰富的电子邀请函。

3) H5 活动专题页的四大类型

（1）活动促销型。为活动推广运营而打造的 H5 页面是最常见的类型。它的形式多变，包括游戏、邀请函、贺卡和测试题等。与以往简单的静态广告图片传播不同，如今的 H5 推广活动运营页需要有更强互动、更高质量、更具话题性的设计来促使用户分享传播。图 2-27 为电影宣传 H5 专题页。

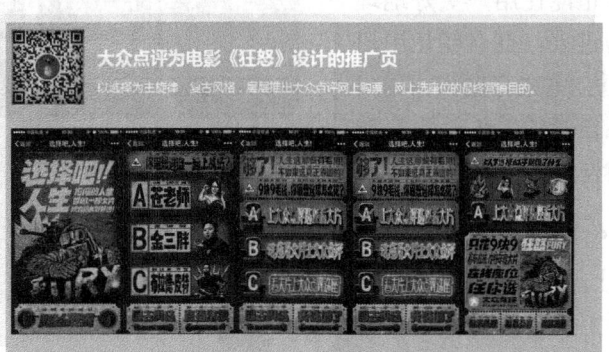

图 2-27 电影宣传 H5 专题页

（2）品牌宣传型。不同于讲究时效性的活动运营页，品牌宣传型 H5 页面等同于一个品牌的微官网，更倾向于品牌形象的塑造，向用户传达品牌的精神态度。

在设计上需要运用符合品牌气质的视觉语言，让用户对品牌留下深刻印象。图 2-28 为产品宣传型 H5 专题页。

（3）产品介绍型。聚焦于产品功能介绍，运用 H5 的互动技术优势，尽情展示产品的特性，吸引用户购买。图 2-29 为产品介绍型 H5 专题页。

（4）总结报告型。自从支付宝的十年账单引发热议后，各大企业的年终总结也热衷于用

H5 技术来实现，优秀的互动体验令原本乏味的总结报告更加有趣、生动。

 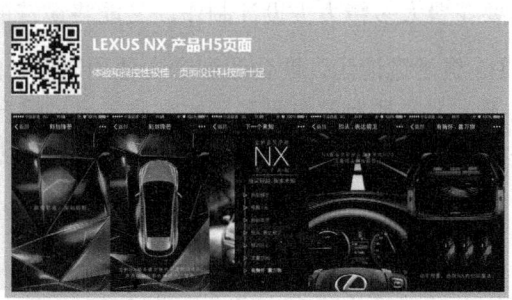

图 2-28　产品宣传型 H5 专题页　　　　　图 2-29　产品介绍型 H5 专题页

4) H5 的制作技巧

（1）故事化。H5 本身是一个信息承载和传达的工具。讲故事是让信息快速传递的最好方式。要将品牌故事融入 H5，借助 H5 的技术优势将品牌的价值文化理念传达给用户，让他永久记住你。

（2）强互动。强互动是将 H5 页面设计得比较有趣的最好方法之一。场景现实化、加入互动机制，能让用户进一步感知体验 H5 宣传的品牌产品，提高用户对产品的购买欲望，并且增加了乐趣。

图 2-30 为苏泊尔空气净化器的 H5 页面，交互的方式让用户既认知了产品，又增加了乐趣。

（3）参与感。真正能让用户更好地理解品牌是让用户参与进来，拥有能让用户参与体验的 H5 页面会更加有趣和让用户喜爱。可以结合产品自身的特性及用户的喜好进行参与方式的设置。

图 2-30　强互动型 H5 页面

（4）社交性。H5 页面最重要的一个功能是传播。要让品牌能传播得更远，还需在 H5 页面上融入社交性，借助用户的社交关系链传播。通常用户会通过谈资、帮助、比较……与好友维持或促进社交关系。因此，在 H5 页面设计中，应融入了这些能让用户分享的动机。利用好 H5 的社交性，推广力度、传播范围会成倍增长。例如：

某 H5，通过洞察上班族的生活与工作痛点，结合游戏角色"大侠"的人生，唤起受众的共鸣，如图 2-31 所示。

图 2-31　强社交性的 H5 页面

（5）话题性。想要使 H5 专题页一夜"爆红"，第一时间抓住热点并快速上线，借机进行品牌宣传也不失为一条捷径。注意，借势营销具有很强的时效性，要分清主次后再借热点去推广产品。例如：

《人民的名义》电视剧火热，借李达康书记的热点巧妙结合产品，通过话题性 H5 页面吸引人们关注，如图 2-32 所示。

（6）流畅性。随着技术的发展，如今的 H5 拥有众多出彩的特性，让我们能轻松实现绘图、擦除、摇一摇、重力感应、吹起、3D 视图等互动效果。但是，实现互动效果的前提是保证流畅性。有些流畅性可以通过互动效果进行掩盖，但有的时候互动效果可能会影响画面的流畅性，所以文案策划人员要根据具体情况具体对待。流畅性较强的 H5 页面如图 2-33 所示。

图 2-32　强话题性的 H5 页面

图 2-33　强流畅性的 H5 页面

5）H5 常用的制作软件

H5 常用的制作软件如表 2-7 所示。

表 2-7　H5 常用的制作软件

软件名称	网址	特点
凡科微传单	http://www.wcd.im	具有更多的互动功能，适合企业用户及设计师、初学者
微页	http://www.zhichiwangluo.com	适合企业用户及设计师、初学者
易企秀	http://eqxiu.com	国内市面上使用较频繁的 H5 微场景制作工具，适合初学者
兔展	http://www.rabbitpre.com	兔展的编辑页面简单、易上手，"DIY"程度较高。兔展分为免费版、体验版和 VIP 版，VIP 版需要付费使用
MAKA	http://www.maka.im/home/index.html	适合中高阶设计师
搜狐快站	http://www.zhan.sohu.com	适合企业用户及设计师、初学者

6）如何利用软件制作 H5 邀请函

以凡科微传单制作软件为例，H5 邀请函的制作分为以下步骤：

（1）选择 H5 邀请函模板。在百度上搜索"凡科微传单"，进入凡科网站，注册账号并登录到后台就可以开始制作邀请函。在初始制作界面选择"创建作品",单击"邀请函"按钮后,制作平台会显示非常多的 H5 邀请函模板,根据邀请函的内容需求,选择相应的模板类型,如图 2-34 所示。

图 2-34　选择邀请函模板

(2)邀请函制作界面。确定邀请函模板之后,平台自动跳转到制作界面中,在线制作界面分为三个主要区域,左侧为"大纲预览区域",中间为"工具栏区域"和"输出区域",右侧为"参数设置区域",如图 2-35 所示。

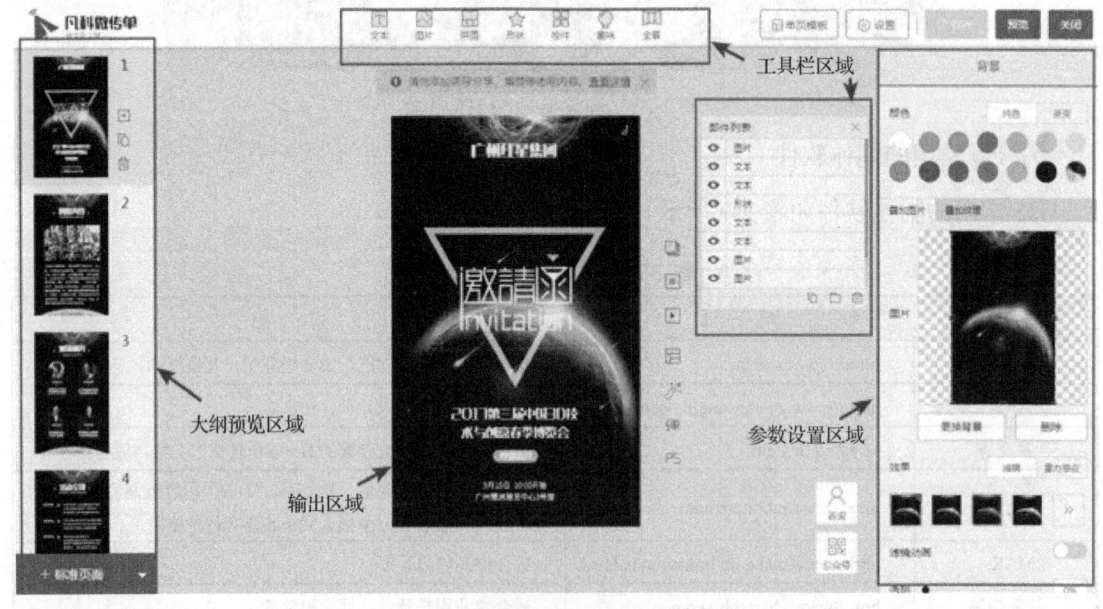

图 2-35　邀请函制作界面区域

(3)模板元素编辑修改。在制作界面的"输出区域"中,直接单击邀请函模板中需要编辑修改的元素,还可以通过左侧的"大纲预览区域"增加邀请函页面。对有需要修改、编辑的元素,都可以在右侧的"参数设置区域"中进行调整,如图 2-36 所示。

项目 2　文案撰写基本技巧与应用

图 2-36　模板元素编辑修改

（4）增加趣味互动性。凡科微传单最大的特点是具有独特的互动功能。在制作过程中可以适当地选择 1～2 个互动功能增加邀请函的互动性。例如，增加弹幕，在中间工具栏（页面右侧），单击"弹"按钮，在右侧参数区域设置"本页开启弹幕"，根据需求设置相应的弹幕效果即可，如图 2-37 所示。

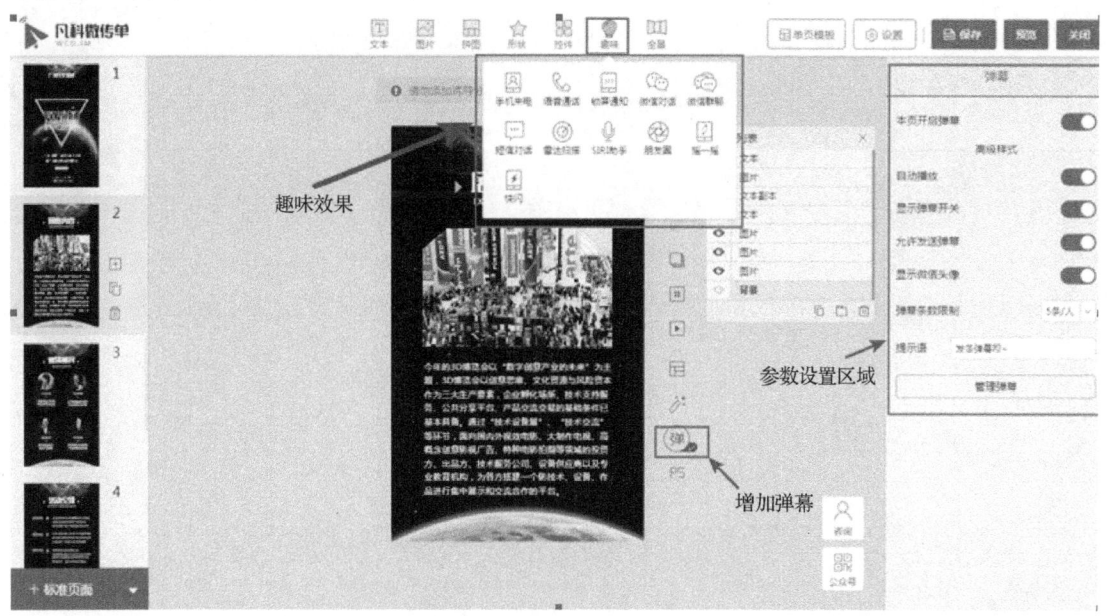

图 2-37　增加趣味互动性

（5）保存并发布成品。对邀请函标题、描述、封面等要素分别进行修改，一个完整的电子邀请函制作完成。邀请函制作完成后，单击页面右上方"保存"按钮保存设置，再单击"预览"按钮预览效果，达到满意的效果后就可以对外发布了。

任务实训

【实训 1】 根据图 2-38 所示手机短信中的楼盘信息,提炼一则手机短信。要求开头一鸣惊人、固定前后格式、卖点最多 2~3 个、控制在 70 个字符以内、有电话/案名。

> 一销售后期项目,为加快尾货销售,现特拟推"一口价"特价房源 3 套,总价最高可优惠至 66 万七千元,周六日第一套成交者更有大礼包免费取。另,为配合现场气氛,特推出到场即可品巴西烤肉的活动!

图 2-38 手机短信中的楼盘信息

【实训 2】 下面是广东岭南职业技术学院"2018 电子商务专业新生咨询群"里面的一段小广告:

"梦翔之旅共邀你嗨翻天,新银盏温泉一天游只需要 98 元,两人报名一个人立减 8 块,需 90 元/人。天气冷了,可以来一泡了!周六日出团,首团不出,不出则全额退款,承接班游、公司出游、本地游、外地游、境外游等路线!欢迎来询,订房、订票!手机号××××××"

1. 修改上述文字,要求语句通顺、符合语言规范并有吸引力;
2. 用凡科微传单制作 H5 活动推广页。

任务 2.4　修辞技巧与开头结尾的写作

任务导入

修辞，即文辞或修饰文辞。"修"是修饰的意思，"辞"的本来意思是辩论言辞，后引申为一切言辞。依据修辞主要表达功能和突出的修辞效果分为三大类：生动形象类、鲜明突出类和含蓄幽默类。运用不同的修辞手法，可以赋予文案不同的情感色彩。

读者在阅读文章时，开头是"第一印象"，结尾是"最后印象"。它们和文章主体一起决定了文章的质量。好的开头可以起到吸引读者的作用，好的结尾则可以给文章"画龙点睛"。

任务导图

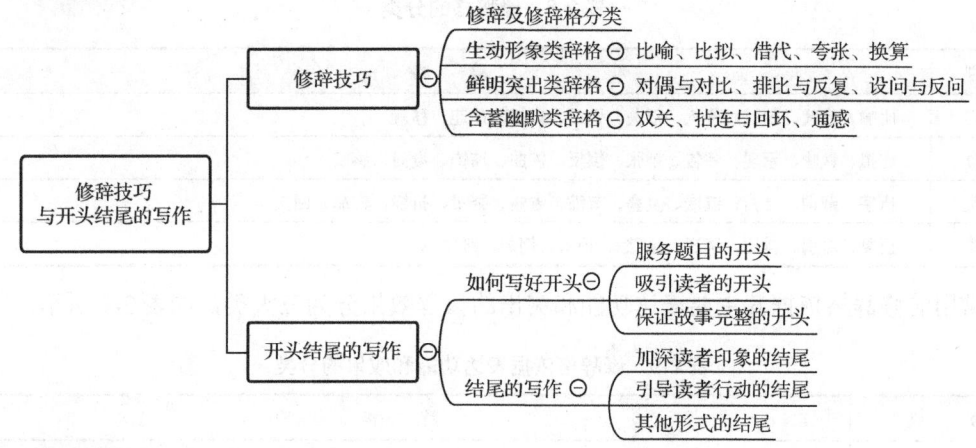

学习目标

知识目标	熟悉广告文案常用的修辞格
	熟悉开头的三种写法
	掌握结尾的三种写法
能力目标	能够分辨出优秀广告文案使用的修辞手法
	能够仿写有吸引力的开头
	能够撰写符合文案需求的结尾

> 任务实施

2.4.1 修辞技巧

1. 修辞及修辞格分类

在浩如烟海的信息世界中,如何让一则广告引起受众的注意和产生效果?修辞技巧提供了一种有效的解决办法,它使广告语言变得更生动、更形象、更易于接受。

修辞本义就是修饰言论,也就是在使用语言的过程中,可以利用多种语言手段,达到尽可能好的表达效果的一种语言活动。据专家研究,汉语修辞格可达 70 多种,常见的有 10 多种。

陈望道在《修辞学发凡》中列举了 38 种辞格,将其分为四类,如表 2-8 所示。

表 2-8 修辞格的分类

类 别	辞 格
材料类	比喻、借代、映衬、摹状、双关、引用、仿拟、拈连、移就
意境类	比拟、讽喻、示现、呼告、铺张、倒反、婉曲、讳饰、设问、感叹
词语类	析字、藏词、飞白、镶嵌、复叠、节缩、省略、警策、折绕、转品、回文
章句类	反复、对偶、排比、层递、错综、顶真、倒装、跳脱

常用的修辞格依据其主要表达功能和突出的修辞效果分为三大类,如表 2-9 所示。

表 2-9 修辞格依据表达功能和效果的分类

类 别	辞 格
生动形象类	比喻、比拟、借代、夸张、换算
鲜明突出类	对偶、对比、衬托、排比、层递、反复、设问、反问
含蓄幽默类	双关、反语、拈连、仿词、移就、通感、顶真、回环、婉曲、引用

这里根据修辞格按表达功能和效果的分类,对主要辞格的特点进行分析,并举例说明。

2. 生动形象类辞格

1) 比喻

比喻就是"打比方",是根据两种不同性质的事物之间的相似之处,用一种事物来比作另一种事物的修辞手法。广告创意强调的"旧元素、新组合"和"相关性",在执行上大多表现为本体与喻体的关系。因此,比喻在广告创意中较为常用。

广告中使用比喻修辞手法,可以使产品和利益点生动形象,使抽象的广告信息变得更具体,化冗长为简洁,使平淡变得幽默诙谐,非常适合以感觉、感情等抽象事物为诉求重点的广告创作。

比喻分为明喻、暗喻、借喻、博喻四种,如表 2-10 所示。

表 2-10　比喻分类

比喻类别	说　明	举　例
明喻	本体、喻体都出现，中间用比喻词像、似、仿佛、犹如、宛如、像……一样、仿佛……似的、恰似等连接	露似珍珠月似弓
暗喻	本体、喻体都出现，中间用比喻词是、成了、变成等连接	世界上最重要的一部车是爸爸的肩膀（中华汽车） 整个城市就是我的咖啡馆（CITY CAFE）、衣服是最动人的语言（淘宝女装）
借喻	不出现本体和喻体，直接叙述喻体。借喻的典型形式是甲代乙	沿着旧地图，找不到新大陆（李宁）
博喻	连用几个喻体共同说明一个本体	试问闲愁都几许，一川烟草，满城风絮，梅子黄时雨

使用比喻辞格时，需要注意的是：本体和喻体两者要具有相似点；句子内容贴切易懂、新颖独特、契合产品的特色。

2）比拟

比拟就是把一个事物当作另外一个事物来描述、说明的修辞手法。比拟的辞格是将人比作物、物比作人，或将甲物化为乙物。运用这种辞格能收到特有的修辞效果：增添特有的情味；把事物写得神形毕现、栩栩如生；抒发爱憎分明的情感。

拟人修辞法就是把事物人格化，将本来不具备人的动作和感情的事物变成和人一样具有动作和感情的样子。拟物修辞法包括两类：一是把人当作物来写，使人具有物的动作或情态；二是把甲事物当作乙事物来写。

广告所推广的产品往往是没有生命力的、静止的事物，要想吸引消费者去购买，最好的办法就是让产品去诱惑消费者。例如：

"生命给了建筑表情"（万科）、"朝生活卖萌，它就朝你笑"（房地产）、"让文字穿越光亮与黑暗"（Kindle voyage）。

比拟和比喻的区别：比喻比的是不同类的事物；比拟可以是拟人、拟物，是直接把人或物当作物或人来写。

3）借代

借代是指不直接说出要说的人和事物，借和它密切相关的名称去代替的修辞手法。被代替的人或事物叫本体；用来代替的人和事物叫借体；借体之所以能代替本体，是因为它们之间有密切的关系，这种关系是实在的，而不是想象的。

根据借体和本体的不同关系，借代可以分为下列几种：

◇ 特征代本体。即用借体（人或事物）的特征、标志，来代替本体事物名称。例如：

"踩惯了红地毯，会梦见石板路"（万科兰乔圣菲），借用红地毯和石板路，代表了两种不同的生活方式。

◇ 具体代抽象。即用具体的、形象的、能给人以直观感受的事物代替可以被人理解的某种含义。例如：

"每天那么多点头之交,幸好还有人可以会心一笑。"

◇ 部分代整体。每种事物都有最显著、最有代表性的特性,这部分最引人注意,人们就用这部分代替事物的整体。例如:

"有兄弟,才有阵营"(红星二锅头)。

运用借代,要注意以下几点:借体要有鲜明的代表性,让人一见就知道所代的本体事物,否则使人不知所云;用形体特征代本体时,要注意感情色彩;借喻与借代是有区别的——借喻构成的基础是相似性,它要求喻体与本体有一点极其相似,而借代构成的基础是相关性,相关不一定相似,它只要求借体同本体有密切关系,互相关联即可。例如:

"我们不生产水,我们只是大自然的搬运工"(农夫山泉),用搬运工代替整个生产水的过程。

4)夸张

(1)夸张概念及作用。夸张是为了更突出、更鲜明地强调某些事物,在语言文字表达时特意对某些事物的形象、特征、作用、程度和数量等方面加以夸大、缩小到某种极致,或在时间上加以篡改的一种修辞手法。

夸张可以对广告主题进行浓烈的艺术渲染,可以突出产品的特征、品质、功能或服务等,给受众留下强烈、深刻的印象,进而很快地认识并接受该产品。

(2)夸张的种类。夸张可分为扩大夸张、缩小夸张和超前夸张三种。

扩大夸张:故意把客观事物说得"大、多、高、强、深……"的夸张形式。例如:

"根本停不下来"(某口香糖)、"网速太快请系好安全带"(某网吧广告)、"平时注入一滴水,难时拥有太平洋"(太平洋保险公司)等。

缩小夸张:故意把客观事物说得"小、少、低、弱、浅……"的夸张形式。例如:

"今年20,明年18"(某香皂广告)等。

超前夸张:在时间上把后出现的事物提前一步的夸张形式。例如:

"打开车门就是家门"(滴滴)等。

(3)注意事项。

运用夸张修辞格要注意以下三点:

① 夸张不是浮夸,而是故意的、合理的夸大,所以不能失去生活的基础和生活的根据。要以客观事实为基础,不要无缘无故地故作夸张。夸张与浮夸有着严格区别,浮夸是违背客观事实、说假话,必须坚决反对;夸张是现实主义与浪漫主义相结合的一种修辞方式。夸张的真实性不在于表面的真实,而是在于反映出事物的本质。夸张的奥妙在于不似真实,又胜似真实。

② 夸张不能和事实距离过近,否则会分不清是在说事实还是在夸张。

③ 夸张要注意文体特征,如科技说明文、说理文就很少用甚至不用,以免歪曲事实。

5）换算

换算是一种形象化的修辞方法，具有明显的描绘功能。它可以把难识的或需要特别强调的数量，从人们的可接受性出发，加以形象化地转换，修辞上称为换算。换算在广告文案中出现较多。

换算，本来是数学上的定义，其内涵是把"某种单位数量折合成另一种单位数量"。如把某一长度单位的数量折合成千米、米、厘米、毫米……为单位的数量。数学上的换算在单位、数值上是固定的，序列上是系统的、对应的。而修辞上的换算只是临时所为。例如：

"充电 5 分钟，通话 2 小时"（OPPO）、"这辆车能塞进 10 个人和 5 件行李"（某车广告）、"中国每卖 10 罐凉茶，有 7 罐加多宝"（加多宝）、"香飘飘奶茶杯子连起来可绕地球三圈"（香飘飘）、"100 克，喝杯水都能感受的精准"（小米体重秤）等。

3. 鲜明突出类辞格

1）对偶与对比

对偶是把一对结构相同或相近、字数相等的句子或短语连接起来表达相似、相关或相对、相反意思的一种修辞手法。例如：

"人头马一开，好事自然来"（人头马）、"喝汇源果汁，走健康之路"（汇源果汁）、"肌肤与你，无尽可能，肌肤与你，越变越美"（玉兰油）等。

对比是把两种对立的事物或一种事物对立的两个方面放在一起互相比较的一种修辞手法。例如：

"别让这个城市留下了你的青春，却留不下你"（某地产）、"故乡的娇子，不应是城市的游子"（某地产）、"你在的时候你就是一切，你不在的时候一切就是你"（万科棠樾）、"过期的旧书，不过期的求知欲"（诚品旧书）等。

对比和对偶的不同点：对偶强调的是对称，对比强调的是对立；对偶是从结构上说的，对比是从意义上说的。

2）排比与反复

（1）排比。排比是用三个以上结构相同或相似、字数相等或相近的短语或句子来表达相关联意思的一种修辞手法。用排比来说理，可收到条理分明的效果；用排比来抒情，节奏和谐，显得感情洋溢；用排比来叙事写景，能使层次清楚、描写细腻、形象生动……总之，排比的行文有节奏感，朗朗上口，有极强的说服力，能增强文章的表达效果和气势，深化文章的中心思想。例如：

"财旺 福旺 运气旺/人旺 气旺 身体旺/你旺 我旺 大家旺"（旺旺食品贺年广告）、"你能听到的历史 136 年，你能看到的历史 174 年，你能品味的历史 440 年"（国窖 1573）等。

奥美总监邱欣宇的广告文案，我是凡客，用短促有力的排比、对比，使文案读起来朗朗上口、通俗易记。该文案有足够的长度，可以列举兴趣特征，也有强烈的全称判断。短短一则文案，背后流露出的是一种自我肯定、身份认同，以及青春张扬的特点。

这则以"爱……，不爱……，是……，不是……，我是……"为基本叙述方式的广告文案在网上掀起"PS"热潮。堪称"自我表白"排比修辞的经典之作，如图2-39所示。

恰当地运用排比才能表达强烈奔放的感情、周密地说明复杂的事理、增强语言的气势和表达效果。运用排比必须从内容的需要出发，不能生硬地拼凑排比的形式。排比句读起来朗朗上口，有一股强大的力量，这样才能增强文章的表达效果。

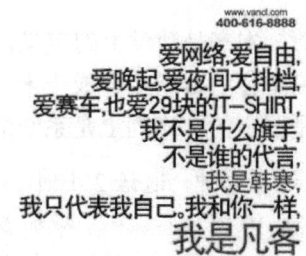

图2-39　凡客诚品文案示例

广告文案中运用排比，应注意以下几点：

① 排比的各项（词、短语、句子）应该大体上平行、独立、相称，有一定的逻辑关系和逻辑顺序，且互不包含、交叉。

② 要与广告内容密切相符。如果一味追求形式，只会造成啰唆、重复和枯燥。

③ 要注意区分排比和对偶的区别。

排比与对偶有如下三点区别：

◆ 对称性与平列式。对偶是两个语言单位（句子或句子成分），而排比是三个或三个以上语言单位（句子或短语）；对偶讲究对称，排比要求结构大体相似，字数要求不甚严格。

◆ 排比经常以同一词语作为彼此的揭示语，使排体互相衔接，给人以紧凑、密集之感；典型的对偶句上下两联是不重字的。

◆ 对偶以平仄对仗为佳，排比则无此要求。

（2）反复。前后两句出现相同或类似的词，这种手法叫作反复。反复就是为了强调某种意思，突出某种情感，特意重复使用某些词语。反复的内容就是把关于本产品最重要的、最具长远性的和最具促销力的信息，在一再重复的强化中让人们接受和认可。例如：

"我们是害虫，我们是害虫，正义的来福灵，正义的来福灵，一定要把害虫杀死！杀死！杀死！"（农药广告）、"切入，切入，切入，借此切入乔丹的世界"（香水广告）等。

如何用反复手法去创作一个金句文案呢？除了动词的反复，还可以试试下面这三种方法：

① 相同名词的反复。前后两句使用相同的名词，而且这个名字必须是关键词，且具有代表意义。例如：

"没有到不了的地方，只有没到过的地方"（汽车广告）、"我没有背景，我就是我自己最好的背景"（某杂志广告）、"从不预测未来，我们创造未来"（汽车广告）等。

② 相同定语的反复。用同一个形容词去形容两件事情，让两件事情具有相同的属性，前后的关系就更加紧密。例如：

"改不了加班的命，就善待加班的胃"（某蒸箱）。

③ 带相同字的词语。不得不说,中国的文字很有趣。即便是两个不同意思的词语,只要带着相同的字,它们多少存在一定的联系。例如:

"让欲望不再失望"(某网购平台)、"自律给我自由"(汽车广告)、"人生不是天生"(APP广告)、"去征服所有不服"(汽车广告)等。

3) 设问与反问

(1) 设问。设问是为了强调某部分内容,故意提出问题、明知故问、自问自答的一种修辞方法。正确地运用设问修辞方法,能引人注意,启发思考;有助于层次分明,结构紧凑;可以更好地描写人物的思想活动;可以突出某些内容,使文章起波澜、有变化。例如:

"最高的那座山在哪里?在你的心里""何以掌控?放手;何以升华?沉淀;何以犒赏人生?再上征程"等。

(2) 反问。反问是用疑问的形式表达确定的意思,以加重语气的一种修辞手法。反问只问不答,人们可以从反问句中领会别人想要表达的意思。反问也叫激问、反诘、诘问。例如:

"岂止于大"(手机广告)等。

(3) 设问与反问的异同。

① 不同点有以下三种。

形式上:设问是先问再回答;反问是只问不答,但问题的答案却在句子之中。

作用上:设问主要是为了引起读者的注意,激发读者的兴趣;反问主要是为了加强语气,明确表达某种观点和思想感情。

句意上:设问不表示肯定什么或否定什么,只是一问一答的形式;反问则明确表示肯定和否定的内容,语气通常更为强烈。

② 相同点。设问和反问都是用问句的形式来表达的,都是没有疑问的。

4. 含蓄幽默类辞格

1) 双关

人们把在特定语境中使话语同时具有两层意思,表面有一层意思,实际上还有另一层意思的修辞手法称为双关。双关主要是利用词语的谐音或多义性的特点构成的,分为谐音双关、借义双关。广告语言中运用双关修辞,可以收到一箭双雕的效果:一方面幽默,饶有风趣;另一方面含蓄,更耐咀嚼,让受众在悟出双关之意时产生心理愉悦,从而对广告传递的信息心存好感。

(1) 谐音双关。利用词的同音,有意使语句具有双重意义叫谐音双关。例如:

"药材好,药才好"等。

(2) 借义双关。利用词的同义,有意使语句具有双重意义叫作借义双关。例如:

"人类失去联想,世界将会怎样?""最初的那些动力,不用加油,却陪你走了最久""喝口茶,解人生烦腻"等。

在广告中运用双关修辞格，应注意以下几点：

① 要处理好表里两层意义的关系。

② 不可滥用。用得恰当事半功倍，否则事倍功半。

③ 运用双关既要含蓄深刻，又不能晦涩难懂；既要生动活泼，又不能低级庸俗。

2）拈连与回环

拈连是指甲乙两个事物连在一起叙述时，把本来只适用于甲事物的词语拈来用到乙事物上的修辞手法，又叫"顺拈"。运用拈连，可以使上下文联系紧密、自然，表达生动、深刻。

拈连修辞就是拈住前面的词，生动演绎后面的意义。拈连在广告文案中，可以加强上下句之间的联系，使广告文字显得一气呵成，也使目标消费者感到"移花接木"的情趣。例如：

"从不预测未来，我们创造未来""过期的旧书，不过期的求知欲""为自己谈个好价钱，生活里再也不关心价钱""唯一的不同，是处处都不同"。

回环是指将两个字词相同而排列次序不同的言语片段紧密相连的修辞手法。回环修辞可以给人以循环往复的意趣，可以构建事物间相互依存、相互制约或相互对立的关系，可以使语句整齐匀称，还能揭示事物间的辩证关系，使语意精辟、严谨。例如：

"痛则不通，通则不痛"等。

3）通感

通感修辞格又叫"移觉"，就是在描述客观事物时，用形象的语言使感觉转移，将人的听觉、视觉、嗅觉、味觉、触觉等不同感觉互相沟通、交错，彼此挪移、转换，将本来表示甲感觉的词语移用来表示乙感觉，使意象更为活泼、新奇的一种修辞手法。

通感是一种有趣的修辞手法，它用文字的力量在人体内施展各种感观的"乾坤大挪移"，用于广告文案中很容易对消费者的感观造成强烈的冲击，使他们记住产品的利益点。例如：

"新春佳节，祝您百事可乐""味至浓时是故乡""家在哪里，胃最知道"等。

2.4.2 开头结尾的写作

读者在阅读文章时，开头是"第一印象"，结尾是"最后印象"。它们和文章主体一起决定了文章的质量。那么，高质量的文章会使用什么样的开头和结尾呢？

表2-11为浑水自媒体江湖、新榜和清博大数据统计的10个短时间崛起的公众号，通过分析这10个公众号的60余篇文章，总结了它们开头和结尾的写作规律。

表 2-11 短时间崛起的公众号

公众号名称（ID）	运营时长	效 果
我走路带风（ID：WsF109）	5 个月	累计粉丝 50 万多个
有车以后（ID：iyourcar）	2 年	百万用户
酒鬼一家（ID：jiugui1jia）	10 天	增长粉丝 150 多个
小小包麻麻（ID：xxbmm123）	1 年	196 篇 10 万多次阅读量
黑马公社（ID：heimagongshe）	4 个月	增长粉丝 41 万多个
摄影日记（ID：jpg202020）	1 年	积累粉丝 100 万多个
物道（ID：wudaoone）	2 年	积累粉丝 180 万多个
末那识（ID：monashi7S）	8 个月	积累粉丝 10 万多个
陈大咖（ID：dakachan）	1 年	积累粉丝 4 万多个
请辩（ID：qingbian-cl）	8 个月	积累粉丝 8 万多个

1．如何写好开头

大部分人想到文章开头的作用时都会说"吸引读者"，实际上开头的作用有多种。作用决定形式，因此，开头的形式也不仅仅是"你们知道吗，最近发生了一件大事"这种吓唬人的低级写法。下面具体讲述开头可以有哪些作用和丰富的形式。

开头的作用有以下三种。

（1）服务题目：当题目已经引起读者好奇时，开头需要解释或延续这种好奇。

（2）吸引读者：如果开头内容无聊晦涩，读者很可能不会继续读下去，所以，开头需要吸引读者。

（3）保证故事完整：读者阅读的文章，要保证故事的完整性。如果背景知识很重要，在开头就要介绍背景知识，以便读者理解文章。

为了让文章开头起到不同的作用，需要用不同的形式来体现。针对开头的三种作用，可以通过不同的形式来体现。

1）服务题目的开头

服务题目开头的形式与题目密切相关，具体有以下两种形式。

（1）解释题目的原因。当题目是一个问题，或让人琢磨不透时，需要在开头解释题目。例如：

"昨天的推送里，让我看完最难过的台词是：如果你在我十八岁的时候认识我就好了，那时我的头发又黑又长，也很漂亮。"（来自《如果你在十八岁时认识我就好了》）

（2）顺着题目往下说。当题目已经足够惹人好奇时，开头接着题目的话题往下说就好了。例如：

"宇宙到底有多大？很多人会说，很大，或者说，很大很大。"（来自《宇宙到底有多大》）

2) 吸引读者的开头

读者的类型千差万别，不同的读者会被不同的开头所吸引。因此，吸引读者的开头形式最为多样，有以下九种。

（1）描绘利益。告诉读者看了这篇文章会获得什么好处，"无利不起早"，读者自然会看下去。例如：

"手机拍照已成为我们生活中必不可少的一部分，但是有些人不一定了解手机拍照技巧。其实不需要用到高级拍摄装备，也能把手机相机发挥得淋漓尽致。"（来自《这才是手机的正确拍照方法，以前白玩了！》）

（2）制造悬念。故意不说透，提起读者兴趣，让读者想要读下去。例如：

"这是一个套路与反套路的故事。一个凌驾于世间所有尴尬之上的故事。一个无论什么时候想起来都恨不得咬舌自尽的故事。总之是一个悲伤的故事。"（来自《工作室日常之一个悲伤的故事》）

（3）提出问题，回答一半。提出让读者好奇的问题，但不完整回答，读者就会更好奇。例如：

"咖宝宝今天又来唱反调了。其实大多数人（包括我自己），今天都中了套路。从购买习惯角度来说，有些促销其实并没有真正的实惠。"开头只说了"没有真正的实惠"，但没有解释"为什么没有真实惠"，读者自然会想知道。（来自《SOS！我要离开这个全是折扣套路的城市》）

（4）表达真情实感。把自己的心事说出来，表达坦诚的态度，拉近公众号和读者之间的距离。例如：

"大家好，又到了国民老岳父语音跳票的环节。老安今天在临走前，跟小编说，帮我编一个理由，填充今天的语音环节。"（来自《工作室日常之台历讨论会议》）

（5）制造冲突场景。有了冲突，但结局未知，读者自然想一探究竟。例如：

"粉丝七七愤怒地跟末那说：叔，最近有个男人追我。"读者看完之后，会好奇"为什么被人追求会愤怒"，自然会阅读下文。（来自《我帮你，没有动机》）

（6）制造临场感。描述读者可能经历过的场景，让读者在心里想"这就是在说我啊"。例如：

"'双11'买的东西到了，你后悔吗？从目前'双11'某宝退货率来看，'剁手族'纷纷表示后悔。"（来自《花一百块钱买的东西，却要操好几万的心》）

（7）聊自己的近况。在讲述正题之前，作者先写自己的近况，让读者感觉我和他过着差不多的生活，这样拉近和读者的距离之后，读者更容易认同作者写的东西。例如：

"身在帝都的我，可算盼来了暖气。"（来自《雾霾天冷窝在家！这些游戏能让熊孩子乖乖玩上一整天》）

（8）对比。用与读者生活相关的，但对比鲜明的例子，以便凸显文章主要内容的特点。

（9）类比。当内容对读者太陌生，或广告痕迹太重时，可以讲述与内容类似的例子，便于读者理解。例如：

"上杯盖的小狐狸，是你一辈子的陪伴。'一旦你驯养了什么，你就要对它负责，永远的负责'——《小王子》。"这篇文章是销售小狐狸水杯的软文，但狐狸水杯在日常生活中并不多见，读者不熟悉，因此，先讲读者熟悉的《小王子》中的狐狸，以此减少读者对狐狸水杯的陌生感。（来自《一万句多喝水，不如一只狐狸杯》）

3）保证故事完整的开头

完整的故事结构会帮助读者更快速地理解文章含义。因此，开头要发挥帮助理解文章的作用，具体实现方式就是介绍背景。例如：

"前段时间砖叔看到了这样一个新闻，两辆东莞牌照车辆擦碰，一辆捷达撞上一台劳斯莱斯。而事故的责任清晰，事发地为禁停路段，劳斯莱斯司机人还在车里，虽然是违章停车，但无责任。"题目中只说捷达撞了劳斯莱斯，但没有介绍事情经过，这容易让读者理解不清，所以在开头，就介绍了事件背景，方便读者理解。（来自《3万元的捷达"顶"了一下500万元的劳斯莱斯，要赔60万元！咋整？？》）

2. 如何写好结尾

与开头相比，结尾的形式少一些。因为制约开头的因素较少，主要来自题目和内容，所以开头形式的发挥空间较大。相比之下，结尾受文章风格、主体内容、写作目的和写作节奏等因素的影响，受到的制约较大，所以形式有限。下面讲述结尾的具体作用和形式。

1）加深读者印象的结尾

正文得出结论或表明态度之后，结尾处再次强调，以便加深读者印象。加深印象是结尾最常见的作用，可以通过以下四种形式实现。

① 总结全文/总结感受。在通篇论证了观点或表达了感情之后，结尾再总结一次，会加深读者的印象。例如：

"为你变得有趣，为你变得有生气；为你变得有爱，为你长长久久在一起。没什么原因，就是因为真的喜欢你。"整篇文章就讲了一个故事，目的是表达"在喜欢的人面前，我才活泼有趣起来"，最后再强调一次"为你变得有趣……就是因为真的喜欢你"，以免读者只记得故事，不记得观点。（来自《我那么有趣，还不是因为喜欢你》）

② 呼应题目。在读者阅读文章之前，通常被题目吸引，结尾再呼应题目的观点，加深读者对观点的印象。例如：

"最好的关系，是我懂你养娃背后的不容易。"（来自《最好的关系，是我懂你养娃的不容易》）

③ 重申观点。文章的开头就提出观点，结尾再提一遍。例如：

开头是"今天我们要说的是卖得最好的国产轿车之一，奇瑞艾瑞泽5。"结尾是"毕竟车无完车。六七万就能买到一部颜值高、空间大、配置高、底子好的车，其他方面也别太苛求了。所以艾瑞泽5还是很值得购买的。"（来自《2016年最火的国产轿车之一，七八万的

价格却有十几万的面子!》)

④ 调侃。常用于严肃说理文章的结尾,通过调侃,让读者轻松。例如:

"所以我现在虽然穷着却甘之如饴,因为等到以后出了名,我也能像梁龙一样说一句'不要脸'的话:'那些贫穷时体会到的道理,是我一生最可贵的东西。'当然,撇开以上这几点,我还是想做个有钱人的。"(来自《我爱钱,但我不怕穷》)

2) 引导读者行动的结尾

正文的内容已完结,或正文的目的就是引导读者行动时,要在结尾加引导语,引导读者行动。文章在表达观点之后,有时需要引导读者行动,具体分为以下三种:

① 引导关注或购买。常用于软文的结尾处,通过找到文章内容与软文对象的共同特点,以此引导读者关注或购买。例如:

"2017年,365天的美好与感动,你值得拥有。倒计时的日子,美啊。有钱任性!掌柜!包两本!"文章结尾强调"时间",日历代表了时间,所以,由"拥有时间"过渡到"购买日历"。(来自《这本造价300万的日历,内含380张美到爆的原创手绘,是2017年正确的打开方式》)

② 引导评论。在正文结束之后,加一句话引导评论,提高粉丝活跃度。例如:

"以上是今天分享的叫醒秘诀,你们又有什么绝招来叫醒自家男人呢?"(来自《你永远叫不醒一个装懒的老公/男友?》)

③ 呼吁行动。在讲述了观点之后,号召读者在实际生活中运用。例如:

"所以为了更好地占他便宜,请珍惜他,就从请他吃饭开始吧。"(来自《"大方"的人都长这样》)

3) 其他形式的结尾

下面三种结尾形式比较特殊。

① 为下一篇做准备。这是系列文章的常用结尾,以便吸引读者留意下一篇文章。例如:

"好了,我要去收拾行李了。越南河粉,我来了!!请大家期待咖宝的邮轮体验吧!"几天之后,作者写了另一篇文章,讲述邮轮体验。(来自《不好意思,下周我要消失几天》)

② 固定结尾。无论文章内容是什么,结尾的内容及其排版都不变化,目的是通过长期重复,给读者留下独特的印象,增加文章的可识别度。例如:

"不得不说,这样的微创新还是很赞的哈"(摘自公众号"摄影日记"微信号:jpg202020),该公众号介绍科技产品的软文,都以这句话结尾。

③ 没有结尾。常见于介绍专业信息的文章。介绍完信息就结尾,干净利落,不拖沓。例如:

"10月份,这10款轿车卖得最火!大众占50%,国产仅1款"作者介绍完这10款轿车的信息之后直接结尾,没有结尾段。

最后需要说明的是,本文讲述了开头和结尾的常见形式。在实际写作中,很可能出现的情况是开头和结尾可能要发挥多种作用,所以在开头段和结尾段里,会混合使用多种形式。因此,文中讲解的各种形式,需要根据实际需求,灵活运用。只有这样才能写出优秀的开头和结尾。

任务实训

【实训 1】 扫描二维码,阅读《文案资料库——把 1 000 句文案装进头脑》,找出 10 句你喜欢的文案,并指出运用了哪种修辞手法。

2-3 文案资料库——把 1 000 句文案装进头脑

【实训 2】 从网络上搜集并阅读脑白金软文,选出你印象深刻的三篇文章,说出它的开头采用了开头方法中的哪一种?

【实训 3】 阅读下列文章的标题和开头,按要求回答问题。

1. **标题:如果你在十八岁时认识我就好了**

原开头:昨天的推送里,让我看完最难过的台词——如果你在我十八岁的时候认识我就好了,那时我的头发又黑又长,也很漂亮……

(1)这篇文章开头类型是:

(2)你撰写的开头:

(3)你撰写的结尾:

2. **标题:工作室日常之一个悲伤的故事**

原开头:这是一个套路与反套路的故事。一个凌驾于世间所有尴尬之上的故事。一个无论什么时候想起来都恨不得咬舌自尽的故事。总之是一个悲伤的故事……

(1)这篇文章开头类型是:

(2)你撰写的开头:

（3）你撰写的结尾：

3．标题：我帮你，没有动机

原开头："粉丝七七愤怒地跟末那说：叔，最近有个男人追我……"

这是一个制造冲突场景的开头，要求你也撰写一个制造冲突场景的开头。

（1）你撰写的开头：

（2）你撰写的结尾：

项目 3

创意类文案撰写技巧

把软文写成新闻，是软文写作的最高境界！

新闻营销中，新闻是形式，营销是本质。

在互联网产品文案的写作中，有两种文案人：X型文案人；Y型文案人。X型文案文字华丽，把本来平实无华的表达写得更加有修辞。Y型文案不华丽，甚至只是简单地描绘出用户心中的情景，却充满画面感、直指利益。

——李靖

文案是关于用户感受的设计，而不是创造这些感受的文字的设计。好文案的目标不是卖弄文采，不是彰显个人的文学素养以及创意能力，而是有效地设计并影响用户的感受。

——李靖

任务 3.1　软文撰写技巧与创意

任务导入

软文是相对于硬性广告（简称"硬广"）而言，由企业的市场策划人员或广告公司的文案人员来负责撰写的文字广告。软文有三种基本类型：新闻型、行业型、用户型。

软文广告深谙受众心理，通过策划撰写有深度的文章来推广相关的产品，文字和产品、情节和广告结合得恰到好处，既给受众传达了广告信息，又让受众得到阅读的乐趣。软文撰写技巧有以下几点：选一个巧妙的产品信息植入点、标题必须有诱惑力、开头必须足够吸睛、内容必须能引导有效流量、结尾让用户有所行动。

任务导图

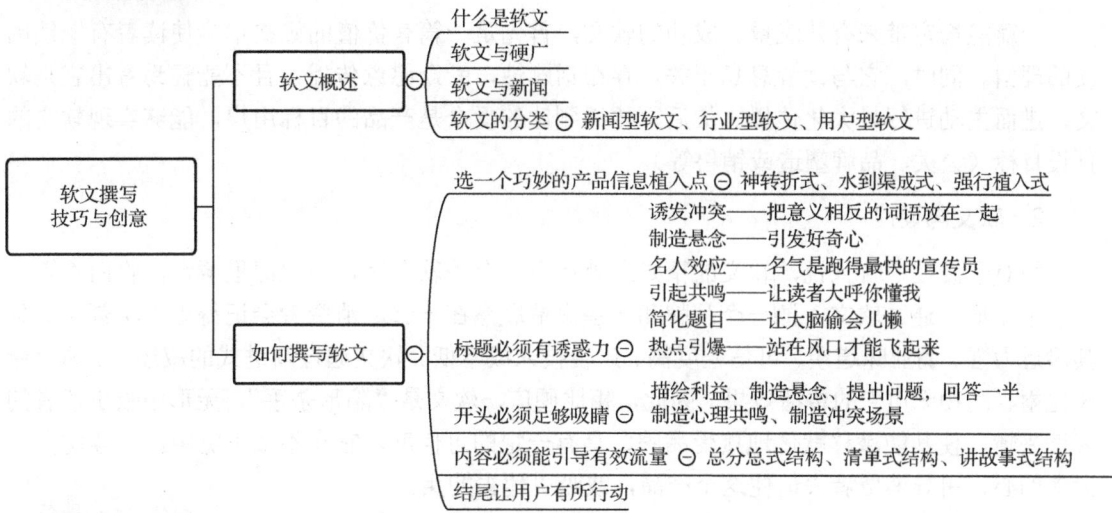

学习目标

知识目标	了解软文与硬广、软文与新闻稿的区别
	熟悉软文的分类
	了解用户型软文的类别
能力目标	能够撰写具有诱惑力的软文标题
	能够撰写足够吸睛的软文开头
	能够撰写让用户有所行动的软文结尾

3.1.1 软文概述

1. 什么是软文

顾名思义,软文是相对于硬性广告(简称"硬广")而言,由企业的市场策划人员或广告公司的文案人员来负责撰写的文字广告。企业通过软文向消费者传递品牌和产品的价值信息。成功的软文能用消费者喜欢的语言触动他的敏感点,引起强烈共鸣,从而愿意掏钱购买产品或服务。

软文与产品文案不同,产品文案针对较为确定的消费人群,在分析该人群的消费需求心理之后,结合市场现状及不足,述说某品牌的优势,强化产品在消费者心中的印象。而软文主要面向潜在的消费人群,吸引读者的兴趣是最为关键的因素。

一篇能稳定带来有效流量、成功的软文,首先是一篇有价值的好文章,使读者有继续阅读的理由。同时,它与读者息息相关,存在话题性,受众愿意传播,且不能轻易看出它是软文,进而主动进行最大化传播。最后,传播到达的受众是产品的目标用户,能够实现软文的预设目标(公关、品牌塑造或销售等)。

2. 软文与硬广

相对于硬性广告来说,软文的精妙之处在于一个"软"字,好似绵里藏针,收而不露,克敌于无形。通过软文,把一个品牌和一些事情联系在一起,消费者会记得更为深刻,而且其渗透力强、商业味道淡、可信程度高、广告投入成本低。软文通过渐进式的叙述,追求"春风化雨、润物无声"的传播效果。因此,相比硬广,软文是"隐形杀手",无形中吸引读者的阅读兴趣,使其能潜移默化地接受品牌,具有一定的可信度。它在不知不觉中就"俘虏"了读者的心,引导消费者去记住这个产品,或吸引他去购买。

3. 软文与新闻

软文是指在文案范围内完整的一篇宣传性的文章。与广告语、广告图配字、广告脚本等零散的形式不同,软文是针对品牌或产品的某一个主题详细展开、能让读者获得这个主题详细信息的完整文章。软文是针对企业的产品或服务,具有很强的功利性,一般只能在部分人群中产生影响。所以软文必须将企业问题社会化,让更多的人关注。

新闻是指报纸、电台、电视台、互联网等媒体经常使用的记录与传播信息的一种文体,其特性为:真实性、准确性和时效性。新闻是针对社会的人和事,具有很强的社会性、客观性。报道的内容是大众普遍关注的、与人们生活密切相关的。

把软文写成新闻,是软文写作的最高境界!

4. 软文的分类

软文有三种基本类型:新闻型、行业型和用户型。

1)新闻型软文

新闻型软文一般可以分为以下几种类型。

(1) 新闻通稿。新闻通稿型软文本质更接近于硬性广告，和硬性广告的区别在于它是由官方发布，较为权威，其写作模式和传统新闻稿类似。

(2) 新闻报道。新闻报道型软文是从媒体的角度来报道某件事情，采用正规的新闻格式，里面穿插广告，非专业人士很难辨别是新闻还是软文。它的形式可能是报道某一种新产品，但是其写作的形式让人感觉它是站在客观的角度来写的，只做一些叙述和评论，这样容易让人产生信任感，不知不觉把产品形象印在了脑海中。

(3) 人物访谈。相对于新闻通稿的公式化语言及新闻报道的说教式、单向灌输式内容而言，人物访谈这种形式更容易让人接受。它由一般新闻的单向灌输向渗透式、感召式、互动式转变。企业与媒体通过访谈聊天的形式表达出来的内容和理念更具亲和力、吸引力和感染力，能够做到以理服人、以情动人。受众常常对于企业大篇幅的赞扬与溢美、华丽的业绩数据展示等视而不见，却被一篇小小的访谈打动，原因就是后者有血有肉，能够让受众近距离感受到这个企业和企业中的人，而不是冷冰冰的新闻稿或数字。

2）行业型软文

行业型软文面向行业内人群，这类软文的主要目的是为了扩大行业的影响力，奠定行业的品牌地位。一家企业的行业地位直接影响到其核心的竞争力，甚至会影响到最终用户的选择。行业型软文对行业专业知识的要求比较高，因此，要在明确写作目的和写作要求的基础上，尽可能多地、有针对性地搜集相关资料并尽快了解，这样才能保证下笔的流畅性。一般的行业型软文可以分为以下几种类型：

(1) 经验分享。经验分享型软文以传播知识与经验为主，作者在对行业非常了解的前提下，通过传播有价值的行业知识或行业经验，建立企业在行业内的品牌地位。此类文章能帮助读者解决问题和了解行业资讯，读者在受益的同时，更可能进行分享和转发。

(2) 观点交流。与经验分享型软文分享知识不同的是，观点交流型软文主要是以思想上的交流取胜。经验分享型软文要求作者具备比较强的行业知识，因此并不适合所有人。而观点交流型软文相对来说要容易一些，只需要有思想、善于思考就可以了。它一般通过与读者产生共鸣来建立公信力和知名度。我们在很多行业网站上看到各种作家专栏的文章，实际上都可以理解为这一类软文。

(3) 人物访谈。成功的企业 CEO 或企业高管的人物访谈，能迅速建立新闻人物在业界和大众中的专业权威形象和行业地位，从而提升其企业、品牌、作品等的知名度和美誉度。

3）用户型软文

用户型软文面向最终的消费者，其主要作用是增加产品在用户中的知名度与影响力，赢得用户的好感与信任，甚至可以引导用户产生消费行为。用户型软文的表现形式因产品的多样性而种类繁多，但不管是哪一种表现形式，最基本的原则只有一个：以用户需求为主，能够为用户提供价值。

根据表现形式和具体的手法不同，用户型软文大致可以划分成：悬念型、故事型、情感型、诱惑型、促销型。

(1) 悬念型。悬念型也可以叫设问型，核心是提出一个问题，然后围绕这个问题自问自答。例如:"这家店到底什么来头,让广州人凌晨 2 点钟还在这里吃饭?"通过设问引起话题和关注是这种软文类型的优势。但是必须掌握火候,提出的问题首先要有吸引力,答案要符合常识,不能作茧自缚、漏洞百出。

(2)故事型。故事型软文通过讲一个完整的故事带出产品,使产品的"光环"和"神秘"给消费者心理造成强烈的暗示,使销售成为必然。例如,"CELINE 是贵,可我太愿意为她花钱了。"讲故事不是目的,故事背后的产品线索是文章的关键。听故事是人类最古老的知识接受方式,因此故事的知识性、趣味性、合理性是软文成功的关键。

(3)情感型。情感型诉求一直是广告文案的重要组成部分,软文的情感表达由于信息传达量大、针对性强,当然更可以使人心灵相通。例如,"我想要保持一点棱角,活得真实,一样值得骄傲。"情感最大的特色就是容易打动人,容易走进消费者的内心。因此,情感营销一直是营销百试不爽的"灵丹妙药"。

(4)诱惑型。实用性、能受益、占便宜这三种属于诱惑型,这三种软文的写作手法是为了能够吸引读者,让其主动点击软文或直接寻找相关的内容。因为它能给受众解答问题,或者告诉受众对他们有帮助的信息,当然也包括打折的信息。

(5)促销型。促销型软文常常跟在上述几种软文见效后,如"年末清仓!我们不玩'套路',我们玩真的",这样的软文或者是直接配合促销使用,或者是通过"攀比心理""影响力效应"等多种因素来促使你产生购买欲望。

3.1.2 如何撰写软文

面对泛滥成灾的广告,大多数受众表现出来的是赤裸裸的抵触,尤其是直接宣传产品的纯广告。这些传统的硬广,带有强制、反复的传播性质,受众往往处于被动接受状态,极易产生厌恶情绪,甚至愿意花钱逃避广告的骚扰,"买会员去广告"说的就是这个道理。

与之相反的软文广告则深谙受众心理,通过策划撰写有深度的文章来推广相关的产品,文字和产品、情节和广告结合得恰到好处,既给受众传达了广告信息,又让受众得到阅读的乐趣。

那么,如何撰写一篇让受众喜欢阅读、产生共鸣和乐意转发的软文呢?

1. 选一个巧妙的产品信息植入点

软文写作的目的是传递品牌和产品的信息,因此,巧妙地在软文中引入品牌和产品非常关键。常见的产品信息植入方法有以下三种。

1)神转折式

永远猜得到开头却猜不透结局的软文广告:就算让你看完整篇文章,如果最后没有揭晓广告的真面目,打死也想不到是什么产品。当你被好几千文字渲染的氛围感动得痛哭流涕时,广告来了!一时间回不过神,这就是神转折的魅力。神转折式是大 V 们在软文里最常用的招式。案例:

扫描二维码，阅读内容《一次意料之外的恐怖袭击》。

该软文有以下特点：

◇ 情节紧凑，引人入胜，铺垫—铺垫—铺垫—高潮—转折，巧妙地安排行文中的每一个节点，环环相扣。

3-1 一次意料之外的恐怖袭击

◇ 善于在字里行间埋伏笔，看似和广告产品毫无关联的文字，在答案揭晓时却恍然大悟，原来文中早已暗藏广告的蛛丝马迹（如文中李木说"钱没你想的那么难赚，得讲究点方式方法"与最后的"京东金融"）。

◇ 用词精练，善于借用语气、表情、神态、背景等烘托渲染整篇文章的气氛，制造引人入胜的环境；最后，在文章达到最高潮——结局即将呼之欲出的那一刻，抛出广告，形成最意想不到的神转折。

"王左中右"的文章风格明显，他的软文每一篇都带有独特的自创文字；鉴于"文字创意"这种独一无二的风格，读过他的文章的人，一看此风格的文字和图片，立马就能联想到是"王左中右"的作品。

2）水到渠成式

水到渠成式软文只在文章的某处提到一点点与品牌或产品相关的内容，如果不用放大镜仔细观察，读者根本发现不了。使用这种套路写出来的内容，虽然广告信息少，但效果很明显。在潜移默化中，它用大量广告信息让人不知不觉地接受植入的观点，并悄悄在读者脑子里埋下种子。例如：

"石榴婆"报告的《到了婆婆这年纪，这是我最关心的问题》，文章从明星扎堆怀孕，谈到如何打造明星级别的高品质生活，从家居收纳、智能家居和健康生活三个方面展开阐述，顺理成章引入某净水系统。

广告的目标消费者和文章阅读者高度重合，这些关注育儿和家居的人士，也正是这款净水器的潜在目标消费者。

3）直接植入式

所谓的直接植入就是简单得连上面的渲染部分都直接省略掉，单纯依靠大V自身的人格魅力，直接插播广告。直接植入产品信息的软文如图3-1所示。

2．标题必须有诱惑力

信息大爆炸的时代，好的标题是获取点击率非常重要的一个因素，一个有诱惑力的标题要简单直接、引人关注、吸引人打开，并且转发率要高。那么，实际操作中，我们应该如何提高软文标题写作能力呢？

软文标题写作能力虽然不是一蹴而就的，但也是有规律可循的：首先，多看阅读量突破10万次的文章题目，收集和分析它们的写法、观点和表达方式；其次，尝试模仿，勤奋练习，在自己的软文中借鉴成功软文的写作方法；最后，分析自己文章的后台数据，总结和领会。

在前面的章节中，我们介绍了标题的"5 法 12 式"基本写作方法。这里我们将结合软文的特点，通过案例，分析阅读量突破 10 万次的文章标题，总结软文标题写作的技巧和创意。

1）诱发冲突——把意义相反的词语放在一起

将意义相反或者代表相反意义的词语纳入同一句子，形成意义冲突。例如：

"它是一头牛，却跑出了火箭的速度！""再热闹的火锅店也会藏着几个爱哭的食客""倒霉的女孩，运气都不会太差"等。

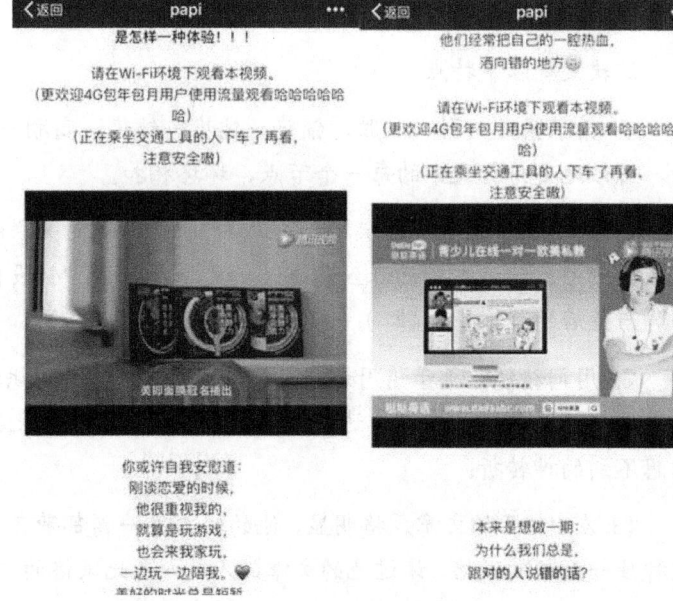

图 3-1　直接植入产品信息的软文

将同一词义的词语，以不同量级的形式纳入同一句子，形成趋势冲突。例如："月薪 3 000 元 VS 50 000 元"等。

制造认知冲突。

2）制造悬念——引发好奇心

抖包袱。例如：

"还珠格格里最悲剧的其实是容嬷嬷"中容嬷嬷最"悲剧"，为何？设下了一个包袱。

反逻辑。例如：

"牛郎织女的相遇其实是一次处心积虑的套路"等。

留白法。例如：

"你和 00 后的差距，不只是年龄"，除了年龄，那还有什么？这就是运用了留白法。

反问法。例如：

"为什么有些人用一年时间获得了你十年的工作经验"等。

3）名人效应——名气是跑得最快的宣传员

用名人、名企的名字命题需坚持以下原则：

能用名人、名企的名字，绝不用普通人的名字；能用近期的名人，就不用过气的名人；能用当红的名人，就不用人气不旺的名人；能用大家熟悉的名人，就不用陌生的名人。

4）引起共鸣——让读者大呼你懂我

在题目里加入情感因素。例如：

"别逼婚了，我觉得没人配得上我"等。

在题目里加入自身体验。例如：

"每日早起是一种什么体验？青梅竹马是一种什么体验"等。

在题目里加入熟悉的生活化场景。例如：

"今年过节不收礼，收礼只收脑白金"等。

5）简化题目——让大脑偷会儿懒

大脑是懒惰的，越是简单的、熟悉的词语，越是能够快速被它注意和识别，越是复杂、宏观和陌生的词语，越是不容易被它记住。

简化题目，变生僻词汇为熟悉的词汇。例如：

"有广场舞的地方，就有江湖"等。

活化题目，变抽象题目为形象化题目。

6）热点引爆——站在风口才能飞起来

紧跟热点，把握好节点，写出新意。

3. 开头必须足够吸睛

软文的开头好坏，其重要性不亚于标题。一个好的开头，通常有"转轴拨弦三两声，未成曲调先有情"的效果，决定了读者是否有兴趣继续阅读。那么，高质量的软文会使用什么样的开头呢？在前面的章节里，我们讲述了开头写作的基本方法，这里结合案例和软文的特点，对软文的开头写作方法进行分析。

1）描绘利益

描绘利益的开头会告诉读者看了这篇文章会获得什么好处，无利不起早，读者自然会看下去。案例：

有一个小物，没有南北温差，还能轻松提高时髦度

黎贝卡

今天是大年初六，也是我们新年的第一篇推送，先跟大家再说一声：新年大吉！

虽然在广州过了个暖和年，但我知道这段时间很多地方还是挺冷的，出门走亲访友很多人都会把自己包裹得严严实实。就像后台很多来自北方的小伙伴们说的"卡卡啊，冷得恨不得披着被子出门了，怎么穿都不时髦，怎么办？"

也不是无计可施。有一种可以轻易提高全身的时髦度，而且没有南北温差、还不挑体型的小物，叫作大耳环。

……

2）制造悬念

制造悬念的开头会故意不说透，以提起读者兴趣，让读者想要读下去。案例：

西游记里最懂人生的妖怪
王左中右

红孩儿、蜘蛛精、白鼠精、大鹏精这几个妖怪，千辛万苦历经九九八十一难抓到唐僧，夹起筷子拿起勺子就能吃到从东土大唐空运来的新鲜唐僧肉，可他们偏偏不急着吃，非要先放着，干些其他破事儿。

结果白白耽误时间，最后被孙悟空救走了。

唐僧肉是比SSR还稀缺的资源，应该第一时间处理，免得夜长梦多。

所以他们"四不四洒"？

其实，他们"不四洒"，也"不四二"。相反，"很六"。

......

3）提出问题，回答一半

提出问题，回答一半，这类文章的开头就提出让读者好奇的问题，但不完整回答，读者就会更好奇。案例：

害死岳飞的不是秦桧
王左中右

散落在中国各处的秦桧夫妇跪像，几百年来都在提醒我们一个不争的事实：是秦桧害死了一代抗金英雄岳飞。

这确实是一个不争的事实，直接害死岳飞的是秦桧，这个我翻不了案。

但每一个历史事件从来都不是孤立的。有一才有二，有二才有三。

而秦桧害死岳飞只是三。真正害死岳飞的是一。

那这个一是什么？

......

4）制造心理共鸣

制造心理共鸣的开头会让读者觉得你们是一体的，你在设身处地替他思考。案例：

你独自一人，在北上广深过得好吗？
胡辛束

生活从不像我想得那样美好；

可我真不甘心向它跪地求饶。

"每天我下班回到家里后，第一件事是开灯，第二件事是开音响。

光和声音都是好东西，它们永远可以一下子灌满房间。"

......

5）制造冲突场景

该类型的开头会制造冲突，有了冲突，但结局未知，读者自然想一探究竟。案例：

看不见的对手

王左中右

一个人活着，难免会经历挫折和失败。然而失败并不可怕，可怕的是你失败之后根本不知道你的对手是谁。

最近在天下手游里就遇到了这种情况。

……

读者看完之后，会好奇"失败之后根本不知道对手是谁"，自然会阅读下文。

4. 内容必须能引导有效流量

内容是软文的核心和灵魂，有价值的内容是让读者能够认真读下去的必要条件，也是传达作者理念和软文营销效果最大化的必备条件。一篇高质量的软文，首先要文字流畅，阅读门槛低；其次要有趣，紧抓社会热点的同时，挑动读者的某种情绪，或者能够引起讨论，或者能够彰显读者的品位；最后要不留痕迹，润物细无声，读者被洗脑了还不自知。

软文内容的写作，可以用三种结构：总分总式、清单式和讲故事式。

1）总分总式结构

（1）第一部分。开头介绍写作的主题或理由，然后展开论述，结尾简要总结或重复主题。这是在中学时期必学的作文结构，也是学中文和新闻专业的人必学的写作结构。文章开头的时候要介绍"文章由头"，也就是写这篇文章的出发点，或者叫文章的主题。一篇文章只讲一个核心主题，你可以说今天遇到了一件什么事。例如，美国总统大选结果出来了，出人意料的竟然是川普当选，你可以借此发表文章谈谈你的看法；或者借助网上的热点新闻，根据自己经历的相关事情发表感悟；或者身边人总是跟你反馈什么问题，所以你要写文章解决这个问题。

总之，先要让别人知道你为什么要写这篇文章，要解决什么问题。主题一定要非常明确，就像是提炼产品的需求和痛点一样，如果恰好读者对这个主题也感兴趣，就会认真读下去。开头介绍清楚了要写的内容，第二部分就可以深入展开了。

（2）第二部分。第二部分要分条列出自己的观点，以及佐证自己观点的证据或者案例，并加以说明。这几个分论点之间可以是并列关系、递进关系、对比关系等，但不能是包含关系或交叉关系。正文内容最常见的是并列关系和递进关系，并列关系指的是彼此之间互相平行，没有明显的时间推移痕迹，每个分论点地位相当，调整一下主次也没有什么关系，如一个人的几个不同侧面，一件事的几个方面，同一主题下的几件不同的事。而递进关系，彼此之间有比较明显的时间推移或者观点的深入推进，如案情发展的不同阶段，一个人一家公司的成长经历等。

（3）第三部分。最后要做总结，亮出自己最终的观点，可以是重新提炼新的总结观点，也可以将前面说的分观点做汇总，让读者已经稍加分散的精力集中，加深一下印象。当然，如果这里能够提炼一些非常不错的金句，让其他人能够转发是最好不过的。

总分总结构的好处在于对读者的阅读水平要求不高。这种结构简单，而且会多次强调核心观点，比较适合让读者接受你的观点并且记忆。同时，也非常有利于自己在规划内容时列出核心观点，再一步步展开。

2）清单式结构

用清单列表方式列出用户所要的信息，或者是自己要呈现的内容，清单的信息往往是平行结构，并没有非常强的关联。最常见的方式有以下两种。

（1）推荐某一类事物。比如，推荐国外适合冬季旅游的 10 个景点、苹果手机上最合适打发时间的 8 款游戏、新媒体职场新人适合阅读的 10 本书等。

（2）解决方案类。你遇到什么问题，我来从不同的角度提供几种解决方案。比如，心理辅导类的文章：如果你得了抑郁症，请从这几个方面进行调理。旅游类的文章：你要去北京旅游，有这样 5 个不同时间长短的路线可供参考。

清单式结构或者说平行结构的好处是不需要很强的逻辑能力，只需要介绍清楚自己的目的并列出相关的分支内容即可，操作非常简单。而且内容来源丰富，只要是信息量大的内容都可以这样进行提炼。清单式的文章还可以简化思维，给读者一种帮我精选信息、节省时间的感觉。

在用清单式结构时，文章的小标题往往起到非常重要的作用。在主要标题上明确列出有具体几点内容，这种做法也很容易让读者对文章充满期待。

3）讲故事式结构

故事式的文章是所有人都爱看的。爱讲故事的人，总是有各种神来之笔帮助我们快速融入剧情，并且一步步渐入佳境，不能自拔。故事的结尾给出一个感动或意想不到的结局。

讲故事式结构也比较合适软文和广告文案的写作。

公众号"顾爷"的创建人是这方面的高手，他的公众号最早是写和中世纪绘画艺术有关的内容，由于他总能把那些枯燥难懂的宗教绘画、各种门派的绘画风格讲得有声有色，加上配图和简洁醒目的文字，读者在很轻松的状态下就看完了故事，并且学到了知识。案例：

"顾爷"讲梵高

梵高之死相信很多人有所耳闻，但梵高为什么死很多人并不知道原因。于是，"顾爷"从这个话题入手，说他看到了一本书，里面记录了梵高和弟弟的通信，从这里可以看出来梵高有很强的经商头脑，曾经做过画商。由于他了解市场，也判断出来印象派的画必火，于是调整了自己的画风，这种做法就好像在下一盘棋。按这个推理，梵高的未来肯定会大红大紫。但是很可惜，他没等到自己"爆红"的那一天就自杀了。

为什么会自杀呢？"顾爷"给出一个大大的"穷"字，虽然梵高的弟弟每个月给他非常多的钱，但是这些钱都到哪儿去了。"顾爷"说他不知道，就连梵高自己也弄不清楚。这时候关键点来了："可惜，当时没有支付宝，支付宝有余额宝生钱的功能，还能根据你人际交往的财富状况判断出自己未来成为土豪的可能性，如果梵高看到这些会更有信心，就不会自杀了"。

……

就是这样一步步设套下陷阱，把读者带进去，再猝不及防地植入广告，而且非常自然和有趣。

（资料来源："顾爷"微信公众号）

5. 结尾让用户有所行动

软文的最终目的是引导读者行动，让用户有所行动的结尾有三种表现方式：

（1）引导关注或购买。通过找到文章内容与软文对象的共同特点，以此引导读者关注或购买。

（2）引导评论。在正文结束之后，加一句话引导评论，提高粉丝活跃度。

3-2 脑白金软文(15篇)

（3）呼吁行动。在讲述了观点之后，号召读者在实际生活中运用。

任务实训

【实训1】 扫描二维码并阅读材料：《Roseonly 的软文营销》，从中找出三种不同类型的软文各一篇，并分析其写作有何不同。

3-3 Roseonly 的软文营销

【实训2】 关注"顾爷"微信公众号，找出你感兴趣的两篇推文（注意是植入了广告的软文），并指出其标题、开头、内容、结尾使用了哪种方式。

【实训3】 为你的学校或社团招收新生，撰写一篇软文。

任务 3.2　新闻稿写作与发布

📝 任务导入

新闻营销指企业借助大众媒体,以新闻报道的方式将企业目标信息传播出去,对品牌和产品进行宣传推广的一种营销方式。从企业角度来讲,企业提供给社会的新闻包括产品新闻、企业新闻和人物新闻三大类。消息一般由标题、导语、主体、背景、结尾五个部分构成。学习营销类新闻稿的写作与发布方法,是从事电子商务文案工作的必备技能之一。

📝 任务导图

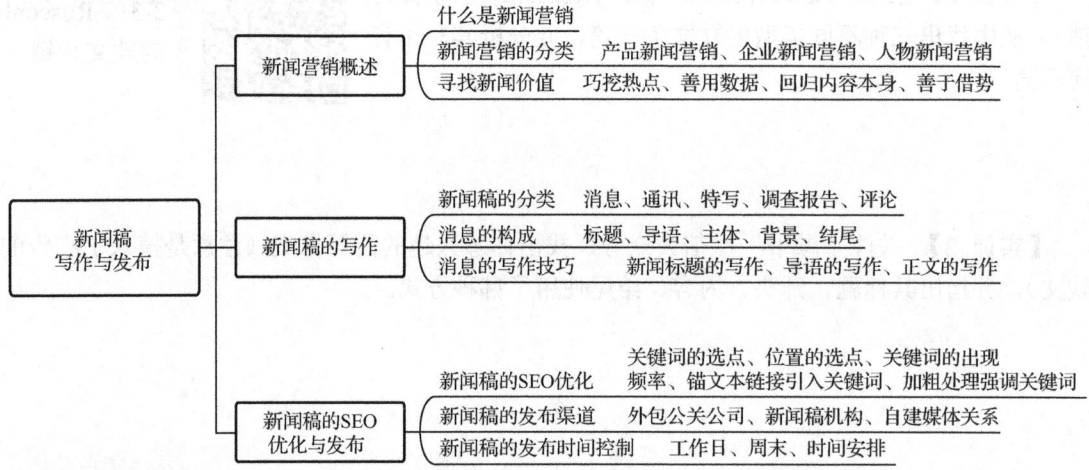

📝 学习目标

知识目标	了解企业新闻营销的类别
	掌握消息构成五要素
	掌握寻找新闻价值的四种办法
能力目标	能够进行新闻稿的 SEO 优化
	能够撰写有吸引力的新闻导语
	能够撰写企业新闻稿

任务实施

3.2.1 新闻营销概述

1. 新闻营销的定义

新闻营销是指企业借助大众媒体，以新闻报道的方式将企业目标信息传播出去，对品牌和产品进行宣传推广的一种营销方式。企业挖掘经营过程中的新闻，或者人为制造新闻事件，吸引新闻媒体关注，然后由记者或内部策划人员站在客观公正的立场上，用事实说话，用事实报道，造成新闻现象与效应。简而言之，新闻是形式，营销是本质。

新闻营销能够在较短时间内快速提升产品的知名度，非常有利于引导市场消费、塑造品牌的美誉度和公信力，即使在媒体和大众获取信息方式发生巨变、营销方式多元化和互联网信息爆炸的今天，新闻营销仍然是企业必不可少的一种传播手段，它具有如下优点。

权威性：新闻被视为官方声明，往往由搜狐、新浪、网易等权威门户网站报道，传达的信息更容易被接受，受众对该品牌的认同度将会更高，也易于被其他媒体和中小网站转载，形成二次传播。

完整性：新闻稿较为完整和全面，有利于企业将想表达的信息表达得更充分，更容易引起受众的思考，加深受众对宣传信息的印象，达到更高的转化率。

高性价比：一般来说，同样版面的企业新闻传播，成本只有广告的五分之一，甚至更低，效果却往往不错。

目前，记者和博主们是阅读新闻稿的主力军。实际上，仍有很多人在为各种各样的媒介挑选内容，这就意味着他们对自己所报道话题的相关内容有着极大的需求。而新闻通稿就是一种来自企业的可靠信息记录，同时，它也是一种合法的消息来源，可以分享、点赞、评论、转发或是在此基础上进行再次创作。

西门子中国就为传媒记者开设了一个公众号"西闻联播"，专门发布新闻稿，如图3-2所示。这为记者获得公司准确的消息提供了非常便捷的途径。

图3-2 "西闻联播"公众号

然而，新闻稿的受众并不仅仅局限于记者和博主们。调查显示，还有大量潜在的客户也在阅读新闻稿。事实上，有15%的网站阅读者是新闻稿的潜在阅读者。

图 3-3 为西门子的官方公众号，内容是与消费者的互动和社交，与公众号"西闻联播"相比，无论受众、内容还是互动方式，都有着明显的区别。

2．新闻营销的分类

从企业角度来讲，企业提供给社会的新闻包括产品新闻、企业新闻、人物新闻三大类。

1）产品新闻营销

传播工具的转型升级，使得产品的推广方式越来越多样化，但是专业、权威、有公信力的新闻稿在整个传播链条中仍然不可取代。产品新闻营销化身为新闻

图 3-3　西门子的官方公众号

资讯、企业文化、行业资讯、评论等一切文字资源，以新闻的形式出现，给受众制造出信任感，增强产品的知名度。它紧抓受众的兴趣和利益，把产品卖点潜移默化地说得明白、透彻，使产品具备有个性、凸显卖点、体现行业权威的特征。通过塑造产品知名度和行业高度，最终达成销售的目的。新闻稿的撰写，需要根据产品因地制宜，运用合适的方式。如新产品上市新闻、产品参展新闻、产品测试点评、买家体验新闻、产品联动新闻，或者参与热点话题、发表行业性观点等，下面介绍其中的几种。

（1）新品上市新闻。

华为 Mate 9 中国首发　三胞、乐语全国助阵

——继德国慕尼黑全球首发亮相之后，华为年度重磅旗舰 Mate 9 国行版终于也来了！

北京2016年11月15日电/美通社/——11月14日，"华为年度旗舰新品发布会盛典"在上海东方体育中心隆重举行，5 000多位来自全球各地的嘉宾共同拉开华为Mate 9系列中国发布上市的序幕。Mate 9、Mate 9 Pro 以及 Mate 9 保时捷设计，惊艳的设计连同一系列革命性的突破超越想象与期待。华为Mate9中国首发，乐语、三胞全国 3 000 多家门店同步首次销售。

……

发布会现场，乐语总裁朱伟、副总裁刘晓受邀出席，乐语全国各大区总经理、各子公司总经理悉数到场，一同见证 Mate 9 中国首发。正如发布会主题"进步，再进一步"，乐语与华为的战略合作关系也在双方的共同努力下再进了一步。日前，华为消费者 BG 大中华区总裁朱平率队到访三胞集团，促成华为与三胞集团、乐语的合作，从业务合作扩大到双方集团

层面的战略合作。

（2）产品参展新闻。

泉来亮相2016 AWE　展示开创性的净水器领先技术

上海2016年3月15日电/美通社/——3月12日，"第十五届中国家电及消费电子展（简称 AWE）"在上海新国际博览中心圆满落下帷幕。作为全球三大家电及消费电子展之一，本届AWE展示面积超过10万平方米，吸引了国内外600多家企业参展，覆盖白色家电、消费电子、智能应用、厨卫电器、生活电器、环境及健康家电、零部件七大领域。

......

泉来携全能V8净水器亮相AWE，展示技术实力。

......

"未来，我们将持续深耕对水质深入的技术研究，并将其与中国水质全面结合，同时加大在智能化方面的投入。"欧阳葵会表示，泉来将一如既往地针对消费者进行调查和透彻理解，运用所掌握的净水核心技术，结合未来大数据和物联网，全力为消费者提供健康、安全、满意的净水使用体验。

（3）产品联动新闻。

BOSS直聘与今日头条联合发布媒体生态报告，内容人才受各方追捧

北京2017年1月15日电/美通社/——随着前沿技术的入场和读者阅读习惯的变迁，过去两年，媒体行业从内容制作、渠道分发到盈利方式都发生了深刻变化。近日，根据平台用户行为大数据，BOSS直聘与今日头条联合发布了《媒体价值升级与技术融合——2016年媒体内容与媒体从业者生态报告》，该报告的主要结论为：

内容创业爆发，自媒体告别单兵作战，媒体机构希望借移动端和新分发模式转型，互联网公司集体切入内容领域，"移动端"+"短视频"+"直播"成为新的内容渠道。

一线城市仍是媒体人最佳从业地点，但受目前媒体人薪酬水平和增长空间的影响，月薪万元以下占多数。同时，在人才的学历、资历、岗位结构、薪酬水平和稳定性五大维度上，传统媒体与新媒体的融合达到新高。

2016年，媒体人跳槽的期望薪资低于市场价，新媒体整体薪酬领先传统媒体15.8%。

机器学习、视觉算法等"智媒"技术远未渗透媒体行业，专业媒体人在人性洞察、规则制定和拓展信息外延等方面能够发挥的价值无可替代，将与AI共同塑造新的生态。

2) 企业新闻营销

企业新闻营销是在对企业及其所处行业进行调查和分析的基础上，挖掘该企业的成长经历、特色和社会贡献等能够提升企业形象的、最具传播价值的稀缺资源，以达到宣传企业的目的。新闻稿撰写可以采用企业文化观和价值理念、企业成长历程、品牌新闻、企业荣誉新闻、企业收购/融资新闻、危机公关新闻等方式。

（1）企业文化观和价值理念。

"双11"洗牌加速 网易考拉超级洋货节升级行业标准

"双11"作为下半年最重要的大促节日，一直是各大电商包括跨境电商平台争夺发声的重要时间点。去年除了个别几家，几乎所有的跨境电商都参战"双11"，而临近2017年"双11"，却出现了一个尴尬的现状，似乎整个跨境电商行业都处于缄默状态。10月25日，跨境巨头网易考拉海购率先召开"双11"发布会，正式宣布启动"'双11'超级洋货节"，成为目前仅有的参战"双11"的跨境电商。发布会上，网易考拉海购除了分享成为跨境进口销售额行业第一、发展仍然是最快的跨境电商等喜讯外，还明确表示将投入价值4亿元的资源，用于升级消费者的首个"洋货""双11"。

……

（2）企业成长历程。

瑞士巴索80年发展历程

瑞士巴索2016年10月13日电/美通社/——"一分耕耘，一分收获"——这是专注以客户为导向的润滑液制造商瑞士巴索在庆祝其成立80周年时强调的一句箴言。瑞士巴索的成立源于1936年的一款鞋油——Blaha-Glanz。时代变迁，位于瑞士Hasle-Ruegsau的家庭经营式公司，从一家地方性的小公司发展成为今天的跨国企业。公司拥有自己的技术中心，并始终专注产品的研发与更新。对技术研发的大力投入直接促使当前公司进行的一个民航项目取得了重大突破。

……

最后，马克·巴索表示："瑞士巴索，包括合作伙伴对于所取得的成果感到非常满意。在生产周期方面的改进尚未得到检验。在此，我们也准备与我们的合作伙伴一起继续进行优化。"

瑞士巴索将出席2016年11月17日至22日东京举办的日本国际机床展览会（东展厅，E6007展位）。

（3）品牌新闻。

2016中国企业500强出炉 浪潮成为新经济企业的代表

北京2016年8月29日电/美通社/——8月27日，在2016中国500强企业高峰论坛上，中国企业联合会、中国企业家协会发布了2016中国企业500强榜单，浪潮集团不仅排名升至第218位，更成为新经济快速增长的代表。在同时公布的服务业企业500强榜单中，浪潮以第79位的排名上榜，并在500强研发强度排行榜中排名第9。

……

荣获"国家科技进步一等奖"的浪潮天梭K1在高端Unix市场的销量占有率达14%，位列第二，有力支撑了金融、交通、教育等多行业、多领域的转型发展。作为业界市场占有率最高的整机柜服务器，浪潮SmartRack的累计出货量已超过100 000节点，市场份额超过70%，广泛应用于百度、阿里、奥鹏教育等互联网、教育、交通等行业，俨然成为互联网及相关产业快速发展的幕后英雄。而在智能制造领域，浪潮也基于云计算、大数据技术，积极探索"互联网+"应用，寻求"互联、精细、智能"的智慧企业转型路径，引领中国企业数字化转型。

(4) 企业荣誉新闻。

大金空调获"2015 十大中央空调品牌"及"十大新风品牌"双项荣誉

上海 2015 年 12 月 17 日电/美通社/——日前，由慧聪网主办的 2015 年度第九届中国空调冷冻新风净化行业品牌盛会在北京钓鱼台国宾馆圆满落幕。凭借一如既往的优质产品与服务，大金（中国）投资有限公司获得了"2015 年度中国十大中央空调品牌"及"2015 年度中国十大新风品牌"双项荣誉。

……

九十余载精耕细作，见证行业峥嵘岁月。大金空调将始终秉承初心，"发掘下一个需求"，创造新的价值，为行业输送前沿技术，为市场提供专业、创新、高度个性化产品。相信在未来，大金将会以更先进的姿态，创造更多经典之作。

(5) 企业收购/融资新闻。

吉利控股集团完成对沃尔沃轿车公司的收购

——斯蒂芬·雅克布担任沃尔沃轿车公司首席执行官；新董事会亮相

中国杭州和瑞典哥德堡 2010 年 8 月 2 日电/美通社亚洲/——中国发展较快的汽车制造商之一——浙江吉利控股集团有限公司（简称：吉利控股集团）今天宣布，已经完成对福特汽车公司旗下沃尔沃轿车公司的全部股权收购。吉利控股集团今天同时宣布，大众汽车北美区首席执行官斯蒂芬·雅克布（Stefan Jacoby）将加入沃尔沃轿车公司并接任总裁兼首席执行官一职。李书福先生表示："对吉利来说，这是具有重要历史意义的一天，我们对能够成功收购沃尔沃轿车公司感到非常自豪。这一瑞典世界级知名豪华汽车品牌将坚守安全、质量、环保和现代北欧设计这些核心价值，继续巩固和加强沃尔沃在欧美市场的传统地位，积极开拓包括中国在内的新兴国家市场。"

……

除此之外，董事会还包括沃尔沃工会指定的其他三名代表。新董事会将在交易完成之际开始履行董事会职责。

(6) 危机公关新闻。

2017 年 3 月 15 日，央视"3·15"曝光 MUJI 无印良品售卖来自日本核污染区的进口食品，使得大众对于 MUJI 无印良品的印象迅速下滑。2017 年 3 月 16 日，MUJI 无印良品在官方微博和微信中发布声明函，表示并没有贩卖受污染食品，是央视混淆了母公司和生产地，强调此乃误解。其声明函在官方微博发布后，转化、评论、点赞数都在 2 万人次以上，有效地维护了企业品牌声誉，获得了消费者的高度认可。

3）人物新闻营销

人物新闻营销，能迅速建立新闻人物在业界和大众中的专业权威和行业地位，塑造良好的个人品牌形象，包括企业家形象、业界精英形象、社会公益形象，并将其打造成公众心目中具有影响力的社会公众人物，从而提升其企业、品牌、作品等的知名度和美誉度。常用的方式如下：

(1) CEO 故事访谈。

<h3 style="text-align:center">用单车解决最后一公里通勤问题</h3>
——摩拜想做成一家"公益企业"

摩拜单车由前媒体人胡玮炜创立。连接汽车行业和科技行业的汽车科技新媒体——极客汽车（GeekCar）是她的第一次创业项目。2014 年年底，她观察到智能出行领域正慢慢发生着变化，可能蕴含着巨大机会。于是，她决定跳出来再次创业，投身于共享出行领域，做一款共享单车。

……

胡玮炜坦言，目前还没有很好的办法，也没想好将来的商业模式。"一直以来，我们都将摩拜看作是介于'商业企业'和'公益组织'之间的一种'公益企业'。对摩拜而言，我觉得它真正的成功是提供了社会价值，改变了共享出行。"

不过幸运的是，摩拜在政府方面并未有太多阻碍，相反更多的是支持。在上海运营期间，摩拜就曾得到上海市及各区政府的支持。而在资本市场，摩拜单车也较为顺利，获得熊猫资本领投、愉悦资本跟投的数千万美元 B 轮融资。

(2) 发表行业性观点。

<h3 style="text-align:center">90 后北大硕士：互联网让我们敢在北京卖米粉</h3>

人民网北京 7 月 17 日电（刘云 实习生李星仪）北大硕士张天一自创品牌卖米粉，引发网络热议。张天一笑称开办一家米粉店像极了他的做事风格，"想到了就做！"在他看来，这样的念头支撑了他的整个创业经历。7 月 16 日下午 14:00，张天一做客人民微博《我是状元》微访谈时表示坚持做自己、将自己的想法一个个去实施与兑现，会先踏踏实实将自己的米粉店经营好。

据介绍，张天一的第一家米粉店的店址并不好找，于是大伙儿把大把的时间都花在了社交网络上，校内网、微博、社区论坛里标签有"湖南"的用户都成了他们的目标，"没什么好主意，我们就给他们留言、发私信，介绍自己的店"，就这样在刚刚开店的 1 个星期里，就积攒下了 2 000 名"铁粉"。

对于互联网在店铺发展过程中起到的作用，张天一认为："我们当初以十万元开办米粉店，选址在地下一层，米粉坚持的是湖南最油、最辣的原味，这些在传统商业模式中都是难以想象的。而互联网让我们敢在北京这么卖米粉。所以在我看来互联网为像我这样的年轻人提供了一个在一无所有的情况下坚持做自己的机会。"

……

"自己现在还是一个 90 后，结果一下要和十几个 90 后同龄人一起打拼。"对于张天一而言，他还要为自己的店员"负责"。对于是否担心创业失败，他表示"创业很重要的是空杯心态，本来就一无所有，不需要患得患失。失败也是一种经历，大胆做自己想做的事情就好。"

(3) 个人荣誉及社会责任。

拜耳大中华区总裁朱丽仙

入选 2017 福布斯中国最杰出商界女性排行榜

北京 2017 年 2 月 7 日电/美通社/——近日,福布斯中国发布"2017 中国最杰出商界女性排行榜"。共有 100 位商界女性入选该榜单。

拜耳集团大中华区总裁朱丽仙女士入选该排行榜。早在 1997 年,朱丽仙就加入了拜耳大中华区在香港的法律部门,开始了在拜耳的职业生涯。如今,她带领着超过一万名员工,以改善人类、动物和植物的健康为宗旨,辛勤耕耘在医药保健和农业等关乎生命科学的领域。在拜耳内部,朱丽仙努力推动多元文化与包容性计划,以提升对社会以及客户的理解。在数字化的发展趋势下,引入总部的"拜耳初创计划"项目,在拜耳上海陆家嘴的办公室辟出小型孵化区域,为数字医疗初创企业提供支持。

3. 寻找新闻价值

一篇成功的新闻稿,不仅能有效地传达企业的目标信息,还能是被媒体乐于采用的稿件。什么样的稿件会受到媒体的欢迎?当然是有新闻价值的稿件!

新闻价值是新闻事实本身所包含的满足社会需求的素质的总和,包括时效性、重要性、显著性、接近性、趣味性五大要素,这些要素是新闻事实对新闻主体产生新闻价值效应的客观根据,制约着新闻媒体的功能发挥,影响着新闻传播的社会效果。每一种新闻价值要素都有其特定的理论内涵,在具体的新闻运作中也都有其相应的实践指向。

那么,实际新闻稿撰写过程中,如何寻找受到媒体青睐的新闻点呢?

1) 企业新闻价值点之巧挖热点

以点带面,借力新闻热点。如 3M 借力北京空气质量差进行活性炭口罩销售。巧挖热点需要挖掘行业内外所存在的共同话题或者大众所普遍关注的话题,只有针对消费者关注的热点做出对应的举措才最具传播价值。尽管话题只是一个切入点,但直击痛点的话题便是一个利器,而直击痛点的产品则最终保证了传播的效果。图3-4 为巧挖热点的新闻示例。

图 3-4　巧挖热点的新闻示例

2) 企业新闻价值点之善用数据

引用一些数据分析的新闻稿会更受媒体青睐。数据可围绕公司的核心产品或服务，这也是最能吸引目标客户的角度和话题。以"硬数据"开篇引出话题和产品服务，用有说服力的数据支撑内容，如多做消费者调查、新闻稿中适当引用权威行业调查分析机构发布的数据等，受众更易产生信任并接受品牌。图 3-5 为善用数据的新闻示例。

3) 企业新闻价值点之回归内容本身

不是每个企业每天都有"新闻点"等待报道，更多的还是要结合企业自身的动态、产品和服务做常规传播，出彩的稿件不是天天有，但能出彩的机会一定不要放过。要想写得漂亮、说得精彩，还是要回归到内容层面的话题角度，当然，话题一定不能凭空捏造，而是要尊重新闻规律，抛出并引导。企业可根据时机适当放大那些有意思、有共鸣、有价值的事件，吸引媒体关注，或是通过社交媒体平台的互动，让受众主动去谈论。如网易杭州中心成立时，引导出食堂一天供应五顿饭、丁磊把员工"当猪养"（善意的）、网易员工幸福得一塌糊涂等话题。网易是在刻意利用这些话题或者说是"新闻卖点"去做有节奏的引导，并且收到很好的传播效果。图 3-6 为回归内容本身的新闻示例。

图 3-5　善用数据的新闻示例

图 3-6　回归内容本身的新闻示例

4) 企业新闻价值点之善于借势

企业新闻策划的借势，是指借助具有相当影响力的事件、人物、产品、故事、传闻、影视作品、社会潮流等，策划出对企业有利的新闻事件。

2016 年里约奥运会举办过程中，各种有关奥运会的新闻一直是世界舆论关注的焦点。奥运会举办期间，每天都有许多篇奥运会相关的中英文新闻稿对媒体和公众发布，内容涵盖十几个行业。历届奥运会的品牌营销，一直是赞助商和契合主题的体育用品企业唱主调。在全球范围内，每一个企业都希望"借势"四年一度的奥运会推广营销自己的品牌。

那么，如果不是奥运会赞助商，奥运会关联度也不高的行业，如何能够借势奥运会，进行有效的新闻营销呢？案例：

奥运会期间的职场人

猎聘网凭借一篇传统新闻稿一骑绝尘，不仅赢得了深度原创媒体的追踪报道，还成就超过10万次的阅读量。它是如何做到的？

猎聘网于奥运会开幕当天发布了新闻稿——《七成职场人关注里约奥运会，为追直播渴望弹性上下班》。界面新闻的记者随后进行了二次改编，并于8月10日在界面职场频道发表文章——《七成职场人关注里约奥运，为追直播渴望弹性上下班》。文章收获超过12万次的阅读量，同时被网易、新浪、《渤海早报》《人力资源管理》杂志等上百家媒体报道与转载，并有27家自媒体主动转载。猎聘网通过这篇稿件，在微信朋友圈、今日头条等各大新闻移动端引起广泛传播。图3-7为借势营销的新闻示例。

图3-7 借势营销的新闻示例

3.2.2 新闻稿的写作

1. 新闻稿的分类

广义的新闻是指各种新闻体裁的总称，包括消息、通讯、特写、调查报告和评论。

（1）消息。对新近发生的有社会意义的事实进行简明扼要、迅速及时报道的一种新闻体裁。

（2）通讯。一种运用多种表达方式，具体、生动、及时地报道具有新闻价值的人物、事件、情况和问题的新闻文体。

（3）特写。一种再现新闻事件、人物或场景的形象化报道。

（4）调查报告。完整反映重要新闻事件和社会问题，追踪其来龙去脉，揭示其实质意义的一种高层次的报道方式。

（5）评论。社会各界对新近发生的新闻事件所发表的言论的总称。

狭义的新闻指的是消息，是新闻报道中最简练、最短小的一种体裁。消息是指用简洁、明快的语言及时报道新近发生的有价值一种新闻文体，它是报纸、广播、电视中最广泛、最经常使用的新闻体裁，是新闻报道数量最大、最常见的新闻形式。据统计，美联社、合众社、新华社的每天发稿中绝大多数都是消息。

以下将借用消息这种新闻类别来学习新闻稿的写作技巧。

2. 消息的构成

一条消息一般由标题、导语、主体、背景、结尾五个部分组成，其中不可缺少的是标题、导语和主体。图3-8 为消息的五个组成部分。

标题：对消息内容加以概括或评价的简短文字。

图3-8 消息的五个组成部分

导语：用来提示消息的重要事实，使读者一目了然。

主体：随导语之后，是消息的主干，是集中叙述事件、阐发问题和表明观点的中心部分，是全篇的关键所在。

背景：是事物的历史状况或存在的环境、条件，是消息的从属部分，常穿插在主体部分之中，也可以穿插在导语或结束语之中。

结尾：一般是消息的最后一句或一段话。根据内容的需要，消息的结尾可有可无。

3. 消息的写作技巧

根据消息的构成要素，消息的写作包括标题、导语、主体、背景和结尾的写作，前面讲了许多标题、结尾的写作技巧，这些技巧同样适用于消息写作。这里主要介绍具有营销特征的消息标题、导语和正文的写作方法。

1) 消息标题的写作

不同类型的传播媒介，消息标题的呈现形式和风格不尽相同，但一般均遵循以下原则：

◇ 简明扼要，交代消息要素；

◇ 字数控制在25个字符（50个字节）以内；

◇ 标题的开头放置最重要的关键字，如公司（产品）名称；

◇ 包含吸引人的信息；

◇ 尽可能使用数字；

◇ 和文章密切相关。

在掌握以上原则的同时，注意提炼活动的内容和价值、弱化标题和着重突出企业的表现。

2) 消息导语的写作

"立片言以居要"，好的导语既要精练，又不能失去重大事实以及生动的细节。导语应该用简明的语言将新闻最精华、最有价值的部分写出来，开门见山、一语破的、精练行文，展示新闻价值所在。

（1）消息导语写作方法一：倒金字塔结构。

导语中应该交代新闻事件的六大要素：Who（何人）、When（何时）、Where（何地）、What（结果）、Why（起因）和How（经过），导语写作一般采用倒金字塔结构阐述，精练行文，总字数控制在200字左右。

倒金字塔结构的特点是按照新闻事实内容和重要程度的不同来安排段落，把最主要的、最新鲜的、最精彩的、最吸引人的内容放在第一段。在主体部分中，各段内容也同样按照重要性递减的顺序来安排，较重要材料往前放，次要的材料往后放，最次要的材料放在最后，如图3-9所示。

路透社达拉斯1963年11月22日报道肯尼迪总统遇刺的新闻，是公认的倒金字塔结构的范本，如图3-10所示。

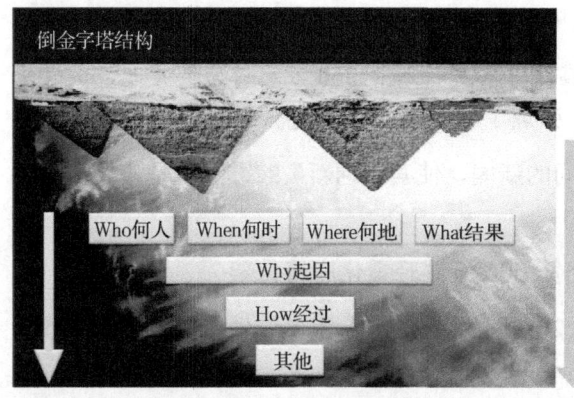

图3-9　倒金字结构的特点　　　　　图3-10　倒金字结构范本

案例：

中国国际航空公司与汉莎航空集团签订航线联营合作协议

北京2016年9月20日电/美通社/——中国国际航空公司（以下简称"国航"）与汉莎航空集团9月20日在北京签署了航线联营合作协议，双方将联合运营中国至欧洲之间的航线。这意味着双方将根据2014年夏季签署的谅解备忘录开展联营合作。

分析：字数在200字以内；简洁清晰地交代了新闻要素以及双方合作的要点；阐述了新闻的重大意义——双方将联合运营中国至欧洲之间的航线。

《宝狄与好友》3D动画再次登陆央视

香港2015年5月20日电/美通社/——近日，世纪创意科技有限公司宣布，旗下《宝狄与好友》大型3D动画即将再次登陆央视。继第一季创下逾1.3亿电视观众、超过6 000万次互联网视频平台点击量后，第二季将于5月22日起，CCTV少儿频道每周一至周五的黄金时段两集连播。

分析：引起潜在收费群体的注意；回答了现有收视群体最关心的问题——什么时候播放、在哪里播放。

（2）消息导语写作方法二：让导语更精练醒目的四种方法。

① 数字对比法。数字是最有说服力的。把新闻中的主要数字或读者关注的数字，巧妙地运用到新闻导语中，回答读者的问题，就能提高新闻的价值，给读者留下难忘的印象。

提起香飘飘奶茶，大众的第一反应肯定是"香飘飘奶茶，一年卖出10亿杯，杯子连起来可绕地球三圈"的广告语，香飘飘奶茶2016年新的广告更新为"一年有12亿人次在喝"，这多出来的2亿人次恐怕又要多绕地球一圈了。不得不说，这"霸气外露"的广告词对大脑记忆的冲击力可见一斑。

《星际迷航 3：超越星辰》IMAX 票房逆市高扬 中秋小假期劲收 2 260 万

北京 2016 年 9 月 20 日电/美通社/——在刚刚过去的中秋小假期，全国电影票房整体表现远不及预期。根据猫眼实时票房数据，中秋假期 3 天电影票房仅报收 5.09 亿元，相比去年同期下滑。而在整体低迷的市场情况中，已登陆影院第三周的《星际迷航 3：超越星辰》却在中秋档的 IMAX 影院中创出小高潮，逆市劲收 2 260 万元人民币。这一数字不仅一举超越前一周末的成绩，也创下 IMAX 中国票房九月的历史最小跌幅。这也表明对于广大观众而言，口碑上乘的视效大片结合高端观影体验依然是假期中颇具吸引力的观影选择，整体受市场波动影响较小。

分析：《星际迷航 3：超越星辰》的宣传稿件中票房收入 2 260 万元成为最关键、最吸睛的一点，同时导语后半部分也针对市场情况，强调了这一票房成绩的价值。

② 拉近时间法。对于已经发生了一段时间的新闻，使其"翻新"的办法就是：寻找时间要素的最近点，写出最新的新闻根据。

博泽为戴姆勒和宝马制造出第 500 万件轻量化座椅骨架

上海 2016 年 5 月 31 日电/美通社/——自 2012 年以来，汽车零部件供应商博泽已为戴姆勒和宝马的联合项目制造了 500 万件前排座椅骨架。到 2026 年，机电一体化专家博泽将生产约 3 200 万件座椅骨架。世界顶级汽车制造商将这些座椅骨架用于各种车型，如梅赛德斯 C 级和 E 级或宝马 7 系和 5 系。

分析：全球顶尖机电一体化公司博泽为保持新闻曝光度，对始于 2012 年戴姆勒和宝马的合作新闻进行"翻新"，向读者展示了博泽历史上最大的单笔订单的进展情况，这也就是我们常说的"新闻点"。

③ 提问作答法。在导语中，把读者普遍关心的、感兴趣的、新闻稿件中已经解决了的问题，先用疑问句式鲜明地提出来，而后用事实加以回答，使之更加引人注目、发人深思。

手机成为第二大工作工具 提高效率还是增加工时？
——前程无忧进行手机用时调查

上海 2016 年 5 月 25 日电/美通社/——我们每天花在低头看手机的时间有多少？微信让我们的工作更高效还是更零碎？前程无忧最新完成的一项调查显示，手机已经成为仅次于计算机的工作工具。27%的上班族每天花在手机上的时间有 4~8 个小时，几乎和工作时间同步。超过 2/3 的人微信上有两个及两个以上的工作群。"能在下班后或者周末把手机关掉吗？"91%的人回答说"不"，因为总有上司或者同事会为工作事项在下班后通过微信联系自己。

分析：前程无忧的新闻稿，导语中开篇提出的问题非常敏感、突出，几乎是与职场的每个人息息相关的话题，一开始就抓住了读者的兴趣，比较容易引起共鸣，也更像是在新闻导语上设置"悬念"，吊起读者的胃口，"强迫"你不得不继续读下去。

④ 场景代入法。开篇进行一处场景的描写，可借鉴电影手法，采用一连串的特写镜头，牢牢吸引住读者，再点明其出处，交代具体的新闻事件。

德州仪器：抬头显示（HUD）2.0 带来全新视角

北京 2016 年 6 月 13 日电/美通社/——坐在驾驶座上的时候总会有些让人分心的事情。将注意力时刻集中在路面情况上，而非速度表、收音机或是燃油表上是很有帮助的。通过将信息直接显示在驾驶员视野的正前方，汽车抬头显示（HUD）系统已经成为提高驾驶员注意力的重要工具。

分析：德州仪器的这篇稿件，一改新产品/技术类稿件常见的模式化写作方式，并非"××企业最近推出最新技术"的"严肃脸"平铺直叙，而是独辟蹊径，从消费者体验的角度，描写出一个直观的具有代入感的场景，以讲故事的方式来吸引受众的关注。

3）消息正文的写作

导语之后的正文部分，应该展开叙述，补充说明标题和导语中提到的信息，如提供消息的细节，包括新闻背景、事件经过、事件原因、事件影响、各方评价等。

不同消息的主体写作方式和风格不尽相同，但是，一般均遵循以下规则：

◇ 围绕导语，紧扣主题；
◇ 精选事实，点面结合；
◇ 叙述清楚，逻辑清晰；
◇ 提供细节，包括新闻背景、时间经过、各方评论和影响等；
◇ 使用小标题和项目符号，增强可读性，便于读者寻找信息。

案例：

正文写作示例如图 3-11 所示。

3-4 蜜芽网的新闻营销

图 3-11 正文写作示例

分析：通过副标题提示读者关注峰会上的两大发布；合理使用小标题，使新闻稿逻辑清晰、可读性强。

3.2.3 新闻稿的 SEO 优化与发布

1. 新闻稿的 SEO 优化

成功的新闻营销不但要有效地向读者传达信息，而且要使信息更容易被搜索引擎捕捉到。新闻稿发布是企业公关活动最核心的内容,而新闻稿优化的核心是搜索引擎优化。也就是说,我们在网络平台进行的新闻稿发布,如果没能在搜索引擎上搜索到,那么很有可能只对少部分人群产生价值。所以,要增加新闻稿的浏览量,就必须加强新闻稿搜索引擎优化。

1)关键词的选定

新闻稿的 SEO 优化中,关键词的选定和合理使用非常重要。

主关键词应结合自身产品、提供的服务及新闻主题来选取,并从读者的角度思考,什么样的关键词最有可能被读者搜索,并以此拓展出长尾词。在搜索的时候,人们习惯输入成串的词组,因此,还要在主关键词的基础上,选定 2~3 个关键词词组。最佳的关键词词组应该是品牌受众经常搜索的,同时又要避开网上泛滥的流行词。只有这样,才能做到既优化了新闻稿,又更加精准、巧妙地吸引了品牌的受众。

2)位置的选定

关键词词组应该出现在三个特定的位置:新闻标题的前几个字、首段的前几个字和文章前面部分的锚文本。

搜索引擎抓取工具会重点搜索标题和副标题,依此决定一篇新闻在搜索排名中的前后位置。通常网站采用或引用的新闻稿都是用它的标题作为引入该网站的链接。因此应在标题中包含关键词,且关键词尽量靠前。

另外,搜索引擎每页一般只显示前 200~300 个字符,因此首尾段尽量简短,字数最好控制在 200 字以内。设置关键词,最好设置在第一句话的中部(关键词越靠前,排名越有利)。中间段落自然部署关键词,每段字数不超过 350 个字符,内容原创程度越高越好。

3)关键词的出现频率

关键词的出现频率指的是一篇新闻稿中关键词出现的次数,它决定了新闻稿在搜索引擎中的关系和类别。新闻页面的关键词密度建议控制在 2%~8%之间,即 1 000 个字符的新闻稿中,关键词的字数最好控制在 20~80 个字符,同时,关键词应该自然的贯穿在文章中,避免死板堆积。

搜索引擎会自动识别使用过于频繁的关键词,所以,在一篇长约 250 个字符的新闻稿里,关键词不要重复超过 3 次。过多的关键词,尤其是与新闻关联不大的关键词,只会降低新闻的浏览量。写完新闻稿后,若对关键词的使用密度把握不准,可以用关键词频率工具(站长工具网站有提供)检验关键词是否使用恰当。站长工具(tool.chinaz.com)如图 3-12 所示。

4)锚文本链接引入关键词

搜索引擎对含锚文本的链接重点关注。因此,新闻稿中可以把超链接作为一个把特定关键词引入公司网站相关页面的工具。适当加入超链接,不仅能提供更多信息,而且通过链接到相关页面,突出了文章想表达的主题。

项目 3　创意类文案撰写技巧

图 3-12　站长工具

锚文本应该链接新闻稿关键词词组到公司或者产品某一特定的相关页面，做到"深度链接"的效果。同时一篇新闻稿中不要包含超链接相同的网址，并且要注意密度，过多的超链接会使新闻稿显得像垃圾信息，降低浏览量。

5）加粗处理强调关键词

设置在标题、副标题或者正文中的关键词词组，应该至少做一次文字加粗的效果处理。这样可以辅助搜索引擎抓取工具更加注意到这些关键词词组。

2. 新闻稿的发布渠道

新闻稿一般通过以下三种渠道发布给媒体记者：外包公关公司、新闻稿机构和自建媒体关系。新闻稿三种途径发布渠道的特点如表 3-1 所示。

表 3-1　新闻稿三种途径发布渠道的特点

渠　　道	花　　费	媒体范围	操作难度	特　　点
外包公关公司	大	广	小	中小企业、产品推广、速度快
新闻稿机构	小	广	中	稿件创意和质量要求高，难融入广告
自建媒体关系	小	窄	大	费用低

1）外包公关公司

写稿和媒体发布均外包给公关公司。公关公司服务专业、传播资源丰富，但是收费较高。他们在新闻稿的发布上，除了保证发布的展示量外，一般会同步策划线上线下的宣传活动，提升整体效果。

2）新闻稿机构

新闻稿机构主要指美通社和朝闻通。它们提供比较透明标准的新闻稿发布服务。和外包公关公司的区别是，新闻稿机构不直接写稿，只对稿件质量进行审核，如果稿件质量太差会拒绝发稿。优点是发布的效果有保证，并且费用较低，缺点是要自己去策划和制作内容。

（1）美通社。美通社成立于 1954 年，开创了企业新闻稿发布行业的先河，是全球最大的企业信息发布机构和领先的创新营销服务提供商，以超过 40 种语言将客户的新闻传播到 170 多个国家和地区的媒体和网站，客户既包括企业，也包括政府机构、协会等非营利组织。他们通过美通社将自己的最新信息全文发送给新闻媒体、投资界、政府决策者和大众，在最大程度上实现了信息的有效传播。全球 50%以上的财富 500 强企业都与美通社进行了合作。

美通社通过在包括北美、欧洲、拉美和亚太地区的一系列战略收购和业务联盟，不断加强其领先的全球化业务网络。而以中国为代表的新兴市场业务增长尤为迅猛。美通社自 2002 年进入中国市场并开拓业务以来，已在中国设立了六个办事处，分别位于北京、上海、杭州、深圳、成都和厦门。在中国超过 9 000 家媒体的记者、编辑注册并接收美通社发布的企业新闻稿，其中绝大多数是资深的媒体记者、编辑、主编及资深行业人士。2010 年，美通社在中国大陆的客户数量近 2 000 家，续约率超过 85%。美通社官方网站如图 3-13 所示。

图 3-13　美通社官网

对于已经或者计划在美国和其他海外交易所交易的企业而言，使用美通社来发企业新闻稿是吸引投资人和满足监管机构信息披露要求的最佳途径。它在面向中国海外上市公司的新闻专线服务市场中占有领先的市场份额，其中在纳斯达克和纽交所上市交易的绝大部分中国公司都在使用美通社的服务。

（2）朝闻通。朝闻通成立于 2003 年，隶属于广州朝闻天下信息技术有限公司，是一家为企业提供全国文本、图片和多媒体新闻稿发布以及信息监测的机构。与国内外超过 24 000 家媒体和 10 000 余名记者长期合作，稿件发布范围覆盖五大类平面媒体（日报、晚报、商报、都市报、晨报）、专业及行业媒体、全国性网络媒体、地方信息港、专业网络门户网站等。朝闻通官方网站如图 3-14 所示。

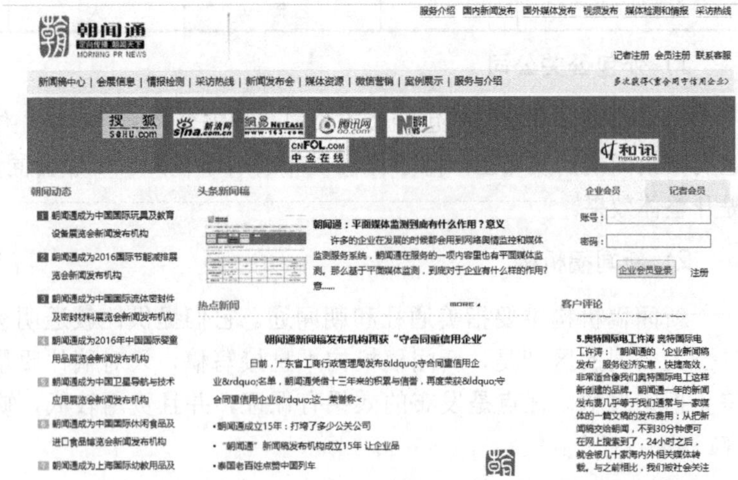

图 3-14　朝闻通官方网站

3）自建媒体关系

对于业内比较知名的企业或者集团，除了通过外包公关公司和新闻稿机构发稿之外，还会注重媒体关系维护，建立固定的媒体渠道。媒体也乐于与这些企业保持联系，保证新闻稿发布的广度和深度。一些活动或者大型会议上，企业也会通过邀请媒体发通稿的形式进行宣传。

企业自主建立媒体关系一般由品牌部或者市场部的媒介经理负责。自建媒体关系的优点是发布可以精确到点，且费用较低、快速直接。缺点是需要日常维护的人力，对规模较小的企业难以施行，而且工作难度较大、媒体选择范围较小、发稿数量受限制、稿件发布率低。

自建媒体关系时需结合企业目标客户的区域范围来选择合适的媒体。如果企业面向的是全国市场，媒体选择可以大面铺开；如果主要面向的是一个城市，可以以地方门户网站为主，不过也不能放弃影响力更大的综合门户网站，当然，这也需要结合企业所属的行业特点，优选行业门户网站。门户＋行业＋地方，可以形成媒体组合拳，从而使传播效果最大化。

自建媒体关系时还需要结合技术层面来辅助选择媒体。如可以通过站长工具等网站，查询站点的百度权重、PR 值和网站收录情况。一般正规媒体百度权重在 3 级以上，网站的 PR 值在 5 级以上，收录纪录在几万条以上。

3．新闻稿的发布时间控制

新闻稿发布的时间点是有一定规律可循的。例如，周五下午更新的文章，会在页面上停留到下周一；早上 10 点以前发布的文章被媒体记者采编的可能性比较大。大多数网站是每天更新首页推荐的文章，因此文章最好上午提交给编辑，这样展现的时间可能更长。那么，在新闻稿的发布时机上有哪些小技巧呢？

1）工作日

一般来说，周一都是最忙的一天，大家都刚过完周末，迫切希望向外界发布新的消息。因此，在周一发布通稿，意味着比在周三发布遇到的竞争稿件要多得多。周五则是较好的时间，因为大多数人开始计划周末活动，纸质媒体大多也过了周四下午的截稿日。但是，如果你确实有需要发短小精悍的文章，有些编辑会乐于用它来填补版面上留下来的小块空白。

2）周末

周末通常是休息时间，不发布新闻通稿。但是，如果企业确实有震撼性的公告，如重大事件或产品发布等，在周末发会比在周一发更容易得到媒体转载。

3）时间安排

大多数新闻通稿发布的时间是上午 8:00—10:00，因此建议错开这段高峰期，要么早一点（5:30—7:30），要么晚一点（不要晚于 12:00）。

一个有趣的现象是：大多数人喜欢在半点或整点发布信息。例如，上午 8:00 或 9:30 往往是最多人同时发出稿件的时候。所以，若必须在早上高峰期发出稿件，最好错开半点或整点，比如，在 8:37 或 9:12 发布。这一点对提升网上排位至关重要，因为每个网站每天最多只会推出 10 条推荐阅读的文章，如果同时有 200 家公司一起发稿，你想挤到前面排位，压力会比较大。为了顺利锁定目标受众，最好还是错开高峰时间段发布新闻稿。

任务实训

【实训 1】 结合前面所学的知识，从新闻构成五要素的角度总结对应的写作方法，并用思维导图软件画出新闻稿写作方法的思维导图。

【实训 2】 请指出下面文章中消息构成的五要素。

马里一酒店发生枪战　多名中国旅客被困

新华网达喀尔11月20日电——巴马科消息：位于马里首都巴马科市中心的丽笙酒店20日早发生枪战，包括至少7名中国旅客在内的众多人员被困酒店内。

据一名被困酒店内的陈姓中国旅客通过微信向新华社记者介绍，当天早上六点半左右，酒店房间外传来多声枪响，随后又有零星枪声传来，走廊和房间内出现烟味，网络时断时续，前台电话无人接听。其发回的现场照片和视频显示，马里防暴警察已赶到酒店现场，目前正与袭击者对峙。

标题：

导语：

主体：

结尾：

背景：

【实训3】 请为下面这则新闻拟一个亮眼的标题，要求：字数控制在25个字符（50个字节）以内；简明扼要，交代新闻要素；包含吸引人的信息，且和文章密切相关。

上海2016年11月30日电 /美通社/——主打"有态度的川菜"，王品开创"餐饮潮牌"。11月，王品旗下川菜品牌"GUN8辣椒"于上海开幕。不同于传统的川菜馆，"GUN8辣椒"在品牌定位、菜品研发、门店装潢等方面都力求打破常规，创新突破。

主打"有态度的川菜"，王品开创"餐饮潮牌"

川菜的口味大多浓郁且刺激，受年轻人喜爱，所以王品在打造"GUN8辣椒"这个新品牌时，目标消费者也定位在年轻人群。通过市场调研，王品发现，年轻人更喜欢去有个性、有话题，同时具备稀缺性的品牌餐厅。因此这次王品决定打破以往的传统模式，打造一个有态度的川菜品牌。

"GUN8辣椒"在整个体验氛围上，希望从年轻人的思维和角度去设计，展现年轻人的态度。比如，"GUN8辣椒"的命名是从翻滚吧辣椒衍生而来，辣椒在锅内翻滚，配合着不同的食材，演变成不同的美味。而在菜品的命名方面，"GUN8辣椒"希望困扰大家的负能量、减肥、套路、失恋、通通"GUN8"。所以就有了十大必"GUN"菜："GUN8负能量"常旺鱼、"GUN8减肥"馋嘴蛙、"GUN8套路"烤脑花、"GUN8失恋"酸汤肥牛……"GUN8辣椒"的态度不仅体现在命名上，店员们的服装也很有态度。与十大必"GUN"菜的菜名相呼应，服务人员的背后都印上"GUN8负能量""GUN8战争"等印花，并且各有不同，让人忍俊不禁。辣椒的火辣和刺激加上"GUN8"一切的不如意、负能量，会不会让美食体验更具意义？

招牌"常旺鱼"，融合匠心与创意

"GUN8辣椒"的厨艺团队潜心研发、创新，将川菜中的爆款水煮鱼和毛血旺融合在一起，创造了一个新爆款菜品——"常旺鱼"。这道菜既保留了鱼片的爽滑鲜嫩和毛血旺的麻辣鲜香，同时两者融合的时候又产生了奇妙的化学反应，达到了"1+1＞2"的效果。肥肠选用的是精心挑选的肥肠头，肥肠头只占肥肠的 1/10，加上主厨的秘制配方卤制，口感香脆饱满，香味浓郁。配上精选黑鱼肉切片和上等血旺，整道菜鲜美、Q弹、爽滑。黑鱼又名财鱼，加上肥肠和血旺，好吃又有好寓意，给人带来正能量。

应年轻消费者的诉求，王品集团正在改变。"GUN8辣椒"的诞生，希望能帮助年轻人喊出他们的心声，表达他们的态度。做一家有态度的川菜是王品进军中餐的全新尝试，更是王品在直面新时代挑战、展望未来迈出巨大变革的步伐。

标题：_____

【实训4】 新闻导语的写作

作为新闻的开头，导语必须以简要的语句，突出最重要、最新鲜或最富有个性特点的事实，提示新闻要旨。提炼和构思导语，是把握和掌控新闻全篇的关键环节和第一步。请按倒金字塔结构对下述导语进行改写，使导语开门见山、一语破的、精练行文，展示新闻价值所在，吸引读者阅读全文。

修改前：

上海2016年12月7日电/美通社/——由中国电子商务协会主办，中宣部、国家发改委、工信部、教育部等7大部委联合指导的"2016中国电子商务行业门户大会"于12月6日在北京国际会议中心举行。大会以"开放、互联和共享"为主题，国家部委领导莅临现场并讲话，众多电商领袖、门户精英、行业专家、风险投资人等3 000余人齐聚一堂，共襄盛会，商讨中国电子商务行业门户发展之路。在本次大会评选中，近百余家企业进行参选，通过推荐参评、网上投票、专家评审、媒体公示等一系列环节，赣州市企服城科技有限公司自主研发的中小企业服务在线交易平台企服城，因其领先、独特的先进技术和创新模式，被大会授予"中国电子行业最具创新奖"。

修改后：

_____
_____
_____
_____
_____

【实训5】 就你们学校或社团近期发生的大事（获奖、运动会、比赛、周年庆等），撰写一则新闻稿，要求消息的五要素齐全。

任务 3.3 广告文案与互联网广告

📒 任务导入

广告是广告主以促进销售为目的,付出一定的费用,通过特定的媒体传播产品或劳务等有关经济信息的大众传播活动。互联网广告,是指通过网站、网页、互联网应用程序等互联网媒介,以文字、图片、音频、视频或者其他形式,直接或者间接地推销产品或者服务的商业广告。传播媒介不同,广告文案也各具有自己的特色。只有掌握了广告文案写作的基本原则,才能写出"说人话"的文案。X 型和 Y 型两类文案,哪类更能打动你?

📒 任务导图

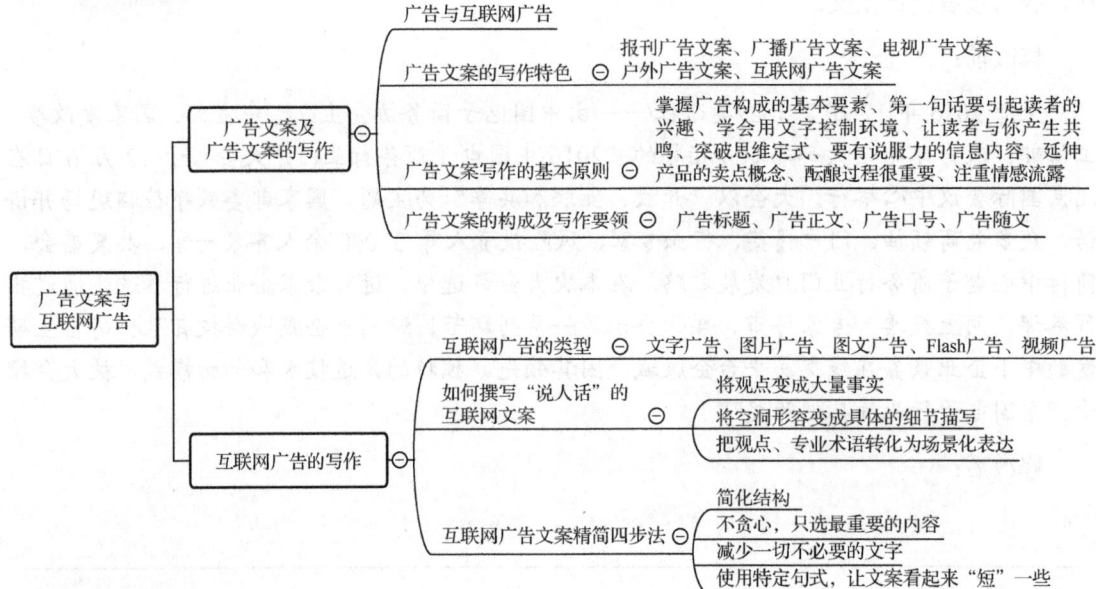

📒 学习目标

知识目标	熟悉广告和互联网广告的类型
	熟悉广告文案的构成
	了解广告文案写作的基本原则
能力目标	能够解构广告文案的构成
	会撰写"说人话"的广告文案
	能够按互联网广告的要求精简文案

任务实施

3.3.1 广告文案及广告文案的写作

广告文案指广告作品中为传达广告信息而使用的语言文字,是构成广告作品的重要组成部分。广告文案的本质是传递广告信息,文案人员应该培养自己使用语言文字有效地传达信息的能力。

1. 广告与互联网广告

广告按传播媒介来划分,分为报刊广告(报纸和杂志)、电台广告、电视广告、户外广告和互联网络广告,互网络广告又分为 PC 端互联网广告和移动端互联网广告;按内容来划分,分为产品广告、品牌广告、观念广告和公益广告;按表现的感官形式来划分,分为平面广告、音频广告和视频广告。广告的分类如图 3-15 所示。

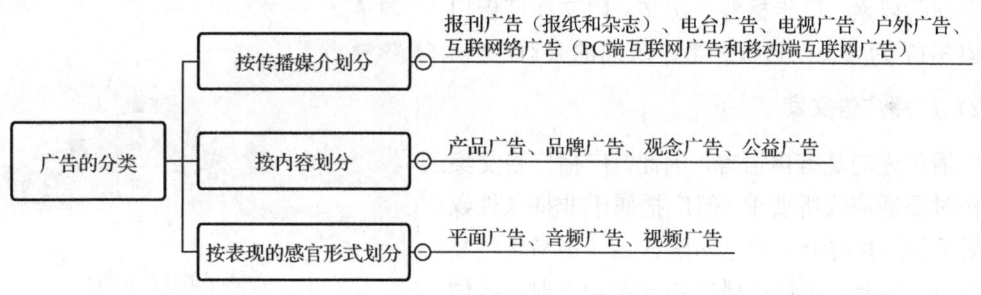

图 3-15 广告的分类

按 2016 年 9 月起实施的《互联网广告管理暂行办法》定义,互联网广告是指通过网站、网页、互联网应用程序等互联网媒介,以文字、图片、音频、视频或者其他形式,直接或者间接地推销商品或者服务的商业广告。互联网广告的经营主体及其主要业务形态如图 3-16 所示。

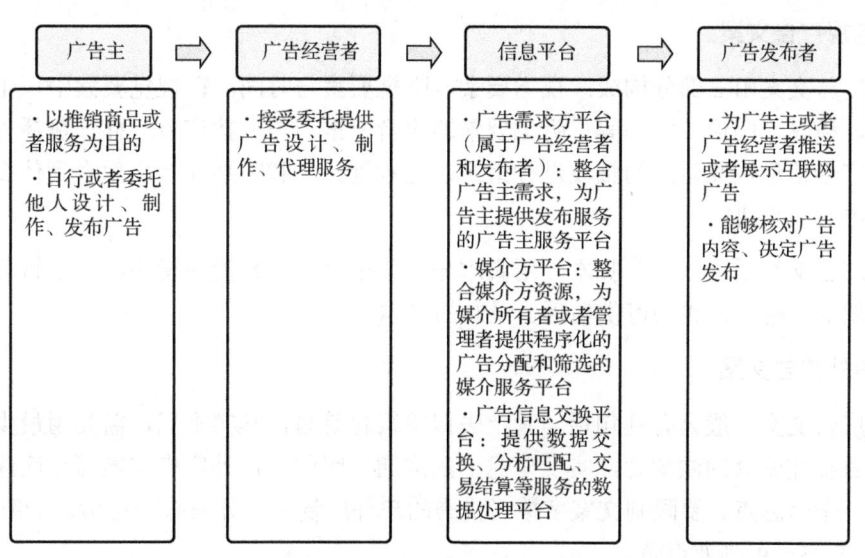

图 3-16 互联网广告的经营主体及其主要业务形态

PC 端互联网的广告形式有：通栏类广告、矩形类广告、背投类广告、流媒体类广告、富媒体广告、邮箱类广告、文字链广告和贴片类广告等。

移动端互联网的广告形式有：焦点图广告、信息流广告、矩形类广告、富媒体广告和贴片类广告等。

2. 广告文案的写作特色

传播媒介不同，广告文案也各具有不同的特色。

1）报刊广告文案

报刊广告文案是报纸广告文案和杂志广告文案的统称。报刊广告是指通过静态图像和文字为载体传播的广告。报刊类广告文案结构较为标准，一般有下列四要素：广告标题、正文、附文和广告口号。图3-17 为《长江日报》半个版面的公益广告。

2）广播广告文案

广播传递的是有声语言，因此，广播广告文案在创作时要适应收听要求。但广播属于非持久性媒介，属于告知性媒介，信息转瞬即逝，不易传达复杂的信息。因此，进行广播广告文案创作时，要做到通俗易懂。

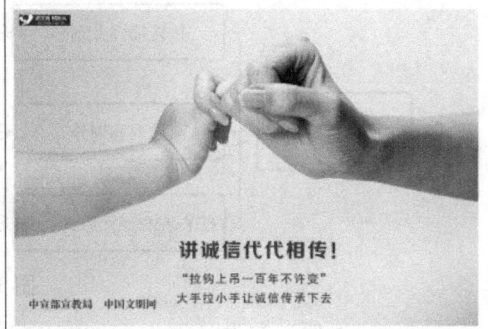

图 3-17　《长江日报》半个版面的公益广告

广播广告文案构成三要素：人声、音乐、音响。

广播广告文案的撰写要充分发挥汉语的丰富表现力，要让听众字字听得清，句句听得懂，使听众正确理解创意，这就必须掌握有声语言与书面语言的差异。

3）电视广告文案

电视广告文案由三部分构成：视觉要素、听觉要素与时间。在视觉要素中，主要包括演员、场景、道具、图形、字幕等；听觉要素即声音要素，与广播广告一样，包括人声、音乐和音响。广告信息按照时间的轴线进行组织，先看到什么和听到什么，后看到什么和听到什么，完全由时间来决定。

电视广告文案采用分镜头脚本，用脚本分出一个个可供拍摄的镜头，然后将分镜头的内容写在专用的表格上，成为可供拍摄、录制的稿本。

4）户外广告文案

户外广告文案一般只有几句话，看上去似乎很容易写，其实不然，需要用最少的文字和生动的形象抓住受众的注意力，实现信息上的沟通。因此，户外广告文案写作应注意以下三点：强调一个信息点、要限制文案字数（优秀的户外广告大部分只有一句话，一般不超过10个汉字）、文案只可画龙点睛。

5）互联网广告文案

互联网广告凭借互联网媒体的富媒体属性，可以呈现出文字广告、图片广告、图文广告、Flash 广告、视频广告等多种形式，文案的展现形式和特点不能一概而论。

不管是哪种类型的文案，都具有如下两个特点：

（1）本质特点——追求效益最大化。广告是一种营销手段，其本质是推销。虽然一些广告不直接介绍产品或服务，而是效力于品牌形象和企业形象的塑造，最终目的也还是为了推销。

（2）文本特点。具备完善的表现结构但不拘于结构的完整；运用并借助各种表现手法达成广告目的；传达信息更注重对受众的说服和劝诱。

3. 广告文案写作的基本原则

1）掌握广告构成的基本要素

一则平面广告，可能会包含如下十大元素。

① 标题：获取你的注意，引领你看副标题；

② 副标题：给你更多的信息，进一步解释并抓住你眼球；

③ 照片或图画：攫取你的注意力，全面介绍产品；

④ 图片说明：照片或图画的说明文字；

⑤ 文案：传达有关产品或服务的主要销售信息；

⑥ 段落标题：将整个文案分成几个部分，使它看起来没有压迫感；

⑦ 商标：展示该产品所属公司的名字；

⑧ 价格：让受众知道购买这个产品或服务需要花多少钱；

⑨ 反馈方式：给受众提供一种广告的反馈途径；

⑩ 整体设计：主要针对平面设计，呈现广告的整体面貌。

如果你选择做文案，那么请牢记这几个元素。因为，文案不止于写网络文案。你需要明白，这些元素是广告文案诞生以来从未被淘汰的。

2）第一句话要引起读者的兴趣

人们购买产品或服务，本质上是满足某个方面的需求。基于这个目的，他们才愿意去了解并传播产品或服务的具体信息。有一个前提是，你得先让他对你的产品或服务有认同感。因为大家都知道，我们选择或购买产品的时候，在很大程度上依赖我们信任的人的推荐。

所以，广告文案的第一句话要引起读者的兴趣，让他有兴趣更深入地了解你。这样才有可能认同你所传递的观点，然后接受你建议的产品或服务，最后再了解关于产品和服务的具体信息。

如何撰写第一句话？有两个办法：与用户相关或者能打动用户。

（1）与用户相关。假如你去逛数码商场，看到门外有张海报写着："创想生活，随 E 应变。"

你会想到什么？你能想到这家店的海报目的是想体现产品极具创意、帮助用户随意定制产品、帮助用户构建未来美好生活吗？你会想到 "E" 代表 "意" 这个字吗？

就算你很聪明能想到，但你是否能确保所有的用户都能想到？

所以，在写广告文案的时候，应该是关于用户感受的设计，与用户有关，而不只是为了创造一些很有感受的文字，看上去很有文采、极具创意，但却让用户觉得："这跟我有什么关系呢？"

◆阅读材料 3-1

广告文案创意类比

对比下面 A、B、C 三类文案。

A 文案

> 一流健身器材，练出完美身材
>
> 消费者：什么算一流？什么叫完美？

B 文案

> 每天坚持健身，减压、减肥又塑形
>
> 消费者：这些我都知道啊。

C 文案

> ✓ 不开心的时候，流泪不如流汗
> ✓ 你有 160 斤重，你的悲伤和耻辱比你更重
> ✓ 每次洗完澡站在镜子前，都舍不得穿上衣服

A 型文案很常见，使用了极端的形容词和无意义的押韵。在淘宝网、京东的无数宝贝详情页里，满大街的 DM 单里，消费者已经见过它们太多次，但却像一群群打过照面就消失的路人，始终走不到心里去。

B 型文案开始抛弃云里雾里的形容词，和消费者讲起道理，文字朴实。可是在信息爆炸时代，消费者听过的道理比你吃的盐多，"道理我都懂，就是懒得动" 才是现实。不把血淋淋的真相剖开，很难影响消费者的决策。

C 型文案懂道理，更懂洞察，也适当使用了文字游戏。它洞察到了 B 型文案中 "减压、减肥、塑形" 背后那些活生生的原因，每一句都有场景，有画面感，在文字上也运用了一些小技巧，比如将 "流汗" 和 "流泪" 比照、将抽象的 "悲伤和耻辱" 的重量和具象的 "160 斤" 体重对比，以及对 "洗完澡照镜子" 这一常见小动作的调侃。

（2）打动用户。打动用户最有效的方式，就是运用够简单、够直接的文案，把最能打动用户的话，用最直接、简单大方的语言按时说出来就可以了！如何打动用户？用情感或利益。

用情感打动用户，如网络云音乐的 "扎心" 地铁系列广告、江小白表达瓶系列广告。

3）学会用文字控制环境

作为一名文案，必须学会用文字控制环境。要调动目标客户的购买欲望，环境至关重要。这就是为什么你买奢侈品会到商场去买的道理一样，因为实体店的设计风格、温馨的服务都会让你购买欲望大大增加。

所以，当读者阅读你的文案时，最好能给读者置身其中的感觉，这也就是我们经常所说的多写场景化的文案。

4）让读者与你产生共鸣

中国人比较含蓄，喜欢借用名人名言来表达自己的观点。究其原因，其实是希望别人能说出自己不敢说出的话。

所以，你的文案需要让读者感同身受，这样才能建立最基本的信任感。

5）突破思维定式

一名优秀的文案，应该具备在任何时候都能完成你想完成事情的能力。因此，不要再说"我只会写微信文案，我只会写传统文案"等诸如此类的话。

6）要有说服力的信息内容

你的信息必须始终具有吸引力，才能激发读者去做通常不会做的事情。你必须明白，让人们伸进口袋掏自己的血汗钱去购买你的产品，并不是一种符合自然规律的行为。有说服力的信息内容，是一个文案卖出产品必须做的最困难的事情之一。这些信息要能说服人们完全投入到你的文案中，最终购买你的产品。

7）延伸产品的卖点概念

每个产品都有其独特的卖点，可以将它与其他产品区别开来。这就取决于你首先要意识到这个事实，并且发现这个产品的独特之处。如果你这样做了，产品的简单定位和概念延伸就会变得非常有力。

8）酝酿过程很重要

酝酿过程就是潜意识运用你所有的知识和经历来解决一个具体问题的过程，其效率是由时间、创意倾向、环境和自尊心所决定的。

为了写出有效的文案，你应该怎么做？

（1）将收集的所有关于产品的相关资料浏览一遍，列出你在这个过程中所出现的想法。包括产品的本质、能吸引客户的要点。

（2）放下你的文案项目，做一些其他事情。让你的潜意识去加工你所了解的东西。

（3）当脑海里闪现出精彩的想法时，着手写出这些潜意识为你创造的精彩内容。

（4）正式撰写文案。你现在需要做的是让你的文案从你的脑海中倾泻而出，忘记语法，也不要管逻辑。

（5）编辑你的文案。你需要用最少的文字精确表达你想要表达的内容。

9）注重情感流露

广告文案要做的事情之一就是要与读者产生共鸣。广告文案是沟通的直接形式，它的目的就是促使顾客产生购买行为。技巧可以学，但是情感学不了。

广告文案，说到底是感性与理性的结合。以情感来卖出产品，以理性来诠释购买才是真谛。所以，你必须记住以下两点：

（1）每一个词语都蕴含着情感，每一个词语都讲述着一个故事；

（2）每一个好的广告都是词语的情感流露。

◆阅读材料3-2

撰写文案的15条公理

约瑟夫·休格曼，美国畅销书作家，《文案训练手册》一书的作者，作为文案写作的传奇人物享誉广告界。他的《文案训练手册》包含如下15条公理。

公理1：文案写作是一段精神旅程。成功的文案写作，会综合反映出你全部的经历、你的专业知识、你对这些信息进行精深加工并以卖出产品或服务为目的将他们形成文字的能力。

公理2：一则广告里的所有元素首先都是为了一个目的而存在，即使读者阅读这篇文案的第一句话。

公理3：广告中第一句话的唯一目的就是为了让读者阅读第二句话。

公理4：广告的版面设计和广告的开始几个段落必须创造出一种购买环境，这非常有利于销售你的产品或服务。

公理5：让你的读者说"是"，让他们在阅读你的文案时，因你真诚实在的陈述而产生共鸣。

公理6：你的读者应该是情不自禁地阅读你的文案，他们根本无法停止阅读，直到他们阅读所有的文案，就像从滑梯上面滑下来一样。

公理7：当你试图解决问题的时候，打破那些思维定式。

公理8：通过好奇心的力量，使文案趣味横生，使读者兴趣盎然。

公理9：永远不要推销一种产品或服务，而是推销一种概念。

公理10：酝酿过程就是你的潜意识运用你所有的知识和经历来解决一个具体问题的过程，其效率是由时间、创意倾向、环境和自尊心所决定的。

公理11：文案应该长到足以引导读者按照你的要求去做。

公理12：从作者到受众，无论使用哪种媒介，每一次沟通都应该是一次个性化的沟通。

公理13：文案中提出的创意需要以一种有条理的方式贯穿起来，预测用户的问题，然后回答它们，就如同这些问题是面对面问的一样。

公理14：在编辑的过程中，你要用精练的文案，用最少的文字精确地表达出你想要表达的内容。

公理 15：销售一种治愈性产品要比销售一种预防性产品容易得多，除非这种预防性产品被看作是一种治愈性的产品，或者这种预防性产品的治疗作用被着重强调了。

4．广告文案的构成及写作要领

广告文案能够帮助客户达到广告目标，能达到目标的广告文案才是有效和优秀的广告文案。因此，判断一个广告文案是否有效，在一定程度上可以广告目标达到的程度来衡量。有效和优秀广告文案需要具备以下要求：

- ◇ 符合策略；
- ◇ 完美展现创意；
- ◇ 真实；
- ◇ 传达精准的信息；
- ◇ 以诉求打动人心；
- ◇ 人性化；
- ◇ 有吸引力，能引起兴趣；
- ◇ 不论长短，务求简明；
- ◇ 使用有魅力的语言。

完整的广告文案一般由广告标题、广告正文、广告口号和广告随文四大要素构成。

1）广告标题

广告标题是整个广告文案乃至整个广告作品的总题目，一般位于广告文案最显眼的位置。广告标题为整个广告提纲挈领，传达最重要或最能引起目标消费者兴趣的信息，以特别的字体或特别的语气突出表现的语句。大卫·奥格威认为："标题是大多数平面广告最重要的部分，它是决定读者读不读正文的关键所在。"正如我们常说的"题好文一半""题高文则深"。

广告标题是广告中最重要的部分，因为这是广告受众最先注意到的地方。如果你的标题含糊不清、晦涩难懂或是无聊乏味，就别指望读者会花时间读你下功夫写的广告正文了。这种标题实际上是在告诉读者，你们公司没有能力写出新颖的广告——这也会让读者联想到你们的产品质量差，即使产品实际上很好也没用。

人们乘坐地铁或翻杂志时，注意力会被很多事情分散到你的广告之外。如何才能让读者不被干扰，只注意到你的产品呢？想一个极其有吸引力的、迫使读者注意的标题吧。

写一些有悬念的内容，如"不要高兴，这是很恐怖的事情"。

写一些人们不愿错过的内容，如"2.5 折的巴黎机票"。

写一些能吸引人的内容，如"她只能活两周了"。

你的标题可以是一些令人震惊的、奇怪的、引人注意的、激动人心的内容。只要它能吸引读者就可以。当然，广告文案的标题必须有道德底线，不能引起读者反感。

2) 广告正文

广告正文是指广告文案中处于主体地位的语言文字部分,是广告标题和副标题的延续和细部展开的诉求,是广告文案传播信息、说服受众、促进消费者产生消费行为的主要和具体的诉求力量。它运用其主体性的篇幅,对标题中提出的产品特色、消费者利益给予解释和说明、证实,或者对广告对象的特点、功能等方面进行细节介绍,或者详细表现广告对象的背景状况。广告正文写作要领有以下几点。

(1) 别用问题开头。虽然一个有创意的、吸引人的反问句可能会成功吸引受众,但是不要用类似"你需要一辆新车吗?"这种标准问题来作为广告正文的开头。广告受众已经阅读过上千种这样的广告了,他们也已经被问烦了,要向更深入的方向挖掘,以吸引受众的注意力,用一个有创意的方式来告诉受众你有他们需要的产品。

(2) 写一段过渡性的话来吸引读者继续阅读。标题下面的一行是在观众脑海中为自己公司营造深刻印象的好地方。在写了神秘的、令人震惊的、富有感染力的标题后,需要写一些实质性的内容,否则标题就会被认为只是在吹牛而已。要用过渡性的语言来告诉受众,产品是有实力的,而并非徒有虚名。

要牢记,每个词都很重要。过渡性语句也要跟标题一样吸引人,因为在广告结束之前,随时都有可能失去受众。

在广告中提及产品的主要优点将会吸引受众,正文中必须提及产品的最大优点。

(3) 勾起受众对产品的购买欲。过渡性语言也是产品强有力的宣传机会,让他们认为产品就是他们想要的东西。如果产品对顾客来说的确有益,那触动顾客心弦,让他们买到可以提高生活质量的产品,就不是什么让人羞耻的事情了。

怀旧是抓住人心的好方法,如"我们用最好的祖传辣椒,做出和爷爷秘制辣酱一样好的酱"。

在广告中涉及人们健康的问题也会有很好的效果,如"你工作努力过头了——健身吧,让我们帮你重新学会享受生活"。

3) 广告口号

广告文案的口号,又称广告口号、广告标语、广告主题句等。它是企业和团体为了加强受众对企业、产品或服务等的一贯印象,在广告口号中经常使用的简短性的、口号性的、表现产品特性或企业理念的句子。它是基于长远的销售利益,向消费者传达长期不变的观念的中间渠道。广告口号一般情况下都很简洁、短小、精练,字数控制在5~8个字,一般不应超过12个字。

4) 广告随文

广告随文是在广告正文之后向受众传达企业名称、地址、购买产品或接受服务的方法的附加性文字。因为是附加性文字,它在广告作品中的位置一般总是居于正文之后。因此,广告随文也称附文、尾文。广告随文写作要领有以下几点。

(1) 告诉大家如何购买你的产品。广告文案的末尾,告诉消费者下一步该怎么做,用它来为广告添上点睛之笔,给他们指导,让他们能更方便地购买产品或联系你。如"想获取更多的信息,请拨打555-5555",并加上产品的网址或二维码等信息。

◆阅读材料 3-3

知乎地铁广告

知乎地铁广告如图3-18所示,我们通过该广告来分析广告的构成。

广告标题:人美也要多读书,同时你得有知乎。

广告正文:在知乎书店看电子书;我们看脸的时候,到底在看什么?

广告口号:知乎(www.zhihu.com)每天知道多一点。

广告随文:左下方的二维码。

图3-18 知乎地铁广告

当然,不同媒体的广告文案,因载体及阅读环境的原因,构成要素也不尽相同。比如平面广告文案,包括报纸、杂志等印刷广告以及大部分户外广告,它们的结构最为典型,受众可以同时看到文案的广告语、标题、正文、附文四个部分;而广播广告文案是以口头语言为载体,它的结构比较模糊,受众很难在其中体会到标题、广告语、附文和正文的区别;电视广告文案是用语言和文字两种载体来传播,标题、广告语、正文、附文可以用人物对白、画外音、字幕等形式加以区别,而且广告语通常是在广告结尾与附文同时出现,比广播文案的结构清晰;网络广告文案因其载体的特殊性,四个要素也不一定完整展现。

3.3.2 互联网广告类型及图文广告的写作

1. 互联网广告的类型

按照中国广告协会的互动网络委员会于2015年颁布的《互联网数字广告基础标准》的定义,互联网广告物料是广告内展现的内容,基本的物料形式是文字、图片、Flash类型的物料,互联网广告分为了PC端和移动端两类。广告形式和常见物料格式如图3-19所示。

互联网广告凭借互联网媒体的富媒体属性,可以呈现出文字广告、图片广告、图文广告、Flash广告、视频广告等多种形式,文案的展现形式和特点不能一概而论。

PC端:

广告形式	常见物料格式
通栏类广告	jpg,png,swf,gif,flv
矩形类广告	jpg,png,swf,gif,flv
背投类广告	jpg,png,swf,gif,flv
流媒体类广告	swf,gif,flv
富媒体类广告	swf,flv
邮箱类广告	jpg,png,swf,gif
文字链广告	txt文本
贴片类广告	flv

移动端:

广告形式	常见物料格式
启动画面/开屏/插屏广告	jpg,png,gif,flv
焦点图广告	jpg,png
信息流广告	jpg,png+文字
矩形类广告	jpg,png
富媒体广告	jpg,png,gif,flv
贴片类广告	flv

图3-19 互联网广告形式及常见物料格式

这里主要讲最常见的互联网图文广告。

互联网图文广告是指以图文混排的形式静态展现的广告。从展现形式来看，互联网图文广告和报刊中的平面广告最为相似，但一方面，互联网广告受限于广告尺寸小的问题，展现的内容十分有限；另一方面，互联网广告面临着比传统平面广告更为复杂的展现环境以及更低的受众阅读。有研究表明：在互联网环境下，用户投入一则广告上的关注时间平均不超过两秒钟。相比报刊中的平面广告，互联网图文广告更要讲求口语化和精练。

2．如何撰写"说人话"的互联网文案

李靖将文案分为 X 型和 Y 型两类，哪类文案更能打动你？

X 型文案人，他们更像语言学家、修辞学家和诗人，他们的日常工作就是想创意、查词典和构思修辞，以想办法用华丽的词语来描述产品。

Y 型文案人，他们不太擅长华丽的修辞，但却花费大量的时间去了解用户想的是什么，想要用最简单直白的语言来影响用户的感受。

◆阅读材料 3-4

X 型文案和 Y 型文案，李靖教你如何减少文案中的"自嗨现象"

李靖在《X 型文案和 Y 型文案，李靖教你如何减少文案中的"自嗨现象"》一文中，将撰写互联网产品文案分为了两种：X 型文案和 Y 型文案，如图 3-20 所示。

3-5 X 型文案和 Y 型文案，李靖教你如何减少文案中的"自嗨现象"

图 3-20 X 型文案和 Y 型文案

互联网广告中，需要的是 Y 型文案人，就是把华丽费解的文案变得平白朴实，让文案"说人话"。

真正有趣的"说人话"，往往不是中立的简单描述，而是态度鲜明地支持或反对，引发好奇并提供有价值信息。

让文案"说人话"并不是只把华丽费解的句子改得平白朴实，如"这个产品有创意"，这样的表达缺乏内容价值，如果有人整天这么跟你说话，你会觉得他无聊死。

◆阅读材料 3-5

什么是"说人话"的文案？

把"智领人先，创意永恒"直接变成"这个产品有创意"，把"最极致的舒适，颠覆体验"直接变成"这个产品很舒服"就是"说人话"的文案？

3-6 李靖如何让你的广告"说人话"

可是，这也太无聊了吧（虽然这的确是人话）！那怎么办？

既然是让文案"说人话"，我们先看看人是怎么说话的——

想象一下周围朋友中，最有意思、最鲜活的女性，当她们谈论香水的时候，不会直接说"我买了一瓶香水""这是一瓶香水""女生需要香水"。而是使用了各种技巧来提高说话的内容价值，引起别人的兴趣，例如：

"我从来不买香水的，但是昨天买了第一瓶香水……"（制造反差）、"我爱死香水了，要是把我放在孤岛上饿 3 天，我回来第一件事不是吃饭，而是喷香水！"（极端情景）、"我特别讨厌那些只会花钱买大牌香水，却根本不考虑是否适合自己的人！"（表达情绪）。

我们需要做的是想办法提高文案的"内容价值"，让文案变得"有内容"，能够像一个有趣的人一样，通过聊天引发好奇、表达态度、提供信息……

文案"说人话"，是想象你对某个产品真的非常满意，是把用户想象成你的哥们/闺蜜，你会怎么介绍产品，与你的哥们/闺蜜分享？

有三种办法让文案说人话：将观点变成大量事实、将空洞的形容变成具体的细节描写、把观点和专业术语转化为场景化表达。

1）将观点变成大量事实

当描述某个产品的时候，要思考支撑你的观点的事实是什么，其中哪些事实会让读者产生兴趣，哪些事实能够增加观点的说服力，产品、观点、事实三者之间的关系如表 3-2 所示。图 3-21 所示为将观点变成事实的广告示例。

表 3-2 产品、观点、事实三者之间的关系

产品	观点	事实
网络课程	这是一堂非常好的课程	教你月薪五万
奶茶	这是一款好奶茶	连续五年销售领先、茶杯连起来可绕地球十圈，一年 12 亿人次在喝（香飘飘）
手机	这是一款好手机	充电 5 分钟，通话 2 小时（OPPO） 前置 2 000 万柔光双摄，照亮你的美（vivo）
护肤品	奢享之美，专属珍贵的你	用了 3 个月，真的不比兰蔻小黑瓶差

2）将空洞的形容变成具体的细节描写

我们常常会看到很多文案，用一些不知所以的形容，描绘了一个非常抽象的画面，结果就是看完文案都不知道它要表达什么，这就是空洞的形容。

与之相对应的，就是用更多的细节把产品或服务的特点表达出来，很多时候，最好的切入点就是能够和生活产生关联的细节，或者读者过去经历过，已经在大脑中形成认知的场景。表 3-3 所示为空洞的形容与具体的细节描写对比表。

图 3-21　将观点变成事实的广告示例

表 3-3　空洞的形容与具体的细节描写对比表

产品	空洞的形容	具体的细节描写
手机	极致工艺的钛合金手机边框	一块钢板开始，它需要历经 180 道工序、35 个小时雕琢打磨才能成为您手中仅重 19 克的手机边框
美食	饕餮美味，全城罕有	平均来说，一顿饭的用餐时间是 40 分钟，但在这里，这个时间是 1.5 小时，因为，这里的顾客总会在吃完自己点的菜之后，忍不住再加几道

图 3-22 为具体细节描写的广告示例。

3）把观点和专业术语转化为场景化表达

把观点和专业术语转化为场景化表达的目的是当读者看到文案的时候，能够把自己带入描述的场景里产生共鸣或引发求知欲。要达到这样的效果关键是找准你的产品（服务）和用户潜在场景的匹配点。表 3-4 列举了如何将专业术语转化为场景化表达。

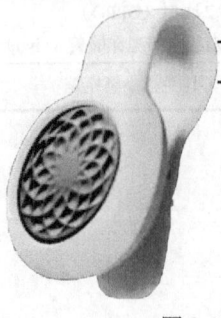

图 3-22　具体细节描写的广告

表 3-4　专业术语转化为场景化表达

产品	观点、专业术语	场景化表达
课程	8 大知识点，全面串讲 PRD、后端产品逻辑、技术实现原理	如果您上完这堂课并认真完成了全部练习，我们保证，您将拥有可以在产品经理岗位面试时，全面碾压 95% 以上 HR 的能力
手机	夜拍能力超强，配备×××技术	能清晰拍出银河的手机

思考：图 3-23 所示的 6 句关于产品的文案，哪句是场景化表达？

一个实验

智能宝宝追踪器

· 为爱制造，闪耀登场。
· 我们追求卓越，创造精品。
· 随时随地，把爱传给孩子。
· 原来，熊孩子就藏在床底下。
· 让温馨随身相伴，让真爱留在心底。
· 随身安慰，让爱加倍。

图 3-23　产品文案示例

3. 互联网广告文案精简四步法

对于互联网广告而言，在复杂的环境、有限的篇幅以及低效浏览的方式下，要尽快吸引用户的注意力，最关键的是要精简文案信息。下面看看文案精简四步法，它能让你的文案效果更佳！

1）第一步：简化结构

从结构来看，传统平面广告的文案主要包括标题、副标题、广告正文、广告口号四个部分，但在互联网广告文案中，考虑到尺寸的限制和更好展现的需求，主文案应该只包含广告标题和广告描述两个部分，其余信息如品牌名称、联系方式、引导语等均作为辅助文案出现，如图 3-24 所示。

从重要性来看，广告标题和广告描述是文案中应予以突出的关键信息。尤其是广告标题，承担着吸引消费者注意力的重任。广告描述则负责详细介绍产品和服务的信息，在消费者被标题吸

图 3-24　互联网广告文案结构

引后，及时给予具体的信息支持，使广告真正打动消费者。品牌名称、联系方式、引导语等均属于二级信息，消费者不会首先对这些信息产生兴趣，只有当其被标题或描述吸引时，才会进一步了解品牌名称和联系方式等。因此，在文案撰写过程中，这些二级信息一定不能喧宾夺主，当由于篇幅限制或其他原因与主文案内容发生冲突时，应该让位于主文案。

2）第二步：不贪心，只选最重要的内容

广告文案应该表达企业最想传递给消费者的信息，并且信息量不宜过多。什么都想说的广告，最终结果只有一个，就是所有信息都被淹没了，消费者什么信息都没有接收到。对于网络广告而言，尤其如此。当一则广告中传递的文案主题超过三条时，会造成以下两个方面的困难：从设计的角度来讲，不利于凸显关键信息；从消费者的角度来讲，不便于引起注意和记忆广告的内容。因此，一则能够吸引消费者注意力的好文案，只需两句话：一句作为标题，吸引消费者或传递最具竞争力的信息；一句作为描述，详细介绍产品服务信息或传递其他关键信息。案例：

1. 图 3-25 所示的广告文案修改示例（1）中，修改前文字过多，关键信息无法突出，用户抓不住广告要传达的重点；修改后信息量减少，关键广告语得以突出，用户第一眼就可以看到标题传达的"厨师的黄埔军校"这一诉求。

图 3-25　广告文案修改示例（1）

2. 图 3-26 所示的广告文案修改示例（2）中，修改前信息量过多，降低阅读欲望，不利排版；修改后布局合理，信息量适中，不会造成阅读障碍。

图 3-26　广告文案修改示例（2）

3）第三步：减少一切不必要的文字

广告文案不同于写文章，要求主谓宾、定状补样样不少。广告语只需要通过最精练的语言或最关键的词汇，清晰表达出你所要传达的信息就好。因此精简文案非常关键的一步就是删减广告语中不必要的文字，或提炼广告语中最关键的信息。

（1）删减不必要的文字、词语。删减方法有：删除前后重复的词语；用更短词汇代替词语；删除不必要的修饰语；删除不影响句子表达意思的其他词汇。案例如下。

图 3-27 所示的广告文案修改示例（3）中，修改前 47 个字，修改后 35 个字。修改了以下 4 个地方：

① "10 000 元以上"和"高价"重复，删去"高价"；

② "10 000 元以上"可以直接用"万元"代替，不影响原意；

③ "勇于""自身的"属于不必要的修饰语可以直接删去；

④ "不再坎坷"改为"不坎坷"，不影响原意，并且读起来更加短促有力。

图 3-27　广告文案修改示例（3）

（2）使用关键词。使用广告语中的核心关键词来代替整句话，使文案看起来更加精练，并且容易记忆。案例：

图 3-28 所示的广告文案修改示例（4）中，选取广告语中的"7 届""近万学员""留学海外"三个最主要的关键词来替代整句表达，使文案看起来更加精练及突出重点。

项目 3　创意类文案撰写技巧

修改前：

修改后：

图 3-28　广告文案修改示例（4）

4）第四步：使用特定句式，让文案看起来"短"一些

研究表明，相较于长句，短句、断句更有利于用户对广告的阅读和记忆。实现文字排版断句的前提保障是将文案写成对仗句式或长短句式。对于相同字数的广告语，有断句的广告文案看起来更短。此外，对仗句式读起来更加上口，长短句式则会使文案更加短促有力。特定句式示例如图 3-29 所示。

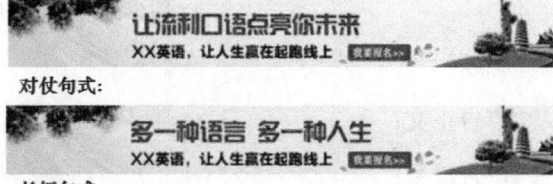

图 3-29　特定句式示例

任务实训

【实训 1】　分析图 3-30 和图 3-31 所示的两则广告文案的构成要素，并将结果写在对应的位置。

图 3-30　手机广告文案示例

标题：

广告正文：

广告口号：

附文：

图 3-31　鸡尾酒广告文案示例

标题：

广告正文：

广告口号：

附文：

【实训 2】图 3-32 所示为海尔净水器广告文案示例，表 3-5 所示为海尔净水器文案修改表。

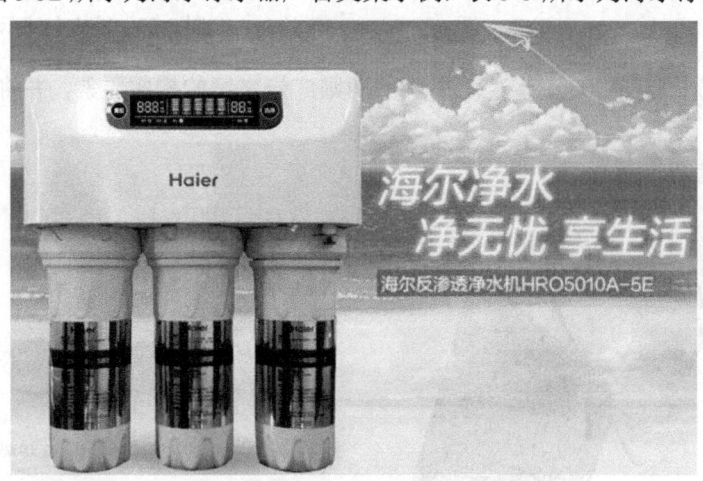

图 3-32　海尔净水器广告文案示例

表 3-5　海尔净水器文案修改表

原　文　案	海尔净水　净无忧　享生活
说人话文案（大量事实）	自来水经过海尔净水器的净化，变成纯净水，直接喝
说人话文案（具体细节）	5 种滤芯，5 级深度过滤，有效清除水中固体杂质、余氯、细菌、有机物等有害物质，还可去除异味、改善口感
说人话文案（场景化表达）	刚做完运动，发现家里饮水机没水了？拧开水龙头直接喝，放心喝

假设是你在对你的朋友推荐产品,参照上面广告文案的修改示例,将图 3-33 和图 3-34 所示的两个 Y 型文案改编成"说人话"的互联网文案,并将改编结果填写在表 3-6 和表 3-7 中。

图 3-33　蓝月亮广告文案示例

表 3-6　蓝月亮广告文案修改表

原　文　案	
说人话文案 (大量事实)	
说人话文案 (具体细节)	
说人话文案 (场景化表达)	

图 3-34　插座广告文案示例

表 3-7　插座广告文案修改记录表

原　文　案	
说人话文案 (大量事实)	
说人话文案 (具体细节)	
说人话文案 (场景化表达)	

任务 3.4 信息流广告的撰写、运营推广及投放

📔 任务概述

原生广告既是一种不同形式的互动广告，又是一种新的消费者体验。信息流又叫 Feed 流，Feed 的英文含义是供给、喂送，顾名思义，信息流广告亦是如此，是主动推送的广告。它是用户在使用互联网产品（服务）功能时，主动推送，并与产品（服务）功能混排在一起的原生广告。好的信息流广告文案的标准是什么？如何撰写信息流广告文案？信息流广告如何优化、运营推广及如何投放？

📔 任务导图

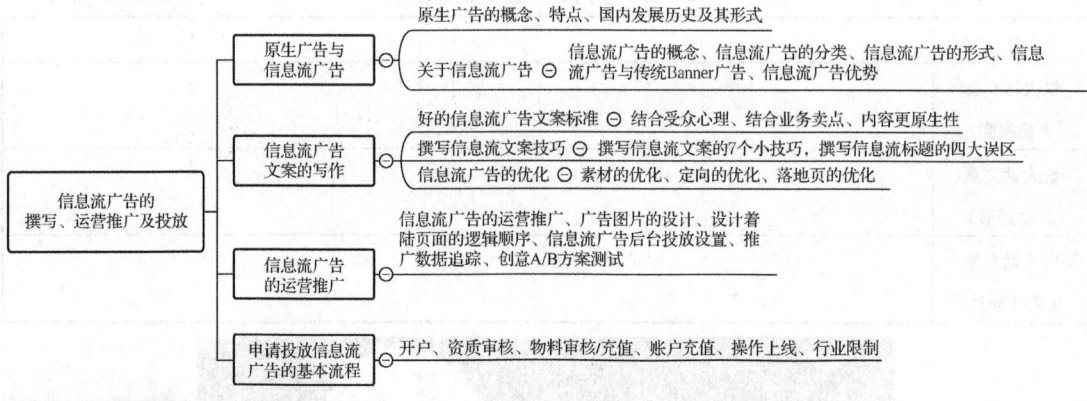

📔 学习目标

知识目标	了解原生广告与信息流广告的关系
	熟悉信息流广告的展现形式
	掌握原生广告的类型与特点
	理解原生信息流广告与 Banner 广告的区别
能力目标	能够撰写有吸引力的原生信息流广告文案
	能够在平台上投放信息流广告
	掌握信息流广告的运营推广流程，完成信息流广告的实施过程

任务实施

3.4.1 原生广告与信息流广告

1. 原生广告的概念、特点、国内发展历史及其形式

1) 原生广告的概念

原生广告是 2012 年提出的一个概念，刚提出时没有人可以给原生广告一个很明确的定义，各界众说纷纭。

Buzzfeed 的总裁 Jon Steinberg 说："当你用内容的形式并冠以该平台的版本，就是一种原生广告。例如，在推特里面，它会是一则推特；在 Facebook 里面，它会是一种新的状态；在 Buzzfeed 里面，它会是一则报道。"

Deep Focus 的 CEO Ian Schafer 说："这是一种以消费者本身使用该媒体的方式，去接触消费者的广告形式。"

美国雅虎的销售副总裁 Patrick Albano，2013 年在亚特兰大举行的一场原生广告研讨会上分享，他认为原生广告形式更多元，可能是图片、影音或文字，只要是消费者体验的一种，都可以被称为原生广告的形式之一。

"原生广告（Native Advertising），它是一种让广告作为内容的一部分植入到实际页面设计中的广告形式"，Sharethrough 的 CEO Dan Greenberg 说。

Solve Media 给出的定义是："原生广告是指一种通过在信息流里发布具有相关性的内容来产生价值，提升用户体验的特定商业模式。"

IDEAinside 给出的定义是："原生广告通过'和谐'的内容呈现品牌信息，不破坏用户的体验，为用户提供有价值的信息，让用户自然地接受信息。"

虽然众多人士理解的原生广告定义和形式不一，但总结各方的评论，原生广告可以从两种角度来看：它既是一种不同形式的互动广告；它又是一种以消费者平常的使用习惯为切入点，不会影响消费者原有感觉的一种新的消费者体验。

2) 原生广告的特点

从样式、内容、用户的角度分析，原生广告具有以下 3 个特点，如图 3-35 所示。

（1）样式的一致性。原生广告与内容视觉整合，不破坏画面的和谐性；原生广告与内容交互统一，不打断或干扰用户。

（2）内容的价值性。原生广告并非单纯广告信息，为用户提供有价值、有意义的内容；为个体用户提供满足其生活形态、生活方式的信息。原生广告内容的植入和呈现不会破坏页面本身的和谐，不会为了抢占消费者的注意力而突兀呈现。

（3）用户的主动性。原生广告的内容用户乐于阅读（浏览/点击/关注）；乐于互动（分享/讨论）。用户乐于参与其中，而不是单纯的"到我为止"的广告传播。它是每个用户都可能成为扩散点的互动分享式的传播。

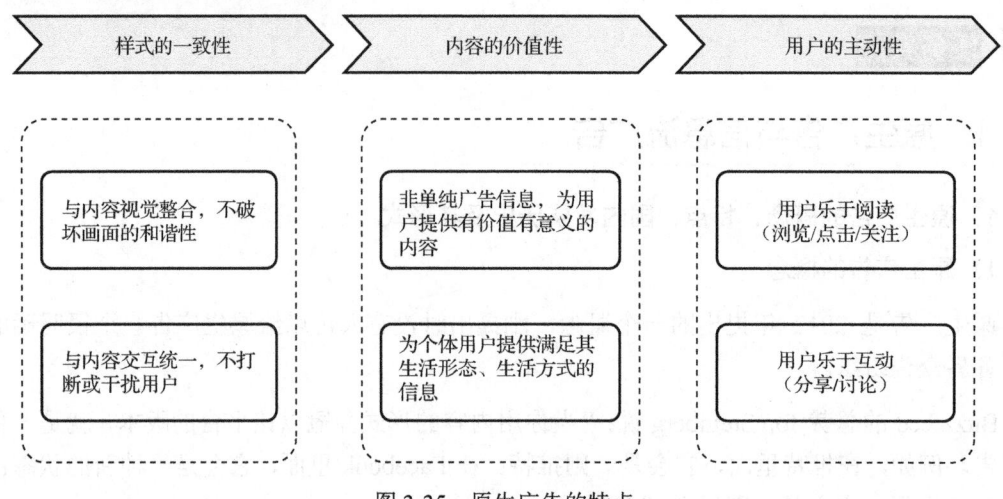

图 3-35　原生广告的特点

3) 原生广告的国内发展历史

2011 年，原生广告首次进入全球媒体视野。Facebook 推出一种名为"Sponsored Stories"的广告形式，通过社交方式传播广告，将原生广告带入人们的视野。

2012 年，原生广告引起国内媒体的讨论，凤凰网首先提出原生广告的概念，并推出原生广告专题。

2013 年，Twitter 推出实时信息流；同年，新浪网正式推出信息流广告产品。

2015 年 1 月，微信朋友圈第一次推出信息流广告，引爆营销圈，成为当时的热点话题，如图 3-36 所示。

图 3-36　微信朋友圈原生广告

原生广告目前已发展至第二代，它具有形式多样、内容有深度、应用媒体范围广、更易被用户接受的特点。原生广告的发展阶段如图 3-37 所示。

4) 原生广告的形式

原生广告的表现形式有很多种，大体上可分为四类：搜索引擎广告、原生视频广告、原生信息流广告和原生品牌新闻。

（1）搜索引擎广告。搜索引擎广告指广告商根据自己公司的产品或者服务，在相关的搜索引擎上设置关键词，根据搜到的相关内容自助定价并且投放广告，类似于在百度上搜索有关的产品，在搜索页面的最优位置显示出来的就是关于这类产品的原生广告。同时，这种形式也增加了品牌的曝光度和用户流量。图 3-38 为百度搜索引擎广告介绍。

图 3-37　原生广告的发展阶段

（图片来源：Analysys 易观 https://www.analysys.cn/）

图 3-38　百度搜索引擎广告介绍

（图片来源：头条号/云见数据分析）

（2）原生视频广告。原生视频广告是视频网站的代表，主要是在视频中间插入网页来展示广告，一般难以分辨出是哪一种形式的广告。同时，有些视频广告还有声音和画面的动态配合，使得视频更加具有创意性。视频中的声音和画面具有多元素的特点，目的是尽可能展现出品牌的创意性和特殊性，这样就能引起更多受众的兴趣，对品牌产生较高的关注度。因此，有人认为原生视频广告是最有发展前景的原生广告形式。

（3）原生信息流广告。原生信息流广告是将广告主所要投放的广告插在用户正常浏览的信息中间，其样式与用户关注的信息基本相同，只是来源于用户未曾关注过的信息，在信息角标会写有"推广"字样以与普通信息进行区分。用户在浏览自己关注的信息或好友推送的新鲜事的同时，不可避免也会阅读到信息流广告，甚至将其作为普通信息进行阅读。图3-39为今日头条信息流广告介绍。

图3-39　今日头条信息流广告介绍

（4）原生品牌新闻。原生品牌新闻通过文字、图像、信息图谱等方式，以新闻报道的形式展示出来，目的就是提高信息的关注度。通过媒体新闻的视角来述说品牌的故事，把新闻与品牌联系起来，提升知名度。图3-40为广点通信息流广告介绍。

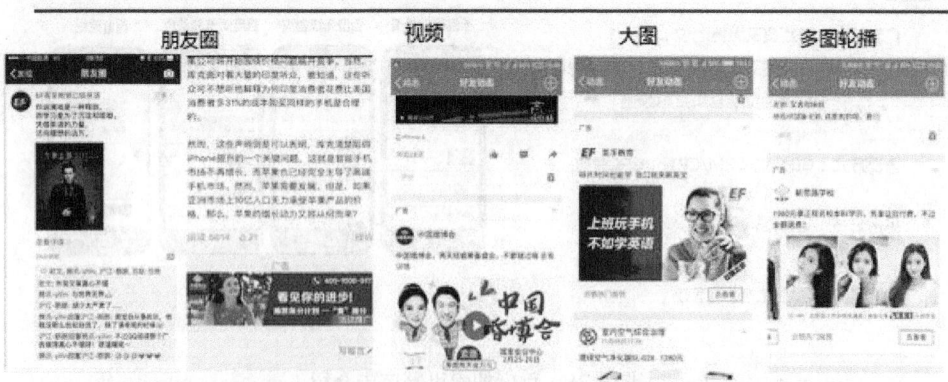

图3-40　广点通信息流广告介绍

原生广告是数字广告未来发展的方向。原生广告因为其定向精准、跨屏覆盖、高转化率、用户干扰少等特点，赢得广告主们的青睐。

头条、微信、知乎、微博、陌陌等主流互联网企业的互动平台，纷纷加入原生广告市场，如图 3-41 所示。

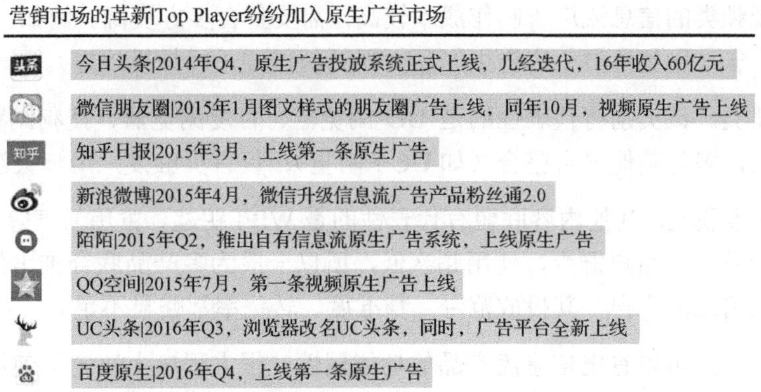

营销市场的革新|Top Player纷纷加入原生广告市场

今日头条|2014年Q4，原生广告投放系统正式上线，几经迭代，16年收入60亿元

微信朋友圈|2015年1月图文样式的朋友圈广告上线，同年10月，视频原生广告上线

知乎日报|2015年3月，上线第一条原生广告

新浪微博|2015年4月，微信升级信息流广告产品粉丝通2.0

陌陌|2015年Q2，推出自有信息流原生广告系统，上线原生广告

QQ空间|2015年7月，第一条视频原生广告上线

UC头条|2016年Q3，浏览器改名UC头条，同时，广告平台全新上线

百度原生|2016年Q4，上线第一条原生广告

图 3-41　主流互联网企业的互动平台加入原生广告市场

2．关于信息流广告

1）信息流广告的概念

播放电视广告时，你在做什么？在线视频播放间歇插播广告时，你在做什么？网页上展示的广告你会看几个？大家的答案可能都差不多：无论在干什么，就是没有看广告。这也是很多营销从业人员的困扰，受众不看我的广告怎么办？

信息流广告的原生特质，可以解决这一困扰。信息流的广告需要与产品功能混排（资讯或是社交分享等），所以一般撰写时都会避开"硬广"的形式，让受众在使用互联网产品功能的同时，顺其自然地浏览你的广告，解决了人们喜欢忽略广告这一习惯。

信息流又叫 Feed 流，Feed 的英文含义是供给、喂送。顾名思义，信息流广告亦是如此，是主动推送广告。它是用户在使用互联网产品（服务）功能时，主动推送，并与产品（服务）功能混排在一起的原生广告。它一般常见于社交媒体和资讯类产品。

2）信息流广告的分类

（1）新闻资讯类。该类别有代表性的是今日头条、一点咨询、智汇推（腾讯信息客户端）、天天快报、新浪扶翼（新浪新闻客户端）、搜狐汇算（搜狐新闻客户端）、网易新闻客户端等。这些都是以资讯为主的信息流广告。其特点是：用户使用时间长、频次高、黏性强；由于咨询类产品是率先推出信息流广告，所以广告售卖形式多样，广告位样式也较多；精准度有限，适合强曝光。

（2）社交媒体类。该类别有代表性的是微博粉丝通/粉丝头条、广点通、陌陌、贴吧等，其特点是：用户互动性强，信息可二次传播；拥有大量用户注册信息，用户自然属性判定精准度高；由于不像咨询类 APP 有多频道，所以广告形式和样式较单一。

（3）搜索引擎类。该类别有代表性的是手机百度，并且手机百度目前具有双重叠加功能，即搜索功能＋新闻资讯。其特点是：由于具有双重叠加功能，所以用户庞大；营销投放精准度高，可锁定用户近期购买需求；ROI（营销投资回报率）高，这是因为用户量大，流量成本降低且精准度高，相对于其他信息流来说，其 ROI 略高；起步较晚，投放形式和样式还较单一。

（4）视频类。该类别有代表性的是爱奇艺、腾讯、乐视、优酷等。鉴于互联网在线视频市场的前景提升，使得视频类信息流广告是目前比较受关注的信息流广告之一，但信息流原生广告特点让视频类的信息流广告制作成本较高，需要整合多方资源。例如，网剧《鬼吹灯》剧集中插播的广告（剧集演员＋广告主产品＋视频制作方＋视频投放方）。

（5）浏览器类。该类别有代表性的是 UC 浏览器、百度浏览器、搜狗浏览器等。其特点是：用户基数大，多与其他平台整合（如 UC＋阿里）；仅首页触发，用户关注度低。

（6）其他内容联盟。其他内容联盟有代表性的是 WIFI 钥匙、黄历天气等。此类产品（服务）由于功能较单一，用户群少，使用频次低，所以一般为多产品联合推出信息流广告，相对于其他类型的信息流广告，其投放范围、精准度、转化率都略显不足。

通过以上介绍，可以看出信息流产品的功能属性，很大程度上决定了使用平台。新闻资讯类、社交媒体类、搜索引擎类（手机百度）由于用户量大、精准高、可操作性强，是广告主目前比较青睐的信息流广告。

3）信息流广告的形式

以今日头条为例，其广告类型有四种：开屏广告、信息流广告、图文字链和 PC 端广告，如图 3-42 所示。

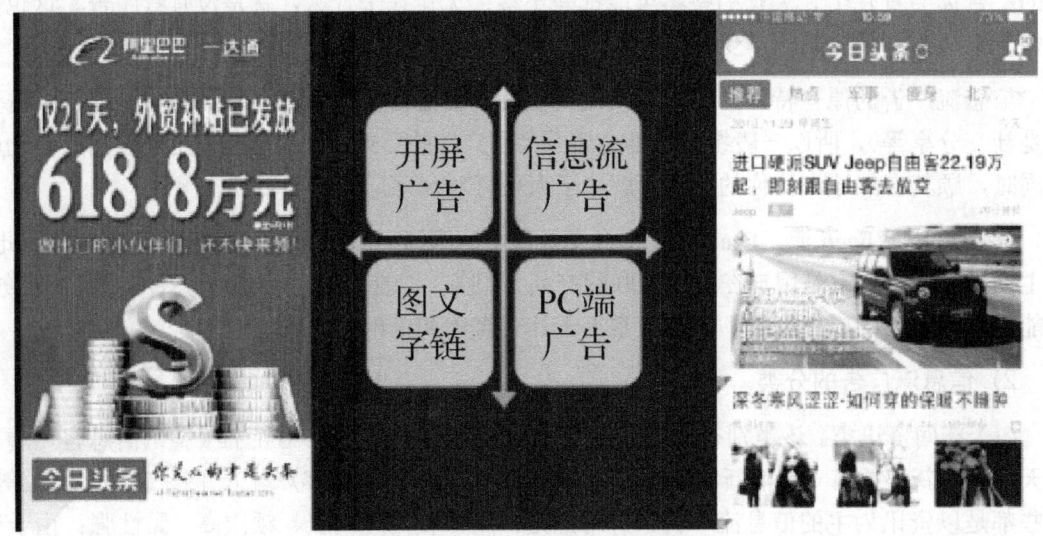

图 3-42　今日头条广告类型

今日头条信息流广告的呈现方式，又分为信息流小图、信息流大图、信息流视频广告三种，如图 3-43 所示。

4）信息流广告与传统 Banner 广告

信息流广告与传统 Banner 广告有以下区别：

（1）与传统的 Banner 广告相比，信息流广告拥有更加可靠的展示量。信息广告信息显示的方式是广告主投放的广告将出现在朋友圈的信息流当中，以文字信息和图片的形式呈现，单击文字下方的链接即可查看详情。

（2）信息流广告标注"推广"二字，以便用户区分。用户也可选择"我不感兴趣"不再接收其消息。它植入在用户视觉焦点的内容中，基本不会像传统的 Banner 广告那样被用户所忽视。

图 3-43 今日头条信息流广告呈现方式

（3）信息流可靠的广告展示也为之带来了更好的点击率和更高的流量变现效率，为媒体带来更高的收入。而对于广告主而言，信息流广告的曝光是有保证的，而曝光得到了保证，广告效果自然也不会差。就业界的平均水平而言，信息流广告的流量变现率是传统 Banner 广告的 10 倍。

5）信息流广告优势

（1）对于广告主，营销模式上有创新（传统模式＋新媒体技术）。传统广告模式是借助优质的营销渠道（电视、广播等）广泛地、主动地推送信息。新媒体广告的信息提供，更多是以垂直信息平台触发，如百度、58 同城、天猫等，都是潜在消费者根据需求在对应的信息平台找寻信息，平台通过网络技术更好地迎合受众需求。

在互联网发展了 20 多年的今天，传统广告由于受众降低、精准度和可持续差，造成推广效果不足，市场份额降低。新媒体广告也蓬勃发展了 10 多年，蓝海优势早已不在，显现出了营销瓶颈。

信息流广告整合了两者优势，自成一体。以传统广告的模式（借助优质互联网媒体——用户量及黏性强的产品），结合新媒体技术（大数据、人工智能、受众画像等），通过优质媒体主动向潜在用户提供易于接受的营销信息，这无疑是为广告主们提供全新的营销蓝海市场。

（2）对消费者，更符合当前人们获取信息的途径。当前时代是信息极度膨胀的时代，人们获取信息的途径已经多元化。人们可能不再会为一个大品牌的电视广告去购买其产品。反之，可能会因为一个朋友圈分享而去购买英国小镇的一块手工香皂。

通过人们更喜欢使用的信息渠道来进行广告推送，其响应程度会更高，更利于让潜在受众接受。

3.4.2 信息流广告文案的写作

1. 好的信息流广告文案标准

信息流广告什么最重要？吸引注意力！好的信息流广告文案能帮助你吸引流量，降低转化成本。那么什么是好的文案呢？优秀文案应该具有如下三个特质：结合受众心理、结合业务卖点、内容更原生性。本节我们将跟李靖学习信息流广告文案的写作方法。

阅读材料 3-6

信息流广告文案的特点

优秀文案的特质如图 3-44 所示，信息流文案对比如图 3-45 所示，广告与信息流广告的区别如图 3-46 所示。

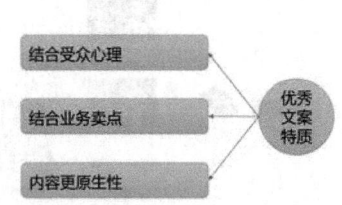

图 3-44 优秀文案的特质

大部分人写的信息流文案是这样的：	而合格的信息流文案是这样的：
查询股票信息，认准股市通！	据传，3月份这几类股票会大涨，看看有你的吗？
老王婚姻咨询，遥遥领先	老公是否出轨，这些表现一看就知。
潮流服饰，惊爆低价，等你来选！	专柜不会告诉你，来这买大牌便宜这么多
低价快捷酒店，乐享生活，惠智之选	一定要跟女朋友住一次这样的酒店，才几十块钱（配图避免低俗）

图 3-45 信息流文案对比

广告与信息流广告，这两类文案的关键区别是什么？

答案是：前者是广告，而后者——信息流广告不是广告

当你把信息流广告当成广告，并按照传统广告的构思思路来写的第一秒，你就错了。你对产品的夸张表达和自我吹捧，用户一眼就会跳过，而且还会心中暗骂这是可恶的广告。

信息流广告不是广告，那它和后者的区别是什么？实际上，信息流广告更像是"内容"——**像一条给用户的善意提醒，像一个迟来的通知，像一个好玩的新消息或者一个有趣的故事。**总之，当你在想信息流文案的时候，你真正在创造的不是广告，而是内容。

图 3-46 广告与信息流广告的区别

（资料来源：李靖微信公众号）

2．撰写信息流文案的技巧

1）撰写信息流文案的 7 个小技巧

（1）通知用户：让你的广告，更像给用户的通知。

（2）描述用户：描述你定向的用户或者讲一个跟用户类似的故事。

（3）引出疑问：引出用户的疑问，让用户看完你的标题后继续好奇。

（4）制造稀缺：限定时间、限制地点或者限定特定人群。

（5）道出秘闻：利用用户好奇心理，让文案看起来像一条秘闻，从而引起用户的关注。

（6）对比过去：描述用户使用前的状态，从而唤起痛点。

（7）提示变化：包含目标受众息息相关的外界变化信息。

◆阅读材料 3-7

撰写信息流文案的 7 种模板

如何撰写信息流文案，李靖给出了 7 种模板，如图 3-47 所示。

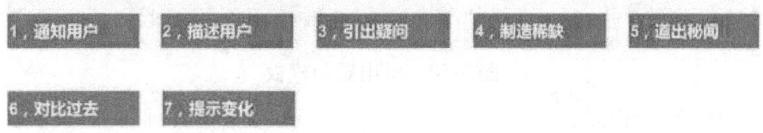

图 3-47　撰写信息流文案的 7 种模板

（1）信息流文案写作 7 种模板之一：通知用户，如图 3-48 所示。

1 通知用户模板

让你的广告，更像一个给用户的通知。比如"新消息、通知、友情提示、今天、据说、终于、开始、现在"等，让用户感觉到你在提供一个有用的通知。

直接描述	像一个通知
春节火车票预定，省去抢票烦恼	**通知**：春节火车票不用去抢票啦，这里可预定
中国驾照换国际驾照，快速、方便	**今日起**，北京凭中国驾照可免费申领国际驾照
北京上班族自考本科，仅要2980	**上班族注意啦**，现在开始北京2980就能考个本科
春运抢票用携程，抢票准、下单快，助你高效回家	**友情提示**：春运火车票60天变30天，用这个APP可以高效抢票回家
上班族读学历，xx教育，拿名校文凭	**听说**，现在北京76%的上班族都有本科学历，你呢？

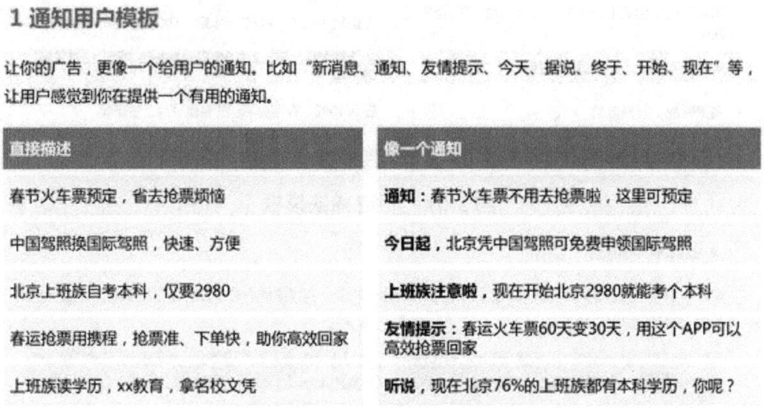

图 3-48　通知用户模板

（2）信息流文案写作 7 种模板之二：描述用户，如图 3-49 所示。

（3）信息流文案写作 7 种模板之三：引出疑问，如图 3-50 所示。

（4）信息流文案写作 7 种模板之四：制造稀缺，如图 3-51 所示。

（5）信息流文案写作 7 种模板之五：道出秘闻，如图 3-52 所示。

2 描述用户模板

即使在一个嘈杂的商场里,一旦有人叫了你的名字,你立刻识别出来——我们更关心与我们相关的信息。所以文案也要这样修改,描述你定向的用户或者讲一个跟目标用户类似的故事,让他们觉得"这说的不就是我嘛!"

直接描述	描述你所定向的用户
上百合网,找个配得上你的女朋友。	**单身,城市户口,收入稳定**,如何找个配得上我的女朋友?
福利到:仙剑手游公测,效果堪比好莱坞大片	**北京的ios用户**有福啦:仙剑手游公测,效果堪比好莱坞大片
母婴店加盟,小投入大回报,帮无数人成功致富	**不到30岁北漂小伙**,白手起家开母婴店,3年成功致富
下载这个APP,你也能找到心仪对象!	**1米59,收入不高,农村户口**,却也找到了心仪对象
投资移民,去哪个国家更合适?	**要是有100万闲钱**,投资移民去哪个国家合适?

图 3-49 描述用户模板

3 引出疑问模板

大部分文案在标题里就把所有内容说完了,用户没有点进去继续看的动力。而你应该引出用户的疑问,让用户看完你的标题后继续好奇:到底哪几个?我呢?到底多少?这样,他们会迫不及待点开一探究竟。

直接描述	引出疑问
单词轻松背,一个月你就能看懂英文版哈利波特	**记住这些英语单词**,你也能看懂英文版哈利波特。
二手车也能卖出新车价格	**符合这几个特点**,你的二手车能卖出新车价格
旅游得选良心旅社,xx旅游,放心出游	旅游不被坑的6种方法,**第4条明星都在用**
北京乐美婚纱摄影,唯美婚纱	在北京,拍一套这样的婚纱**要多少钱?**

图 3-50 引出疑问模板

4 制造稀缺模板

越少的东西,越容易被珍惜——如果你给用户提供一个看起来稀缺的机会,不论是限制时间、限制地点还是限定特定人群,他们就更加容易珍惜这个机会,从而点击你的广告。

直接描述	制造稀缺
年底跳槽季启动!几十万企业任你挑,好机会先投先得!	上班族注意了,**限2016年底**,500强企业正在急招
半年制本科学历,快速拿本科	半年制本科学历,**2016年底紧急补录学籍,错过又要等一年**
名贵鞋品,震撼低价	**还剩40双**,专柜买不起的名贵鞋品,三折起。
2017雅思题型预测表,免费下载	2017雅思题型预测表,**今天免费下载**

图 3-51 制造稀缺模板

5 道出秘闻模板

如果一个有用信息,大部分人都不知道,那你一定急于知道。利用这种心理,你可以让文案看起来像一条秘闻,从而引起用户的关注。

直接描述	道出秘闻
500强企业年前急招,就在前程无忧APP	500强企业年前急招,**但很多人不知道在这里找**。
月入3000,贷款买车,你可以拥有	**几乎没人知道**,月入3000在这就可以贷款买车
潮流服饰,惊爆低价,等你来选!	**专柜不会告诉你**,来这买大牌便宜这么多
炫酷韩国手游大作,耀世登场	**多数ios用户都不知**,这个火爆韩国的游戏终于开放了
全国航空公司低价机票,低至一折起	**航空公司没有告诉你**,在这订机票这么便宜,低至一折

图 3-52 道出秘闻模板

（6）信息流文案写作 7 种模板之六：对比过去，如图 3-53 所示。

6 对比过去模板

大部分文案都在说用户用了产品之后的利益（比如更便捷），但是却忘记跟用户使用产品前的状态进行对比。而你可以可以描述用户使用产品前的状态，从而唤起痛点。

直接描述	对比过去
预估收益7%，这理财买到就是赚到	2017年不流行**把钱存银行了**，投资这个项目收益率7%
上网买首饰2折起，仅需下载APP	**被专柜骗了四年**，现在才知道上网买首饰打2折
惊爆低价，名贵鞋包一折起	**专柜里看了好多次舍不得买**，在这里一折起。
考个正规会计证，就来XX会计	**面试碰壁多少次**，才知道去考个正规会计证
省钱省到底，名贵鞋品白菜价	**别再花冤枉钱了**，这里名贵鞋品白菜价

图 3-53　对比过去模板

（7）信息流文案写作 7 种模板之七：提示变化，如图 3-54 所示。

7 提示变化模版

比起长明灯，闪烁的警灯更能引起你的注意——这是因为人对外界环境的变化非常敏感。如果你的文案中能够包含于目标受众息息相关的外界变化信息，他们就更有可能关注你。

直接描述	提示变化
春运期间，怎样高效抢票回家？	**2017春运火车票预售提前**，怎样高效抢票回家？
如何高效炒股，专家教你秘诀	**大盘连跌三天！**看看专家怎么解读？
雅思考试，提前测试你能拿多少分？	**3月份雅思换题**，提前测试你能拿多少分？
普通工薪阶层如何理财？	**钱越来越像纸**，普通工薪阶层如何理财？
入市炒股前要注意什么？	**沪指大涨7%**，入市前要注意什么？

图 3-54　提示变化模板

（资料来源：李靖微信公众号）

2）信息流标题写作的四大误区

（1）表达太费解；

（2）推销意图太强；

（3）描述不够具体；

（4）卖点不清。

◆阅读材料 3-8

信息流标题写作的四大误区

信息流文案的写作，李靖提出了四个常见误区，如图 3-55 所示。

信息流标题写作的常见误区

常见误区1：表达太费解	常见误区2：推销意图太强
"33元除了买口罩，还能给自己撑起一把"保护伞""	"预估收益7%（这个地方最好删掉），这理财买到就是赚到"
目标受众根本不知道你说的"保护伞"是什么	让人感觉你急着让人作出决策。

常见误区3：描述不够具体	常见误区4：卖点不清
"来这里，找好男人"	"简单易上手，功能很强大，分析点位简直完美，主要还免费"
什么是你说的好男人？不如直接贴上"28岁金融高管，单身，京沪，求靠谱女友"	用户只看一秒的文案，你加入这么多不同卖点，反而让人难以看懂。好的文案一般需要聚焦、主打一个点。

图 3-55　信息流标题写作的四个常见误区

常见误区 1：表达太费解，如图 3-56 所示。

常见误区1：表达太费解

很多时候我们想到了好创意，但是在表达时，却使用一些复杂的概念和比喻，让你的文案变得令人费解。
实际上，你应该用尽量容易理解的表达传递信息

令人费解的表达	让人1秒内看懂的表达
Xx龙井，龙井的**正确打开方式**	正宗雨前龙井**其实没那么贵**，今天仅售128
股票不懂**短线操作**？这里的专家免费提示买卖点	股票总是**一抛就涨**？这里的专家教你怎么办
33元除了买口罩，还能给自己撑起一把"**保护伞**"	33元即可**购买重疾险**，可保41种重大疾病

图 3-56　常见误区 1：表达太费解

常见误区 2：推销意图太强，如图 3-57 所示。

常见误区2：推销意图太强

很多人写文案时，让人感觉推销意图太强，比如在文案中引导用户行动，但又不给出为什么这样做的理由。而这种负面的感觉会让用户觉得烦躁和抵触，以致于跳过你的文案，根本不点击。
要降低推销意图，其实方法很简单，就是在文案中给出让消费者觉得信服的理由

没有点击理由，推销意图强	给出点击理由，让消费者"相信你"
加盟优家宝贝,创业好选择！	小伙子开家母婴店，**在北京三环买了房**！
找二手房，就上安居客！	就昨天，本地超200套二手房降价了，**点击抢先看房**！

图 3-57　常见误区 2：推销意图太强

常见误区 3：描述不够具体，如图 3-58 所示。

常见误区3：描述不够具体

很多信息流文案，对具体利益的描述太模糊。实际上，当你把一个形容词具体化的时候，消费者能够更清晰的判断信息的价值，进而产生行动。举个例子，如果我们想向人推销一个保温杯，你不该说"这是一个好杯子，你应该买它"，而应该展示具体的利益，例如"这个杯子装热水不烫手，你应该买它"。
总之，我们要把模糊的词汇，变成具体的场景或者描述。

笼统的表达	具体的表达
低价护肤品哪里找？到这里来看看	那些**100元不到**的好用护肤品，通通收起来
先进的加密技术，您的**信息安全**，我们来守护！	离职员工带走公司**文档图纸**，巨额损失如何避免？
女大学生边上边创业，**半年变土豪**！	女大学生边学习边创业，**半年收入近10万**！

图 3-58　常见误区 3：描述不够具体

常见误区 4：卖点不清，如图 3-59 所示。

常见误区4：卖点不清

先看这个案例：一家证券公司的信息流文案，想要让更多人选择这家证券公司去开户炒股。

"股市跌宕起伏，选择这家证券炒股，送500元每月炒股策略，资讯信息早知道"

看完以后，你觉得有什么问题？

答：文案说了很多，但卖点不清晰。其实，应该针对不同的受众定向，选择不同的卖点进行表达。

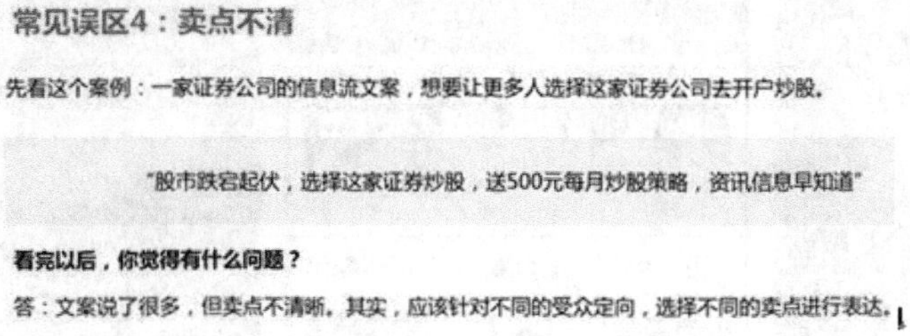

图 3-59　常见误区 4：卖点不清

（资料来源：李靖微信公众号）

3. 信息流广告的优化

目前，我国市场上主流的信息流广告形式有两种：文字创意＋三图；文字创意＋大图。

信息流广告优化的三大要素就是：素材、定向和着陆页，影响信息流广告转化率的因素主要是素材（包括广告语和广告图）和着陆页。

1）素材的优化

素材的优化重点在于对素材进行创意，可以从价格、人性、价值和设计四个方面着手。

（1）价格类创意。价格类创意最常见的是课程优惠类的信息流广告，由于含有价格类创意设计，所以它的点击率普遍比较高，对于消费者的诱惑力也比较大。

（2）人性类创意。人性类创意的信息流广告，一般会结合目标群体的心理共性（求成、好奇、求知等）来吸引点击。

（3）价值类创意。价值类创意的信息流广告，以提供解决方案的形式来迎合消费者的需求，帮助他们解决现有的困惑。

（4）设计类创意。设计类创意的信息流广告，借鉴其他行业客户在信息流物料上的创新，通过图片切割的方式，让产品更富有设计感。

2）定向的优化

用于细分信息流广告的维度有很多，比较常用的有：场景细分、人群细分和环境细分。通过细分来进行定向的优化，提升广告点击率的同时，还可以提升广告的转化率。

（1）细分场景，让广告更“原生”。如图 3-60 所示。

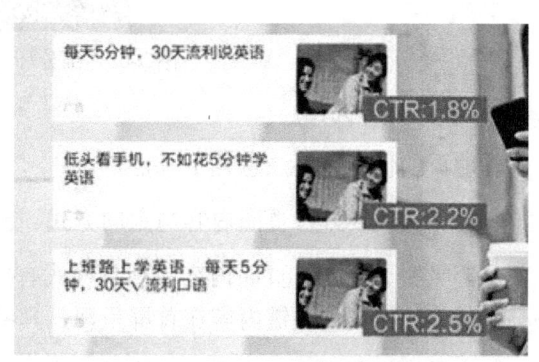

图 3-60　细分场景的信息流广告

（2）细分人群，拉近亲切感，产生“适合我”的错觉，如图 3-61 所示。

（3）细分环境，选择贴近最“适合”的需求，如图 3-62 所示。

图 3-61　细分人群的信息流广告

毛孔粗糙，年龄老10岁，一招解决问题

雾霾天气，做到这一点，避免毛孔粗大

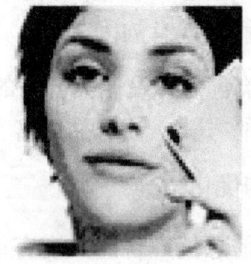

图 3-62　细分环境的信息流广告

3）落地页的优化

落地页的优化需要注意几下几点。

（1）相关性要好：页面内容与定向方式、创意内容要一致，否则页面的跳出率高。

（2）吸引力要强：页面内容完整且样式有冲击力；图片清晰有吸引力；文案描述客户服务亮点且简明扼要；关键内容在首屏呈现，具备图文丰富的特点。

（3）易读性要强：由于原生广告的受众是被动响应，因此页面易读性要强，能够唤起受众需求，能够在短时间内让受众了解客户产品或服务的亮点和卖点。

（4）说服力要强：产品或服务的卖点要突出，要有信誉、口碑保障和背书。

（5）转化工具要突出：转化工具是突出客户转化的关键要素，例如，可以在页面内容中嵌入咨询电话等信息。

3.4.3 信息流广告的运营推广

1) 目标群体需求分析

在做目标群体需求分析之前，一定要明确信息流广告的特性，明确信息流广告是如何来做到转化的。打个简单的比方：一般去大型超市购物，很少人只购买计划购买的产品就去结账，总会被货架上的其他产品吸引而产生购买欲望。我们把这种计划外购买产品的消费称为感性消费。实际上，信息流做广告转化也是为了让消费者在阅读新闻之类的信息时，能够关注你的产品，从而进行感性消费。那么在做目标群体分析的时候需要回答以下问题。

我的产品（服务）解决的是用户哪方面的痛点？

用户为什么会关注到我的产品（服务）？

我的产品（服务）是在什么场景下应用是最合适的？

我的产品（服务）是用户通过什么方法来解决的？

用户的人群画像是什么？

用什么样的角色发声是容易让用户接受？

如果将上述六个问题展开说明，每个都是很大的课题，需要良好的运营策划人员或者文案来实现。通过这六个问题，站在用户的角度上进行思考、调研，而不是围绕着自己的产品属性来进行宣传（常见日用品除外，如衣服、裤子），以场景去打动用户，以与用户切身利益相关联去刺激用户关注你的产品或服务。

2) 广告图片的设计

进行了目标群体需求分析以后，接着就是为信息流广告设计创意图了。信息流广告一般分为两个样式："文字创意＋三小图""文字创意＋大图"。具体的图片规格依据渠道的要求而不同，展现的位置也不尽相同。按常规来说，"文字创意＋三小图"样式的点击率要高于"文字创意＋大图"的样式。在素材选择方面要做到与标题的风格一致，具体图片上的信息和文案的风格，在第一条信息设计工作完成之后就差不多可以定型了。

3) 设计着陆页面的逻辑顺序

明确了创意以后，通过广告图片的设计吸引了大量的人群，接下来就要考虑如何设计着陆页面的逻辑顺序。只有设计了合理的逻辑顺序，才能带来较高的转化率。在设计逻辑顺序之前，先分析广告主投放信息流广告的目的，大致分为以下几类：

① APP 下载量（以游戏居多）；

② 报名参加活动（以 H5 展现为主）；

③ 在线支付购买（以客单价在 400 元以下的商品为主，且一般提供货到付款服务）；

④ 线上咨询，线下购买（以服务类为主）。

除去 APP 下载量的话，其他三类都需要在着陆页面体现足够的逻辑性，毕竟用户的访问时间越长，跳出率就越低，达到广告主目的的可能性才越大。一般在设计逻辑性方面，以在线支付购买为例，建议排序顺序如下：

① 用户痛点的场景描述（引起共鸣）；

② 造成的困扰和引起的后果（担忧心态）；

③ 产品提供的解决方法（用户需求）；

④ 品牌背书（增强信任）；

⑤ 风险评估和竞品比较（排除疑虑）；

⑥ 第三方评价（共性心理）。

在设计的整个阶段，要根据页面的情况适当加入转化按钮，避免出现用户找寻不方便的情况发生，也要注意由于转化入口过于频繁而引起用户反感的问题。

4）信息流广告后台投放设置

现在比较主流的信息流广告平台有今日头条、智汇推、新浪扶翼等，平台都大同小异，最重要的是如何设置筛选条件并展现给你的受众。那么，之前的目标群体需求分析就派上用场了。

投放设置的主要维度有：年龄段选择、性别选择、兴趣爱好选择、栏目选择和手机系统选择。以手机系统选择为例，iOS 系统端和安卓系统端最好分开测试，不要在同一个广告类型下面选择同时投放。因为在实际测试中发现，iOS 系统端虽然流量没有安卓系统端高，但营销投资回报率要高出不少。

5）推广数据追踪

白花花的银子流出去以后，还没有到坐享其成的阶段。真正让运营人员睡不着觉的时候才刚刚开始。选好自己觉得合适的统计工具，再通过热力图的查看，了解当初的每个设置的转化按钮是否能够达到相应的目的，还需要分析各种数据……具体的数据分析就不在这里展开了。

6）创意 A/B 方案测试

方案测试没有一用就灵的方法，因为只有真实的用户、真实的数据反馈才是不断修正方案的依据。互联网的动向变化是很快的，而产品的痛点和场景也不是唯一的，因此需要用两套方案进行测试，得出较优的创意方案。

3.4.4 申请投放信息流广告的基本流程

我们以 UC 浏览器和陌陌为例，了解申请投放信息流广告的基本流程。

1）开户（略）

2）资质审核

已在神马投放：直接发送账户名称提交审核（后补充资质）。

未在神马投放：提交 ICP 备案，营业执照电子版及账户名审核（特殊行业请参考资质提交手册）。

投放内容 H5：网络音乐、学前教育、数码产品销售需提供授权证明。

投放内容 APP：均需提供授权证明。

支持每个工作日 14:30 前提供开户列表及相关资质（代理需要在此基础上再提早 1~2 小时），若节点内无法正常提供，则顺延至下个工作日。于 17:30 之前反馈审核结果，其他时间不受理资质审核。

3）物料审核

代理每个工作日 16:30 前上传物料，若节点内无法正常提供，则顺延至下个工作日。审核于 17:30 之前反馈审核结果，其他时间不受理物料审核。

4）账户充值

代理付款到 UC 浏览器收款账户（开户金额最低 2 万元），发送邮件，待对方财务确认后充值。

5）操作上线

广告主后台操作上线流程如下（以陌陌为例）：

（1）填写基本信息。针对单一广告计划进行命名，并选择推广的类型及填写品牌名称。

（2）填写推广物料。添加推广文案，上传推广图片，并设置落地页链接地址。

（3）设置推广条件：设置广告投放的地域、性别、年龄、操作系统定向，设置竞价排名的出价价格，设置单日或整个广告计划的预算上线，设置广告投放的周期。

（4）确认投放。

6）行业限制

UC 浏览器禁止投放的行业：美容与人护理（整容、减肥类）、医疗保健（药品、保健用品、医疗服务、医疗器械及设备等）、工业用品、危险化学品。

UC 浏览器竞品黑名单：QQ 浏览器、百度浏览器、360 浏览器、百度搜索、360 搜索；豌豆荚、应用宝等非阿里系的 APP 及游戏分发平台的 APP 下载广告、搜索平台；京东等腾讯系的电商广告；除神马早知道以外的其他新闻客户端广告、小说&视频类 APP 下载广告。

腾讯智汇推禁止投放的行业：医疗服务类、增高减肥类、网络服务类（非电商行业）、日化类（卫生用品），护理类（卫浴用品）、服饰类（内衣用品）、食品饮料（机能饮料与保健饮料）、交通类（农用车、卡车、作业用车）、非 P2P 白名单金融客户。

任务实训

【实训 1】 登录"微信朋友圈""微信公众号""腾讯新闻""今日头条""一点资讯""微博"等平台，找出搜索引擎广告、原生视频广告、原生广告（信息流大图、信息流小图、信息流视频）、原生品牌新闻，每种原生广告至少两条，截图并说明网络广告所属的行业。

【实训 2】 按李靖撰写信息流文案的 7 个模板,从网络中找出两条信息流广告标题,并模仿撰写一则学校招生宣传的信息流原生广告标题(通知用户型、描述用户型、引出疑问型、制造稀缺型、道出秘闻型、对比过去型、提示变化型),并填写在表 3-8 中。

表 3-8 信息流广告撰写表

信息流广告类型		内　容
通知用户型	案例	
	仿写	
描述用户型	案例	
	仿写	
引出疑问型	案例	
	仿写	
制造稀缺型	案例	
	仿写	
道出秘闻型	案例	
	仿写	
对比过去型	案例	
	仿写	
提示变化型	案例	
	仿写	

项目 4

编辑类文案内容规划与写作

　　一个好的宝贝详情页就像专卖店里一个好的推销员，面对各式各样的客户，用文字打动消费者，用视觉传达产品的特性。

　　想让官方微博受欢迎，那就让产品生活一点、服务个性一点、品牌娱乐一点。

　　公众号文案最本质的两个问题"写什么"和"怎么写"，只要你懂得这两点，就可以成为一位合格甚至优秀的公众号文案。

　　你需要拍摄的是一个懂得用户需求痛点，展现方式独特，令人过目不忘的优质视频。如果客户看了你的短视频后对产品产生购买欲望的话，说明你的视频已经成功了。

任务 4.1 宝贝详情页的设计与转化

📔 任务导入

如何设计一份煽动性强、逻辑清晰、高转化率的宝贝详情页？首先要了解顾客购物的心理，然后寻找、提炼、表达产品的独特卖点，最后对页面内容进行合理的逻辑排布。

如何让宝贝详情页更能直击受众群、卖点突出？可以从细分产品属性、清晰阐述利益点、定位使用场景、唤起具体画面感、提供"买的理由"五个方面进行优化。

📔 任务导图

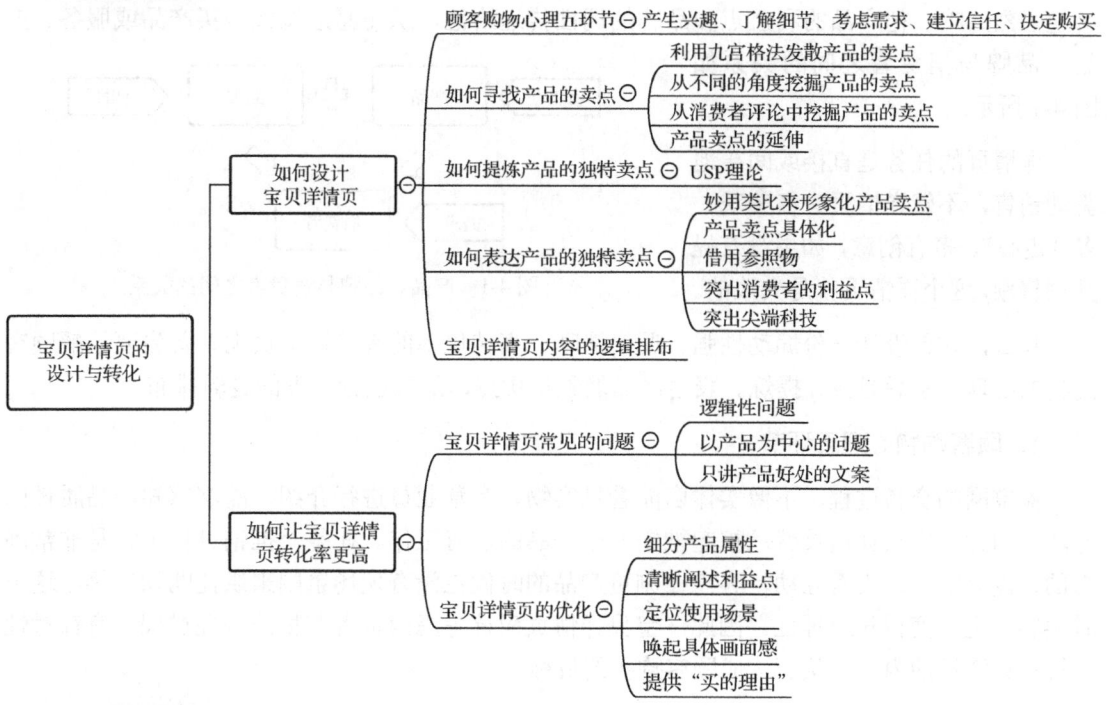

📔 学习目标

知识目标	熟悉顾客购物心理五环节
	熟悉宝贝详情页内容的逻辑排布
	掌握宝贝详情页优化的五种办法
能力目标	能够利用九宫格法寻找产品卖点
	能够利用FAB法则表达产品卖点
	能够按照详情页的逻辑排布，撰写宝贝详情页文案

任务实施

4.1.1 如何设计宝贝详情页

宝贝详情页对提高产品的转化率至关重要,一个好的宝贝详情页就像专卖店里一个好的推销员,面对各式各样的客户,用文字打动消费者,用视觉传达产品的特性。设计宝贝详情页是每位电商文案必备的技能。

一个好的文案,可以让目标受众对品牌和产品的认知从无到有,或者保持统一,或者认识升级,从而为后续的市场推广、产品销售创造良好的氛围。一个好的文案,关键是要对消费者有深入透彻的洞察,能抓住消费者最强的需求点,用消费者喜欢的语言触动他的敏感点,引起强烈共鸣,把产品的利益点和品牌的调性传递给他,从而愿意掏钱购买产品或服务。产品、品牌与消费者之间的关系如图 4-1 所示。

详情页的任务是直接或间接地驱动销售,不管详情页有多美观、多"走心"、多有创意,如果没有提升销售额,这个详情页就是失败的。

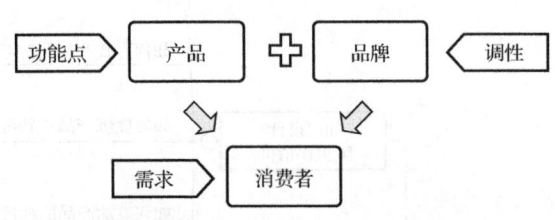

图 4-1　产品、品牌与消费者之间的关系

那么,如何设计一份煽动性强、逻辑清晰、高转化率的宝贝详情页呢?首先要了解顾客购物的心理,然后寻找、提炼、表达产品的独特卖点,最后进行合理的逻辑排布。

1. 顾客购物心理五环节

淘宝网的交易过程,不像实体店能看见实物、有营业员进行介绍、能够感知产品质量的好坏。因此,宝贝详情页就承担起推销一个产品的所有工作。在整个推销过程中它是非常静态的,没有交流,没有互动,客户在浏览产品的时候也没有现场氛围来烘托购物气氛,这个时候客户也会变得相对理性。因此,宝贝详情页应该考虑消费者购物的心理过程,有针对性地设计详情页的内容,从而达成顾客购买的目标。

一般来说,消费者购物心理过程遵循五个环节,如图 4-2 所示。

图 4-2　消费者购物心理过程的五个环节

(1) 产生兴趣。消费者的关注点是这件产品的风格和样式等自己是否喜欢,因此要通过整体展示(摆拍、模特儿展示)来抓住第一眼印象。

(2) 了解细节。消费者的关注点是这件产品的质量、功能等,因此要通过细节展示、功能展示、品牌展示等来吸引其注意力。

(3) 考虑需求。消费者的关注点是产品是否适合自己,因此要通过功能展示、利益点阐述、尺码规格等来让消费者认为自己迫切需要这件产品。

(4) 建立信任。消费者的关注点是产品的实际情况是否与卖家介绍的情况相符(是否正品?有无色差?尺码是否偏差?),因此要通过产品销量、买家评论和权威认证等来让消费者产生信任。

(5) 决定购买。消费者的关注点是产品价格是否足够优惠，因此要通过活动促销信息（打折、满减、组合价、会员价）、优惠信息（是否包邮、有无优惠券）等来帮助消费者做出购买决定。

2. 如何寻找产品的卖点

产品的卖点是对产品优势进行筛选、提炼和分析，融合产品的已有优势，将其中最有价值的优势进行更深层次的提升，得出的一个全新结论。

在前面的章节中，针对卖点提炼的基本方法进行了讲解，这里根据网店产品的特色，结合案例进行深入的分析。

1) 利用九宫格法发散产品的卖点

九宫格法是强迫创意产生的简单练习法，对于卖点提炼非常有用，具体操作方法如下。

拿一张白纸，用笔隔成九宫格，先在中间一格填上产品名。然后在其他 8 格填上此产品的众多优点。可以从产品角度，用图表的方式列出产品的特征，这些特征就是产品的卖点；也可以从业务角度（成本、价格、付款方式、折扣、配送方式、包装等），用图表的方式列出能给予客户的便利点。例如：土鸡蛋卖点提炼九宫格示意图如图 4-3 所示。

个头大	蛋黄金黄色蛋白结构紧致	土鸡的喂养
口感好无腥味	土鸡蛋	科学专业的产业链条
养殖基地环境优良	全冷链配送	包装精美

图 4-3　土鸡蛋卖点提炼九宫格示意图

2) 从不同的角度挖掘产品的卖点

(1) 满足用户需求的角度。消费者购买产品，购买的是产品的使用价值。因此，他们最关心的是产品能解决什么样的"痛点"，能给自己带来什么好处。产品的基本功能与消费者的核心利益息息相关，也直接影响消费者的购买决策。挖掘产品的卖点，首先可以考虑从满足用户需求的角度出发。

(2) 产品特点的角度。从产品的成分、生产过程、外形等出发，寻找产品在质量、技术、原料、工艺流程、产地等方面的特点。即使是一个毫不起眼的产品，它也有多方面的特点，我们可以从中找到卖点切入的角度。

(3) 竞品对比的角度。从竞争产品的角度出发，寻找产品的差异化卖点，通过竞争对手没有或没有提过的卖点，率先在用户心中建立品牌形象。先入为主，使后面的竞争者难以形成挑战。

3) 从消费者评论中挖掘产品的卖点

评论是消费者对产品最真实、最直接的反馈。通过对产品的评论，可以洞察消费者对产品的态度、情感倾向和兴趣点，从而及时调整产品的核心卖点和宝贝详情页的营销重点，最大化地驱动销售。案例：

某品牌纸尿裤的评论中，出现一定比例的提及"偏厚，适合晚上使用"，如"略微偏厚，适合夜间使用要求，一晚上一片，第二天屁股还很干爽""很厚实，不容易漏，兜尿挺多，一晚上换一两次就好了"等，故可考虑增加新卖点：一晚一片，宝贝安睡，妈咪舒心。

4）产品卖点的延伸

在挖掘出产品的独特卖点的基础上，对卖点进行介绍和延伸。案例：

以某品牌冲锋衣为例，其特点是：专业功能性强、款式设计佳和保暖性好。这三个要点，我们分别加以延伸，可以得到如图 4-4 所示的内容。

3．如何提炼产品的独特卖点

USP 理论即"独特的销售主张"（Unique Selling Proposition）理论，在 20 世纪 50 年代初由美国人罗瑟·里夫斯（Rosser Reeves）提出。其理论主要包括三个方面的内容：

（1）强调产品具体的特殊功效和利益：每个广告都必须对消费者有一个销售的主张；

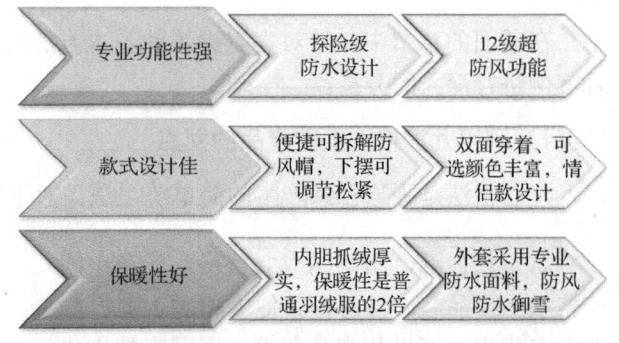

图 4-4　产品卖点的延伸

（2）这种特殊性是竞争对手无法提出的：这一项主张，必须是竞争对手无法也不能提出的，具有独特性；

（3）有强劲的销售力——这一项主张必须很强，足以驱动消费者行动。

那么，如果寻找产品的独特卖点呢？除了前面讲述的方法以外，需要注意以下几点：

（1）卖点不可太多。产品推销就是进行卖点包装，强化优点。但是，优点太多反而会适得其反，难以让消费者记住。一般来说，一个产品最多不要向消费者传递超过 3 个强化卖点。

（2）站在用户的角度。品牌卖点的选择，一定要站在用户的角度上，让用户感觉到产品卖点给自己提供的价值，激发用户内心对某种诉求的渴望。而不是站在品牌商的角度，认为只要将最好的东西提供给了用户，就一味地沉浸在自己创作的激情中，感动了自己，却让别人不明所以。

（3）掌握卖点的提炼原则。独特卖点的提炼原则是：找出竞品做不到、竞品不敢承诺或竞品还没有意识到的宣传点，同时，独特卖点是消费者渴望得到的，并且是可感知和可衡量的。案例：

某品牌 U 型枕原定的独特卖点为"随时随地，想睡就睡"，意在突出其非常舒适的优势，但是，此卖点其实是所有 U 型枕的共同特点，并不能将目标品牌与同类竞品有效地区别。

修改方向：对卖点进行优化性提炼，可考虑改为下述卖点。

强调高度舒适：仅次于床的睡眠体验——不跟 U 型枕对比，我要跟床对比，以此来摆脱传统 U 型枕的负面印象，同时聚焦"舒适"这个定位；

强调有益健康：超软慢回弹记忆棉，减轻 75%颈椎压力；

强调高度透气：顶级球衣布料，全方位透气不出汗。

4．如何表达产品的独特卖点

1）妙用类比来形象化产品卖点

一个产品的广告往往要表达一个抽象的概念，比如"轻薄""可靠""安全""迅速"等，而大众对这样的抽象概念往往难以产生直观的感受。因此，需要给这样的抽象概念找一个"象征物"，然后把这个象征物和自己产品的某个方面联系起来。例如：

"轻轻如羽，云朵般的呵护"（某国产品牌纸尿裤）；"会飞的照相机"（大疆牌无人机）；"水蜜杏"（某鲜甜多汁的杏子）。

2）产品卖点具体化

阐述产品卖点时，运用具象的语言和描写，将更加直观和具有诱惑力。懒惰是用户的天性，无论他们是否已经对你的产品产生兴趣，最大程度降低理解信息的成本总是没错的。一般而言，文案的用词越具体、简单，信息传达的效果越好。案例：

写产品属性的时候，尽量多使用数字、地名和专业名词，越具体越好，如写"1 200万像素"优于"高像素"，写"阿克苏长绒棉"优于"优质长绒棉"。写产品作用的时候，要通俗易懂，越简单越好。如"手机拍照清晰""衣服不刺激皮肤""电脑运行流畅"等。

3）借用参照物

普通消费者对度量单位等信息是不敏感的，在对产品的重量、蓄电量、亮度等进行描述时，若单纯使用度量单位进行表达，消费者无法直接感知，从而无法对产品的性能有直观的感受。此时，选用消费者熟悉的参照物，减少用户的模糊感，消除疑虑，能直接解决用户对度量的理解问题。案例：

某品牌U型枕，仅仅2罐可乐大小，方便带去任何地方；某国产品牌纸尿裤，主打卖点是柔软，详情页巧妙地将柔软的感觉具体化、实物化，"将宝宝置于用棉花打造的柔软垫子上"，比拟穿着纸尿裤的轻柔舒适感。

4）突出消费者的利益点

向消费者阐述产品对于消费者的利益，可以采用FAB（Feature、Advantage&Benefit）法则，即强调卖点输出时按照属性、作用、利益的顺序逐步介绍。

属性（Feature）：产品所具有的属性特点；

作用（Advantage）：产品的这个属性所带来的用处；

利益（Benefit）：产品能给消费者带来什么好处。

通过FAB法则，可以快速地向消费者介绍产品，让消费者更好地了解产品，提高对产品的认知，从而提高消费者的购买兴趣和欲望。案例：

游戏鼠标的FAB法则描述。

属性：人体工程学造型设计；作用：手感好；利益：减缓长时间游戏带来的手部疲劳。

某品牌保温杯的FAB法则描述。

属性：独有的螺旋式内塞设计。作用：防止漏水。利益：放心将它和重要文件放在包里。

5）突出尖端科技

从产品技术先进性的角度寻求卖点，强调产品蕴含的科技含量，从而提高消费者心理上对产品的价值感知。案例：

某国产品牌纸尿裤：智能微孔单渗技术，速达吸收层，聚水不易反渗。某指甲剪：将生物仿真学应用到设计过程中，使用日本外科手术级不锈钢。

5. 宝贝详情页内容的逻辑排布

在了解了客户的购买心理，找到、提炼并表达了产品的卖点以后，接下来应该设计与之相配合的详情页内容的逻辑顺序，让客户能更加有条理地看到我们想表达的内容。建议宝贝详情页内容的逻辑排布如表 4-1 所示。

表 4-1 宝贝详情页内容的逻辑排布

项目	说明
品牌介绍	带来溢价、产生增值
创意海报情景大图	视觉焦点，突出单品的最大卖点，迅速吸引和抓住客户的眼球
产品卖点	通过场景展示、摆拍展示等，将产品与用户某个场景下的任务相关联，与用户建立起联系
卖点的作用	采用 FAB 法则，让消费者清楚地了解产品属性能给他带来什么好处
模特/产品的细节展示	细节图能让客户进一步了解产品，如各部分材质、图案、做工、功能等，从而产生更强的购买兴趣
产品包装展示	通过精美的包装设计，提升产品的品质感，从而产生更大的购买兴趣
店铺/产品资质证书	采用生产过程、客户的评价和权威机构的第三方评价，增强买家的信任。突出店铺做过的活动，展示销售量多少，或者卖过什么款好评很多，做出相关截图。消费者更愿意相信消费者，在使用的评价中进一步提高对此产品的认同感
品牌店面/生产车间展示	
买家反馈信息	
售后保障/物流	售后保障/物流，产品附加值赠送，如包邮
关联营销	加强关联产品的营销，提高店铺整体销量

4.1.2 如何让宝贝详情页转化率更高

1. 宝贝详情页常见的问题

为什么某些宝贝详情页跳出率非常高，难以形成转化呢？在进行宝贝详情页写作之前，首先了解下宝贝详情页文案设计中常见的问题。

1）逻辑性问题

有些宝贝详情页的文案只是堆砌产品的属性、全貌图片或者部分细节图，缺乏系统性和逻辑性。或者一开头就进行关联销售，让被产品主图吸引进来的消费者还没充分了解产品，就被关联的产品信息分散了注意力。

2）以产品为中心的问题

宝贝详情页文案编写中，最突出的就是以产品为中心，而不是以消费者为中心的问题。

首先要明白，消费者为什么要看详情页？很简单，他是为了获取信息来支持自己的购买决策。因此，写产品描述，就是一个说服的过程。我们应该把重点放在从客户需求点出发来阐述产品本身的使用价值，这个产品能给顾客带来什么好处，有哪些独特优势，能为客户解决什么痛点等。

3）只讲产品好处的文案

我们知道，详情页文案就是产品最有力的推销员，决定了产品的转化率。因此，有些卖家在详情页描述中将产品夸大其词，把产品写成几乎是万能的，过犹不及。过于自卖自夸，反而会让消费者降低信任。因此，陈述产品的卖点时，也应该对一些不适合的人群和使用场景进行介绍，或者这个产品只能帮客户具体解决什么样的问题。一个产品不可能是万能的，不可能什么问题都解决、什么痛点都消除。

2．宝贝详情页的优化

编写完成宝贝详情页以后，还需要进行优化。如何让宝贝详情页更能直击受众群、突出卖点呢？可以从以下几个方面进行优化：

（1）细分产品属性。

为什么互联网文案需要细分产品属性？因为这样能帮助初创公司在营销时缩小与大品牌的差距。

消费者心理学的研究表明，消费者在做出购买决策时，通常并不愿意了解所有的可以获得的产品信息，不愿意正确地将它们排序，从中找出最好的信息。他们更可能是通过与产品本身无关的外部因素来判断的——"这个是知名品牌，应该质量更好！""这个是美国进口的，肯定有保障！"，从而进行一个"满意的""足够好的"决策。

在这种情况下，初创品牌是非常弱势的，因为消费者直接根据品牌或产地来决定是否购买，而不会详细比较产品本身。这个时候，初创品牌通过对消费者的营销，使消费者充分了解产品本身的差异性，从而突出产品的竞争优势，就非常关键和必要了。而细分产品卖点，会让消费者从简单粗暴地由"品牌知名度或产地"到"详细深入准确地了解产品"。案例：

◇ 互联网公司在营销时纷纷对产品属性进行不断细分，小米先给消费者普及了双核 1.5G 处理器和摄像头 800 万像素的知识，到了小米 4，进一步普及了光电显示知识——1.55 微米超大像素，1/2.3 英寸超大感光元件，令每一颗大像素饱含丰富的色彩信息，如图 4-5 所示。

图 4-5　小米手机细分产品属性

◇ "雕爷牛腩"告诉我们,一份轻奢牛腩,二十一种香料所配,一口下去,味道还有三重层次感,配餐米饭是"世界米王",餐具也大有来头,筷子是缅甸"鸡翅木"制造的艺术品,刀是"乌兹钢锭"锻造的世界第一昂贵中式菜刀……

◇ 鸭绒被细分产品属性如图4-6所示。

采用天然安全的鹅绒材料,成品柔软密实,纯棉亲肤,蓬松保暖

· 95%白鸭绒,精选日照8～12小时的棉花和来自东北的璞鹅胸前大朵绒
· 用1磅纱线(454g)能铺120次840码长度的纱线纺织成布,柔软密实。每英寸含有500根纱线,纯棉更亲肤
· 零压力熟睡,1500g大朵鹅绒填充,蓬松柔软

（2）清晰阐明利益点。

客户购买的是产品价值,不是产品本身。因此,文案必须直观地告诉用户,你的产品价值有哪些,细分的产品属性具体能为客户解决什么样的困扰,如何使产品价值最大化。无数销售员败在了这一步,他们详细地介绍了产品,但是客户抱怨说:"你说的这些特点都不错,可是对我来说有什么用呢?!"因此,除了向客户描述产品,还要告诉他这个产品对他有什么用,如图4-7所示。

图4-6 鸭绒被细分产品属性

● 100%全棉优质纱布
天然植物纤维棉,柔软舒适。棉纤维是中空多空结构,棉制品具有较好的透气性和吸湿性,透气舒畅

● 水洗工艺
触感更柔软,吸水更迅速

● 易洗易干
不易滋生细菌,可用于宝宝擦嘴、擦手、洗澡等

● 多层纱布加厚设计
吸水迅速、吸水量大,纱布速干,便于重复使用

图4-7 阐明利益点

（3）定位使用场景。

使用场景说的是一个关于"什么人在什么情况下要解决什么"的问题,使用场景有三个关键因素:对象(用户)、动作(需求)、情景(场景)。文案应该更多地把产品定位到使用情景,即用户需要用我的产品完成什么任务。通过给用户一个具象化的理由,使其选择或者更倾向于你的产品。例如:

怕上火就喝王老吉。它的使用场景就是去火,当你上火的时候,你想到的就可能不是祛热药,而是王老吉。

广告文案的目的,就是让产品跟客户建立起联系。关联性越强,产品被选择的概率越大,这也是文案一直会强调的相关性。产品跟生活的场景息息相关,没有场景就不会有消费。因此,最重要的并不是"我是谁",而是"我的消费者用我来做什么"。案例:

某品牌防皱商务衬衫让产品跟客户建立起联系,如图4-8所示。

那么,如何为产品设计一个恰当的使用场景呢?

图 4-8 产品与客户建立联系

首先,梳理出自己产品可支持的使用场景。通过分析产品的客户,可知他们有哪些需求,他们最迫切的需求是什么。根据产品的功能、形状、口味以及延伸功能等要素,找到相对应的多个消费场景,尽可能多地找出产品的备选场景。比如剃须刀,便于携带,你就可以设计一个装进口袋的场景;长久续航,你可以设计一个全城停电一周的场景,当别人都满脸胡茬时,而你的客户却依旧干净帅气。

其次,梳理现有竞品,尤其是强势竞品的对应消费场景。碰到强势对手,我们就选择另外一条路,毕竟,生活中的使用场景非常丰富。

最后,确立产品独有的场景,或者还没有打动顾客的场景,这些都是机会。这里要注意一点,使用场景千万不要贪。比如你卖一瓶饮料,你给它设计了很多场景,能提神、能养颜、能补脑、能降暑、能祛火,等等。你的产品看起来无所不能,但对于客户来说,你的产品"什么都不能"。

即便你的产品的确功能强大,你也只需要选择一个最符合自己的特定场景。将这个场景中的最大痛点描述出来,你就可以占领产品在消费者心中的位置,引发传播以及销售。

4)唤起具体画面感

优秀的文案必须让读者看到后就能联想到具体的情景或者回忆。具体、形象、充满画面感的语言可以给人最真实的感受,让消费者在购买产品之前,就能在大脑中体会使用你的产品是什么样的一种感觉。例如:

◇ 某款号称夜拍能力非常强大的手机,如果仅仅强调"夜拍能力强",很多人没有直观的感觉;但是如果说"可以拍星星",就立马让人联想到"璀璨星空"的画面。

◇ 某款芝麻糊,无论如何渲染其历史悠久、口味香浓,都不如一句"妈妈的味道"所带来的画面感。

社会心理学家研究得出:一件能够引起情境想象的事物,更能进入人们的内心深处,这种现象被称之为"鲜活性"效应。所以,写文案一定要有"视觉感",这样才能够唤醒客户对某种情境的具体画面感,才能真正打动客户的内心。案例:

◇ Kindle 阅读器。

抽象:极致轻薄,轻盈体验。

鲜活:整机 190 克,笔记本重量,携带一万本图书跑大街,也不过如此的轻松。

◇ 某品牌体重秤。

抽象:精准测量,防潮防湿。

鲜活：100 克，喝杯水都可感知的精准。

◇ 某进口鲜奶。

抽象：进口牛奶，品质保证。

鲜活：来自欧洲牧场的天然奶源，奶牛在一万平方米的大草原里日晒超过十个小时以上。

5）提供"买的理由"

文案的最终目的是让消费者从心动转变成行动，最终掏钱购买。如果仅仅让别人"心动"，但是没有付出最后的"行动"，可能让文案功亏一篑。因此，当消费者心动了的时候，一定要让他马上行动起来。

让消费者立刻行动起来有两种办法。一是指出具体操作，告诉消费者下一步要做什么。很多人认为，消费者不需要操作说明就能够找到购买的完整路径。但事实上，消费者经常处于惰性的状态，不把购买操作步骤一步步说得很清楚，他们是懒得行动的。二是制造紧迫感，"过了这个村，就没这么好的店了"。通过限时折扣的促销办法，让消费者现在就买下来。

任务实训

【实训 1】 寻找产品的卖点。假如你是某家电公司（如华帝、美的）的一位运营专员，现在需要为店铺的某款厨房电器（如烤箱、洗碗机）撰写宝贝详情页。请利用九宫格法的发散思维，从产品的角度或业务的角度，尽可能多地拓展产品卖点，并将结果填写在表 4-2 中。

表 4-2　产品卖点填写表

	洗碗机	

【实训 2】 表达产品的独特卖点。请使用 FAB 法则，分解产品的特点属性，提炼产品的作用，突出产品对于消费者的利益，为下述产品撰写其独特卖点。

1．网易严选男式无缝休闲运动 T 恤（快干透气网结构）

F：

A：

B：

2．网易严选酷畅城市运动水杯 700mL（采用婴幼儿用品指定材质）

F：

A：

B：

3．网易严选多功能人体工学转椅

F：

A：

B：

4．网易严选 20 寸纯 PC"铝框"登机箱（铝质包角，牢固抗摔）

F：

A：

B：

【实训 3】 详情页的逻辑排布

扫描二维码，阅读"网易严选某爆款雪地靴详情页"，对照详情页内容的逻辑排布，找出雪地靴对应的内容，并完成表 4-3 中的内容。

4-1 网易严选某爆款雪地靴详情页

表 4-3 详情页内容的逻辑排布表

逻 辑 排 布	雪地靴内容
品牌介绍	
创意海报情景大图	
产品卖点	
卖点的作用	
模特/产品的细节展示	
产品包装展示	
店铺/产品资质证书	
品牌店面/生产车间展示	
买家反馈信息	
售后保障/物流	
关联营销	

任务 4.2　微博整体设计与文案写作

任务导入

微博（Weibo），是一种通过关注机制分享简短实时信息的广播式的社交网络平台。

企业官方微博开通后，我们需要对官方微博进行设计，包括主页规划、内容规划、运营规划和广告投放。标准微博内容重要组成部分包括话题标签、正文、相关账号、网页链接、图片或视频。

任务导图

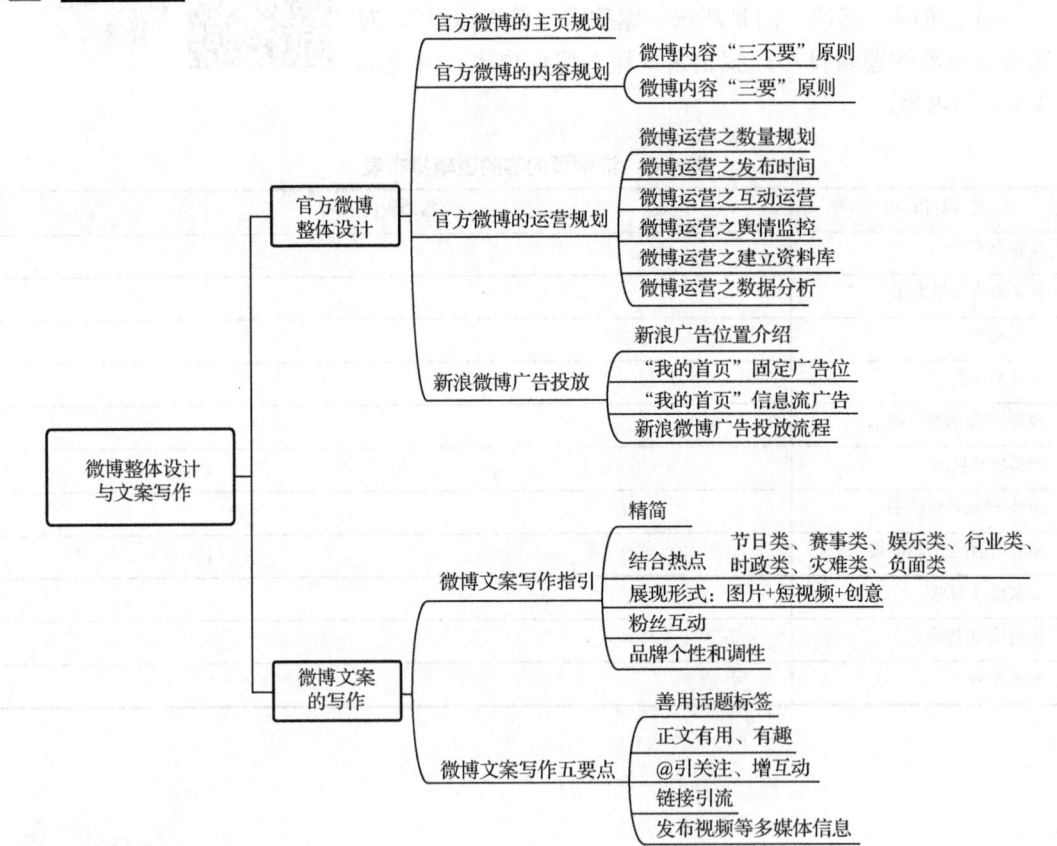

学习目标

知识目标	熟悉粉丝通和粉丝头条
	了解官方微博主页构成
	掌握微博文案撰写基本要求
能力目标	能够开通、设计企业官方微博
	能够结合热点规划微博内容
	能够按照微博写作五要点撰写微博文案

任务实施

4.2.1 官方微博整体设计

1. 官方微博的主页规划

企业官方微博开通后,我们需要对官方微博进行设计。在进行官方微博设计前,我们必须考虑清楚几个问题。

开通微博的目的:企业开通微博最主要的目的是什么?提升品牌知名度?与目标客户进行沟通?找到潜在客户进行产品销售?增加品牌和客户沟通的渠道?目的不同,微博设计的风格、规划的内容就不一样。

目标客户是谁:最好有一个清晰的目标人群画像(比如微博目标客户是 0~14 岁孩子的父母,学历在大专以上,中高收入人群,生活在一二线城市,关注孩子的健康教育,平时喜欢看微博、发微信朋友圈、关注短视频、网购等),有了清晰的目标人群画像,我们才能进行有针对性的微博设计、内容规划。

公司的品牌调性:公司的主色调是什么?广告语是什么?品牌调性是高雅的、亲民的、运动的还是沉稳的?品牌的调性是绝对不能随意更改的,比如可口可乐和天猫的红、百事可乐的蓝、淘宝的五彩缤纷,不用看它们的官方微博,就能猜得出它们的微博背景颜色。因为它们必须和品牌主色调保持一致。

具体来说,一个官方微博的主页设计,一般会考虑的内容如图 4-9 所示。

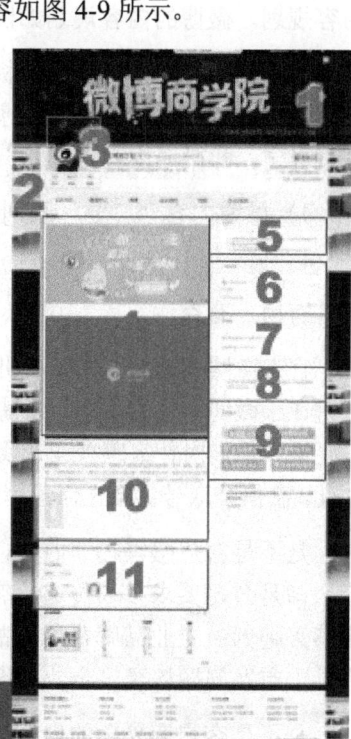

图 4-9 官方微博的主页设计的内容 (图片来源:新浪微博)

官方微博设计内容及基本原则如表 4-4 所示。

表 4-4 官方微博设计内容及基本原则

设计内容	基本原则
微博模板	模板的设置一定要遵循两个原则，美观性原则和一致性原则
个性域名	个性域名一经确定将无法修改，所以应谨慎选取，同时最好与企业名称保持一致性
微博昵称	昵称不宜太长，应尽量与定位一致，尽量避免出现生僻字和中英文混搭现象
微博头像	企业微博头像可使用公司 Logo，子账号可根据自身属性设置，但切忌频繁变动
认证信息	对微博进行认证可提高真实性，增加权威性，提高曝光率（争取企业蓝 V 标识）
微博简介	企业介绍可让浏览者对企业有一个最直观的认识
公告栏目	建议企业微博利用公告栏放置告示性文章，如通知、活动信息等
门店位置	线下门店增加消费者信任
微客服	让有需要的粉丝找到你，最多可设置 5 个
微博标签	标签的作用有两种，一种是展示效应，另一种是搜索效应
友情链接	官方商城、天猫店、淘宝网店、企业官方网站等相关链接
置顶微博	明星代言、近期活动、促销信息等企业重要内容
图片展示	展示视频可放置宣传企业文化、品牌等信息的视频
领导人/员工/子品牌	企业领导人的展示，但被设置为领导人的微博需要保持更新，因为其代表的是企业的形象

2. 官方微博的内容规划

官方微博的主页设计好后，接下来需要进行内容规划。微博的内容规划如图 4-10 所示。

在确定官方微博的主要目标受众后，在确定内容规划前，需要对发布的微博内容进行明确的规划界定，即微博内容"三要""三不要"原则。

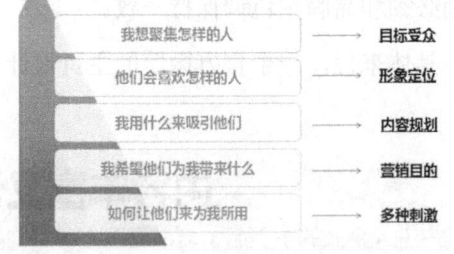

图 4-10 微博内容规划

1) 微博内容"三要"原则

"三要"原则是指官方微博的内容必须要有趣、有用、有益。

官方微博开通后，如何吸引粉丝，如何激发粉丝的互动，如何阻止粉丝取消对你的关注？关键在于微博内容的规划。微博运营人员时刻需要谨记，甚至每天都可以问自己：我的目标客户是谁？他们对什么感兴趣？我能给他们带来什么好处？心中有客户，运营才长久。不只微博如此，微信公众号甚至任何营销推广、活动策划都应把这三个问题作为行动前的思考和出发点。

是不是客户感兴趣的内容，都是微博规划的内容？当然不是。某些客户可能不关心的内容，却是公司要求必须传递给客户的信息，比如以下内容是企业希望传递给客户但客户不一定感兴趣的：企业品牌背后的故事、企业重大消息动态发布、企业新闻促销活动展示、企业产品上市及问题答疑、企业与客户之间的互动故事、企业员工间的互动互助等。

是不是客户感兴趣的内容，在进行微博内容规划时必须面面俱到？一是不可能；二是没必要；三是让微博变成大杂烩无法形成自己的特色反而削弱官方微博的影响力。所以只有客户感兴趣、与企业品牌有关联的内容，才是微博主推的内容。或者说，我们必须让客户感兴趣的内容，与品牌产品相关联，这样的内容才是微博内容规划的重点。

对于客户感兴趣的内容，又与我们品牌产品相关性较强时，可以形成固定栏目，每天或定期进行发布。案例：

比如 WIS 护肤，目标人群为 18～30 岁的肌肤受损的年轻人，定位为肌肤护理专家，广告语是"为年轻而生　年轻肌肤护理专家"。自称"小希"，目标客户为"希粉"。年轻人关注时事趣闻、明星八卦、恋爱求职、护肤美容、游戏动漫等，而 WIS 护肤希望"希粉"了解自己的产品功效、促销活动、使用者证言等。因此，WIS 护肤规划了五个固定栏目，并用"###"符号进行标识："小希早安心语""WIS 护肤大讲堂""小希轻松一刻""小希分享""小希说晚安"。

2）微博内容"三不要"原则

对于一个官方微博，拉进与目标客户距离也好，促进产品销售也好，有三个雷区不要触碰。一是不要违反国家法律法规和不能涉及黄、赌、毒；二是不要诋毁竞争对手和泄露本公司机密；三是不要谈敏感话题。比如"蓝瘦香菇"出来后，所有官方微博都会借势营销推波助澜，但某主持人引起的敏感话题不会有官方微博来借势发声。

3. 官方微博的运营规划

1）微博运营之数量规划

一般来说，官方微博每日（含工作日和周末）发布数量以 5～8 条为佳。太少达不到运营效果，太多会对粉丝造成干扰，容易被取消关注。图 4-11 为微博企业账号与个人用户一周的互动统计。

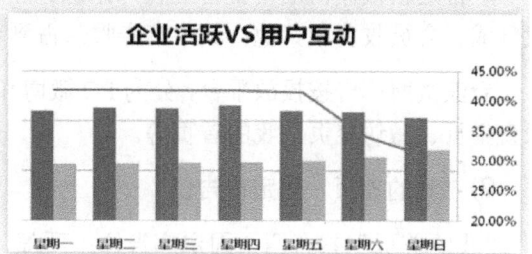

图 4-11　微博企业账号与个人用户一周的互动统计

2）微博运营之发布时间

发布日期一般定在粉丝活跃度较高的时间段。目标客户是上班族时，可以依据他们的出行规律进行发布，比如第一条在他上班的时间（7：00—8：00），第二条在他中午休息或午餐的时候（12：00—13：00），第三条在他下午茶时间（15：00—16：00），第四条在他下班途中（18：00—19：00），第五条、第六条在他睡觉前（20：00—23：00）。新鲜热点即时发布。

3）微博运营之互动运营

在微博中@你的老板或大 V 或忠实粉丝，增加微博曝光率或互动性。

对于微博私信，应遵循如下六大原则。

（1）及时原则，第一时间回复，快速反应是"王道"；

（2）分类原则，对目标微博进行分类整理；

（3）对等原则，私信双方地位对等；

（4）互动原则，建立多层次的沟通互动机制，包括@私信、转发评论以及 QQ、电话，综合应用；

(5) 闭环原则，每个客户的情况都要闭环；

(6) 持续原则，"生意不成仁义在"，未成交的顾客也要持续沟通。

4) 微博运营之舆情监控

每天对企业及竞争对手进行关键词搜索与监控，对于提及企业品牌的用户，进行关注、互动、沟通、评论、转发。对于用户的负面评论，及时做好危机公关处理。

5) 微博运营之建立资料库

每个企业官方微博都应该建立自己企业微博的资料库，资料库的作用主要是存储、备忘录及共享。不仅能够方便内容的摘用，还能建立自己企业的文档库，为企业打造属于自己的观点集及知识库。将这些资料共享，不仅能促进微博工作进展及企业内部的学习，也是对企业成长及微博运营成果的一种见证。

6) 微博运营之数据分析

关注后台数据，以周为单位监控微博粉丝涨跌趋势、微博活动举行效果等。

4．新浪微博广告投放

1) 新浪广告位置介绍

广告是新浪微博的主要营业收入来源。新浪微博的营业收入来源有四种：广告收入、游戏分成、会员收费和其他。其中广告收入占到新浪微博收入的80%。

新浪微博广告按投放平台，分为PC微博和无线微博。PC微博广告出现位置包括登录页、微直播页、微访谈页、我的首页等。

2) "我的首页"固定广告位

"我的首页"共有四个固定广告位：顶部、活动/视频、热门商品推荐、底部。新浪微博"我的首页"广告位——顶部公告，如图4-12所示。

图4-12 顶部公告

新浪微博"我的首页"广告位——右侧活动/视频，如图4-13所示。

新浪微博"我的首页"广告位——右侧热门商品推荐，如图4-14所示。

新浪微博"我的首页"广告位——底部公告，如图4-15所示。

图4-13　右侧活动/视频　　　　　　　图4-14　右侧热门商品推荐

图4-15　底部公告

3)"我的首页"信息流广告

新浪微博信息流广告包括粉丝通和粉丝头条两类。

(1)新浪粉丝头条广告。

① 粉丝头条的定义。粉丝头条是新浪微博官方推出的轻量级推广产品,当广告主某条微博使用粉丝头条后,在24小时内,它将出现在广告主所有粉丝信息流的第一位,增加广告主微博的阅读量,扩大微博的影响力。

② 粉丝头条的标识。头条微博在形式上和正常微博保持一样,不同的是在左上角位置上会有"热门"标识,如图4-16所示。

③ 粉丝头条的计费。粉丝头条购买价格与粉丝数量、博文质

图4-16　粉丝头条的标识

量有关。粉丝数量越多,博文将被越多的粉丝看到,影响力越大,价格就高一些;博文质量越高,越容易引发粉丝转发、评论、点赞,价格越便宜。在计算价格时会排除垃圾粉、机械粉、僵尸粉及不活跃的粉丝,以确保价格真实合理。另外,博文内带内生服务链接会享受较大的优惠。如果你是微博会员或橙V,也会享受一定的优惠政策。

比如:拥有3 000粉丝的笔者,粉丝头条价格为4.5元一次。

④ 粉丝头条的投放。计算机端投放方法:在自己的个人主页中,单击单条微博下方的"推广"按钮,选择"粉丝头条"功能。移动端投放方法:在自己的个人主页中,单击单条微博右上方的小箭头,再单击"推广"按钮。

⑤ 粉丝头条的展示原则。

◇ 只投放给粉丝。"粉丝头条"只有发布微博账号的粉丝可见，不会展现给其他用户。

◇ 一次"粉丝头条"推广对同一用户只会显示一次，用户看到过头条信息后，再次刷新时，该条微博不会继续置顶，会随正常信息流滚动，不会对粉丝产生干扰情况。

◇ 有效期是24小时，即自使用粉丝头条之后的24小时内有置顶效果。

(2) 新浪微博"粉丝通"广告。

① "粉丝通"的定义。微博"粉丝通"是基于新浪微博海量的用户，把企业信息广泛传送给粉丝和潜在粉丝的营销产品，它会根据用户属性和社交关系将信息精准地投放给目标人群，同时微博"粉丝通"也具有普通微博的全部功能，如转发、评论、收藏、点赞等，是微博营销的实用工具。

② "粉丝通"的标识。"粉丝通"和正常微博形式一样，但在左上角位置上会有"广告"标识。右侧有"＋关注"字样，如图4-17所示。

③ "粉丝通"的特点。"粉丝通"的三个特点如图4-18所示。

图 4-17 "粉丝通"的标识

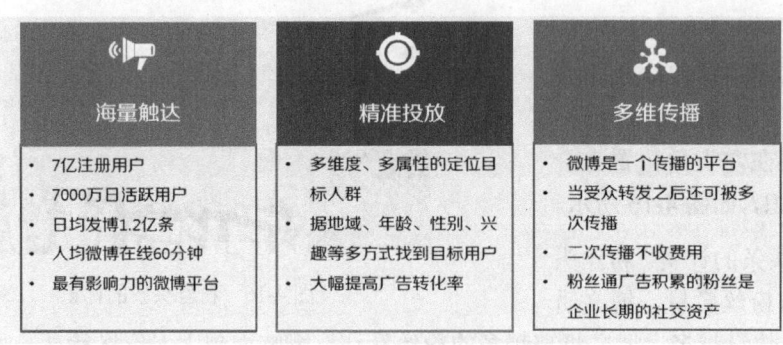

图 4-18 "粉丝通"的特点

④ "粉丝通"的展现位置。微博"粉丝通"会出现在微博信息流的顶部或信息流靠近顶部的位置。微博精准广告投放引擎会根据社交关系、相关性、热门程度等条件，来决定微博"粉丝通"不同的展现位置。

⑤ "粉丝通"的投放。需要注册微博账户，并通过微博机构认证。客户可按照企业营销目标选择出价方式，出价方式有以下两种。

CPM：按照微博在用户信息流中曝光人次进行计费；

CPE：按照微博在用户信息流中发生的有效互动（互动包括转发、点击链接、加关注、收藏、点赞）进行计费。

客户可设置每日投放成本，保证控制预算，出价不能低于系统起拍价。

4）新浪微博广告投放流程

一般来说，固定广告位链接到淘宝天猫平台的广告，可以通过阿里妈妈平台投放，或在天猫淘宝网站后台，找到广告投放渠道。

"粉丝通"或"粉丝头条"信息流广告，可以从微博广告中心进入后进行自主投放，如图 4-19 所示，也可以通过新浪微博在全国各地的代理公司代理投放。

图 4-19 微博广告中心

4.2.2 微博文案的写作

1. 微博文案写作指引

1）精简

用户在浏览微博的时候，都是在跳跃式阅读。曾经有人做过实验，100 个用户每人读完 30 条微博的平均时间只有 1 分钟。1 分钟看完 30 条微博，平均每条微博的阅读时间只有 2 秒钟。你知道用户阅读是跳跃式的，但是没想到用户跳得这么快吧？平均每条微博的阅读时间是 2 秒钟，这个 2 秒钟，就是针对微博的有效阅读时间。正常人的阅读速度是 5 字/秒，2 秒钟阅读 10 个字，这 10 个字就是每条微博的有效阅读字数。

广告文案中的 kiss 公式（Keep it simple, stupid），即广告文案要做到人人都能看懂。微博文案亦是如此，要明确地传递信息，以信息本身和具有逻辑性的说服加强诉求对象的认知，引导诉求对象进行分析判断，直截了当地用最少的字、最简单的语言来表达。

世界上一切能打动人心的东西一定是极其简单的东西。微博本身就是碎片化阅读的产物，用最少的字、最简单的语言来表达，是微博写作的重点。

虽然新浪微博于 2016 年 11 月取消了发布器 140 字的限制,但现在的"一句话微博"仍是主流。文字信息实在太多怎么办?可以发布长微博,也可以在文字下方附上图片或视频等多媒体信息。让有兴趣的读者进一步了解的同时,也不影响一般读者的阅读体验。

同样是发布明星代言广告片上线,图 4-20 所示的微博广告是不是比图 4-21 所示的微博广告传递更到位?

图 4-20 可口可乐的微博广告

图 4-21 百事可乐的微博广告

2)结合热点

结合热点做借势营销,杜蕾斯微博是行业典范。其发布的"2017 感恩节给 13 个品牌的感谢信"精彩案例,就是借势节日类热点而策划的经典营销文案。

借势营销结合的热点主要有七大类:节日类、赛事类、娱乐类、行业类、时政类、灾难类、负面类。但并不是所有的热点都适合做借势营销。

(1)节日类热点。节日的种类有很多,如中国传统佳节及二十四节气,西方的感恩节、万圣节、圣诞节,以及网络购物平台创造的节日,如"6·18""双 11""双 12"等。在节日里做借势营销是最常见的,同时也是微博运营最基础的工作。

(2)赛事类热点。每年各种赛事,如足球、网球、游泳等比赛项目,还有类似奥运会、冬奥会、亚运会、欧洲杯、亚洲杯、世界杯等体育赛会,都可以当作借势营销的热点。赛事不同,关注的热度也不一样,比如奥运会是全民热点,持续的时间较长,被关注的点较分散,有时会出现不同的子热点。结合赛事做借势营销时,需要注意标识、运动员形象等版权使用的问题。

(3)娱乐类热点。娱乐八卦是大家非常关注的热点,适合借势营销,尤其是在新媒体平台上发起的互动话题,如×××的婚礼等积极、正向的话题。如果话题是消极、负面的热点时(如某明星离婚),借用需谨慎。

(4)行业类热点。每个行业都有各种类型的话题,只是关注度和参与程度不同。行业类热点适合同业者参与。其实,"双 11""6·18"都算是电商行业的重要热点活动,之所以各大电商都会参与,是因为只有形成了"势"才会有"市"。做行业类热点借势营销时,注意不能无底线地攻击对手(电商行业每年"双 11"常见类似的情况,调侃尚可,若有诽谤、造谣或者恶意攻击,就完全不是借势的范畴),同时需要保持与同行业互动的一致性,或者超越其创意。当然，借势的话题要与自身品牌的特点相关。

（5）时政类热点。时政类热点话题是最敏感的，除祝福外不宜过度借势营销。如 2015 年我国的阅兵日、国外××总统竞选等。

（6）灾难类热点。在热点话题中，我们最不愿意看到的是灾难类的热点话题，如地震、暴雨、洪水、大火等灾害。这些天灾人祸与人的性命相关，以此做借势营销的企业都会受到用户的谴责，这是良心与底线，此时行动比什么都重要。但是，并不是说品牌就不能结合灾难，要看你的初心是什么，或者你付出了怎样的行动。记得汶川地震，当年的王老吉（现在的加多宝）捐款 1 亿元，后来很多人在 QQ 群里开始宣传买光王老吉。前面是品牌行动，激发了用户情绪，才会产生后面的用户行动。但是，如果在灾难面前，进行产品促销，却没有付出公益行动，这种"硬借势"显然是笨拙且不受待见的。

（7）负面类热点。负面性事件在目前的热点话题中比较多，同时也具有其他类型的属性，比如某明星离婚事件，本身是娱乐话题，属于明星家庭的事件，但却负面属性更重，同时"出轨"本就是一个贬义词，那与品牌借势的关联效果可想而知。还有优衣库试衣间事件、和颐酒店事件、陆家嘴事件等，这些类型的热点都属于负面类热点，另外，还有一些社会恶性事件，抢劫、杀人、车祸、电梯"吃"人、动物园老虎吃人等这些事件都不适合做借势营销。

负面类热点难于借势，品牌宣传不宜参与，如果与自身业务相关，可以从公益的角度提醒，同时从攻略型文案出发，避免涉及自身产品、品牌太多。案例：

优衣库试衣间事件中，营销界都在期待杜蕾斯的借势营销文案时，一向以"快、准、妙"著称的杜蕾斯官方微博却迟迟没有发布任何关于此次事件的文章。杜蕾斯的营销总监说："我们不屑于拿这样的色情、低俗信息进行营销传播，凡事都有底线。杜蕾斯的品牌内核里有'情趣'，但绝对没有'猥琐'。"图 4-22 为某微博博主对此次借势营销的评论。

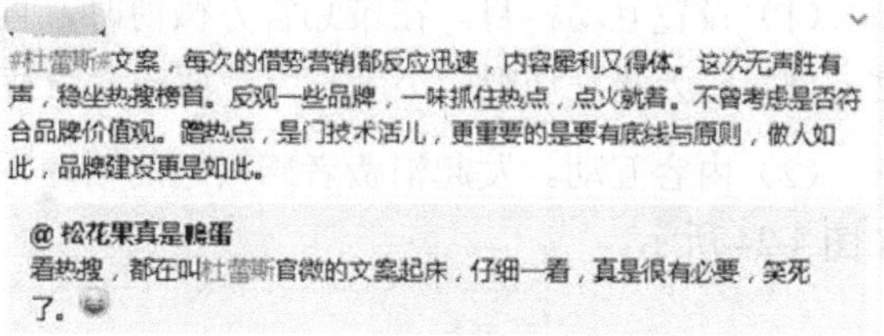

记住：结合热点话题做借势营销的目的是为品牌造势，而不是让热点更热。

图 4-22 微博借势营销的评论

一个社会热点出现，是否能做借势营销，要做如下的断定才能采取该有的行动。

（1）是否是正向的。例如，优衣库事件明显是隐私权被侵犯，更不可能是优衣库为虚拟穿衣做的营销。因此，不是所有热点都能借。借时政类、灾难类、负面类热点话题营销时必须慎重。

（2）是否是和品牌相关联的。有人说现在的热点营销百分之九十九都是无用的，如果生硬地把热点和品牌关联到一起，不如不做。

（3）是否是合理合法的。很多品牌在明星热点话题出现的时候，直接用明星肖像，这是侵权的行为。在法制的国家里，这样的失误会导致巨大的经济损失。

（4）充分考虑受众的情绪。网络暴民是存在的，即使有些事你做对了，如果话语上存在歧义，也可能导致一场品牌灾难。

（5）时间点很关键。虽然说互联网唯快不破，但不能因为快而降低品质。一般的热点话题，不能在六个小时内关联上就没有借势的必要了。

3）展现形式：图片+短视频+创意

用户在看微博时最容易被吸引的就是图片，图片能够带来视觉冲击，就像你看艺术图片一样，瞬间就停下来了。而且很多信息在文案中不能说得很清楚，需要图片做进一步说明。比如你要分享很多"干货"时，140字左右的文案是不够用的，这时就要用图片描述，迅速让用户的视线停留在你的微博上。图4-23为2016年、2017年1—9月微博常见博文形式占比。

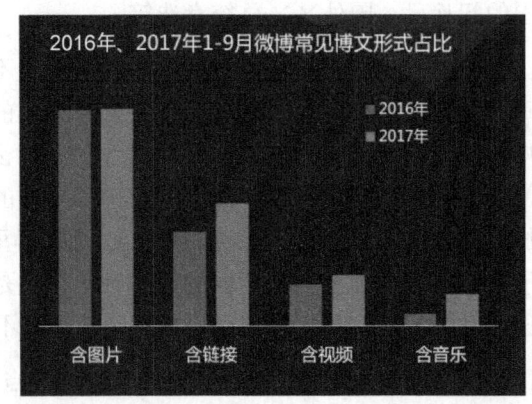

图4-23　2016年、2017年1—9月微博常见博文形式占比

图片跟文案一定要丝丝入扣，不要文案在说一件事，图片给人的是另外一件事的感觉。

4）粉丝互动

看微博，文字容易让人疲倦，但聊天却不会。官方微博与粉丝之间不是单向的陈述，而是双向的文字对话。只有让粉丝参与文字对话，你写的东西才会有人愿意看。所以，微博文案绝非自娱自乐，而是要与粉丝互动的。

有如下办法，能够增加微博与粉丝之间的互动。

（1）设置互动栏目。在策划官方微博时，直接设置一些带有互动性质的栏目。比如天猫官方微博的天猫互动吧、小米官方微博的米粉特权等。

（2）内容互动。发起消费者感兴趣的话题，鼓励读者参与评论，支付宝微博的内容互动如图4-24所示。

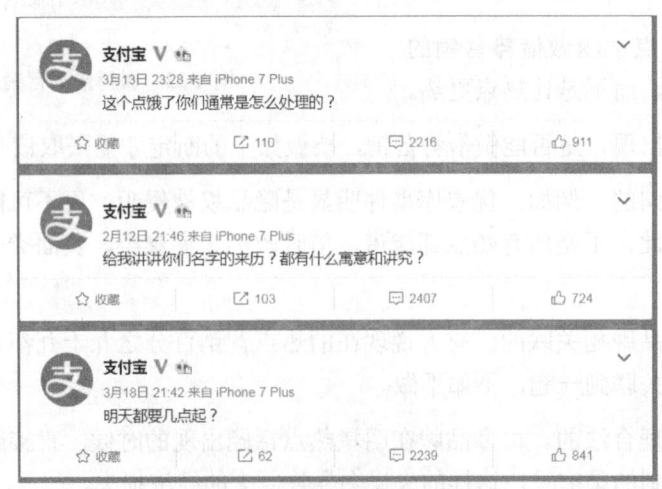

图4-24　支付宝微博的内容互动

（3）及时回应消费者。定时主动搜索品牌的关键字，发现用户提及自身品牌时，可以用转发、评论、调侃等方式和用户互动。遇到用户负面评价或投诉时，可以通过私信等方式与

客户沟通。例如，支付宝官方微博自己神吐槽而引发网络热议和好评，如图4-25所示。

图4-25 支付宝官方微博神吐槽而引发网络热议和好评

（4）利用微博抽奖平台定期或不定期举办抽奖活动。举办微博抽奖活动是吸引、活跃粉丝最直接和有效的互动方式。通过微博抽奖平台举办抽奖活动，可以增加活动公信力和曝光度。抽奖活动包括关注、特别关注、地域抽奖、现金抽奖、评论抽奖、点赞抽奖等类型。

罗永浩在微博里面写道：我们请了专业媒体人苦心经营了锤子科技这个官方微博13个月，更新了几百篇有品质、有水准的文章（以至于被很多人认为是新浪微博"规格最高的官方微博"），微博粉丝数才艰难地达到十万人。而用抽奖和利诱的方式，只用3天就增加了十万粉丝。

（5）有奖竞猜。有奖竞猜的方式虽然传统，但是却经久不衰，如猜歌名、猜谜语等方式，任何时候都能让用户乐此不疲。当然，前提是提供些小奖品，这样效果会更好。

5）品牌个性和调性

如果将品牌比作一个形象化的人，那么品牌调性是这个人的性格，而文案调性就是这个人的语言风格。品牌调性不是一蹴而就的，是通过文案调性长期表达的积累来潜移默化地印在受众心理的东西，而这种"潜移默化"一定要有辨识性、记忆性。

想让官方微博受欢迎，那就让产品生活一点、服务个性一点、品牌娱乐一点。案例：

◇ 杜蕾斯官方微博，把自己定义为"有一点绅士，有一点坏，懂生活又很会玩的人，就像夜店里的翩翩公子"，语态诙谐、幽默，图片来自原创，视频充满创意，成为营销界的标杆。

◇ 故宫淘宝的官方微博不仅"长得萌"，还时常"卖萌"。在微博上，它常以"朕""本宫"自称，发微博主要都是上新品或打广告，但因其产品精美，也能够收获一大批粉丝。通过独特的自称及"卖萌"，故宫淘宝官方微博可以用轻松的语调回应消费者的投诉问题，化解品牌危机。同时，通过"卖萌"的形象，赋予故宫官方微博新的活动，以此来更好地与年轻的网友进行互动。故宫淘宝官方微博如图4-26所示。

图 4-26　故宫淘宝官方微博

2. 微博文案写作五个要点

标准微博内容重要组成部分包括话题、正文、相关账号、网页链接、图片或视频五个部分，如图 4-27 所示。

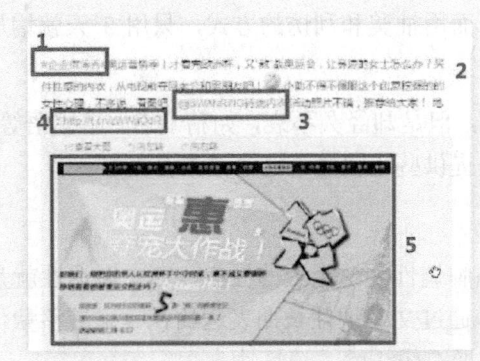

来看看一条好微博所包含的元素

1. 用话题标签来区别不同话题内容的微博，让粉丝了解博文的主题
2. 用简洁、生动的语言来描述有实际用途或深刻含义的正文，吸引粉丝注意
3. 在博文中@一位/多位好友，引起好友的关注，同时也与好友形成良性互动
4. 附上一条链接地址，能让粉丝跳转了解内容详情，也可以为您其他页面带去不少流量
5. 附上图片或视频等多媒体信息

图 4-27　标准微博内容的组成部分

微博文案写作结构与要求如表 4-5 所示。

表 4-5　微博文案写作结构与要求

结　构	要　求
话题标签（#话题词#）	善用话题标签来分门别类
正文	正文有趣、有用、有利
对象（@＋对象名称）	引关注，增互动
链接（地址）	带流量，深沟通
图文、视频	附上图片或视频等多媒体信息

项目 4　编辑类文案内容规划与写作

1）善用话题标签

新浪微博（计算机版）的热门话题，会出现在"我的首页"右侧，可以分类查看热门话题、推荐话题，如图 4-28 所示。发微博加上"#话题词#"，发布成功后单击"#话题词#"，可以进入该话题页面。或者使用微博搜索"#话题词#"，单击任意一个"#话题词#"，也可进入该话题页面。

今时今日的微博热门话题，大多以综艺、电影、电视娱乐、明星及社会新闻类为主，普通话题及商业机构发起的话题，能上热门的已经很少很少了。推荐位置上的话题除外，这个位置上的资源，以置换或品牌商购买为主。目前的价格，一天 30 万元人民币左右，四轮播，会用"推荐"字样标识。

热门话题	换一换
#OPPO R15发布会# 推荐	
#头号玩家#	1.4亿
#白银连环杀人案件#	9036万
#别认为自己长得丑#	2384万
#嫩牛五方#	737万
#最想谈恋爱的瞬间#	2338万
#养了28年发现抱错了#	1189万
#经常请吃饭的漂亮姐姐#	8717万
#十五周年继续宠爱张国荣#	4443万

图 4-28　热门话题标签

企业官方微博在进行话题活动设计时，需要衡量卖点相关性、场景引导性、利益刺激性及参与门槛等几个因素。

① 卖点相关性。切不可为了追热点，为了活动而做活动，产品的卖点需要巧妙地融入话题中，否则忙活一场，只是"赚个吆喝"。

② 场景引导性。能引发共鸣的文案和配图，才能让用户有参与的初步兴趣。"葛优瘫""感觉身体被掏空"的流行，正是因为触发了我们一些相似的生活体验，引发了相类似的感受，快速蔓延到朋友圈及其他社交平台中。

③ 利益刺激性。要么是用户参与的物质利益，要么是用户参与的情感利益。"洪荒之力""葛优瘫"等流行词，沿用的时候有"我也很潮""我懂这个梗儿""我没有脱离泛社交平台"的感受，这是很好的情感抒发点，也是利益的一种。至于物质利益，带奖品刺激的都是。有了利益刺激，用户会在场景引导下，具备更多的参与力量。

④ 参与门槛切忌过高。有的活动要求用户晒个人照，参与者就会有很多顾忌，从而直接放弃参与。

活动发布后，还有以下注意事项：

① 预埋一些评论，用于舆情的引导；

② 奖品的申请，要和 KPI 指标相对应；

③ 预先对活动效果进行预估。

2）正文有用、有爆点、有趣

撰写微博营销的内容，首先要知道内容的核心是要有传播的价值。价值分为三个方面：有用、有爆点、有趣。在写内容时一定要根据你的目标用户来写，如何满足他们的需求，写出他们的需求，最后注意把握微博有效的阅读时间，把最重要的信息放在前面，不足的信息用图片来补充，当然最关键的就是要植入你的产品了，实现转化才是真正的目标。

（1）有用。

目标：用微博中的"干货"吸引读者转发，让大家了解产品，点击链接或搜索产品。

这种微博通过自己的产品或服务让用户清楚地知道自己是干什么的，能帮助用户解决什么问题，是如何解决的。写作方法如下：

① 写出产品解决了用户的什么问题；

② 在微博中给出这个问题具体的解决方法；

③ 最后把产品和解决方法之间的关系描述清楚。

（2）有爆点。

目标：利用微博中描述的事情，让对这件事情持有相同看法的人们通过转发微博，表明他们的立场。

有爆点的微博是通过寻找自己产品的目标用户关注的热点问题，引起用户注意。首先，问题一定要是目标用户关注的热点，否则写出来的微博不会有实际的转化，这就要求平时多观察自己产品的目标用户喜欢关注什么、有什么爱好，根据这个来选择热点。其次，就是植入你的产品或网址，这一点最关键，不能很生硬地植入或与热点没有关系，要让用户觉得自然。最后，让用户觉得转发这个微博或购买这个产品是有情怀的，是符合内在价值观的，让用户获得了存在感。有爆点正文内容的写作模式如下：

① 挑选一个目标用户关注的话题；

② 抛出一个与产品卖点相关的问题；

③ 确保这个问题可以让用户获得存在感。

案例：

以小米手机官方微博的文章为例，看如何撰写有爆点的博文，如图4-29所示。

挑选话题：这个产品的目标用户以年轻人为主，他们喜欢好玩的、好用的东西，喜欢明星。因此，微博文章选择梁朝伟这样的明星来做活动，表明了这就是实力，同时极大地满足了粉丝想见明星的渴望。

抛出了与产品卖点相关的信息：让梁朝伟和你聊聊小米，直接去现场发布会让你感受不一样的购买体验。

图4-29 小米官方微博文章

用户存在感：这次小米手机发布会有档次，我和明星梁朝伟见面了，这手机绝对值得收藏啊，果断买一个，显得很有格调。

点评：这种微博营销的内容要充分了解目标用户，及时关注他们关注的热点话题，分析他们的"痛点"，他们愿意为了什么付费，引起他们情感和价值观的共鸣，还要找到合适的联系点。这些要点看起来好像不太容易实现，其实只要你经常撰写就能抓住了，而且这种营销的效果是非常不错的，因为这能提升用户自身的价值，所以用户会主动去帮你传播。

（3）有趣。

目标：利用有趣的内容，包装自己产品的卖点，吸引目标用户传播和关注。

这里的有趣是指广义上的有趣，即通过讲段子、讲故事或讲"鸡汤"来引起读者的情绪变化，可以让读者哈哈一笑，可以让读者产生同情或愤怒，还可以让读者有一些思考，从而达到吸引目标用户的目的。

有趣的微博内容需要你会写段子、能抓住用户的心理，这个也要根据你的产品特性来决定，如果你的产品调性比较欢乐、比较搞笑那就写段子；如果你的产品强调社会价值，那就写相关事件并引发读者的情绪变化；如果你的产品强调情怀，那就写出文艺的风格。

3) @引关注、增互动

微博上有一个功能叫作"提到我的微博"，也就是"@"功能。@是一个符号，电子邮件应用中意义为"at"，即"某用户"在某服务器。它在微博里的意思是"向某某人说"，只要在微博用户昵称前加上一个@，并在昵称后加空格或标点，他（或者她）就能看到。

微博中，@的作用有以下三个：

（1）当你发布"@昵称"信息时，对方能看到你说的话，并能够回复，实现一对一的沟通；

（2）发布的信息中带有"@昵称"这个字眼，可以直接点击到这个人的页面，方便大家认识更多的朋友；

（3）可以在"我的首页"右侧"提到我的微博"中，查看所有@你的汇总信息。

@的对象有多种：公司微博的领导或同事进行联合推广、相关企业品牌或代言人明星实现联合营销、微博抽奖平台进行活动监督、目标客户进行粉丝互动等。微博内容要求简洁，一般@的对象建议不超过三个。引关注、增互动的微博示例如图4-30所示。

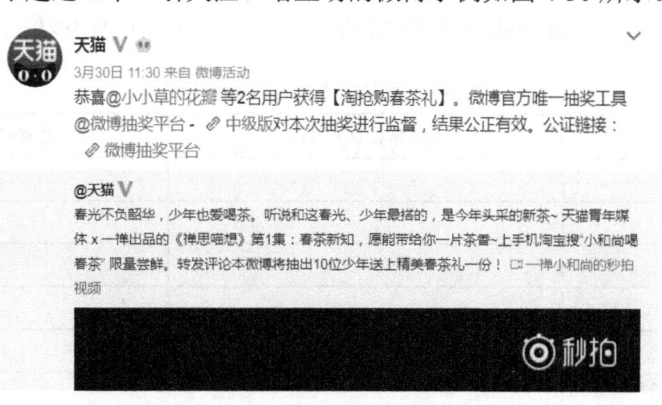

图4-30　引关注、增互动的微博示例

4) 链接引流

微博里常常会出现网址链接,以达到让人们看视频、看广告、参与活动的目的。使用短链接,可以浓缩微博内容,同时不影响用户的阅读体验。

5) 发布视频等多媒体信息

新浪微博(计算机版)发布视频的步骤如下:

(1) 双击计算机桌面的"微博"应用程序,登录自己的微博账号,打开"我的首页"。

(2) 在"我的首页"主界面,"有什么新鲜事想告诉大家?"空白栏的下面有表情、图片、视频、话题、头条文章五个选项,如图 4-31 所示。单击"视频"按钮,根据情况选择"本地上传"或者"在线视频"视频上传方式。

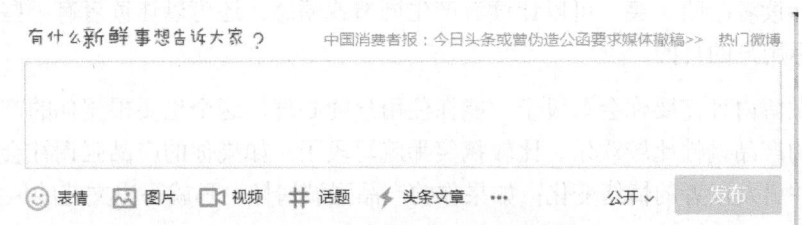

图 4-31 微博我的首页主界面

如果选择"本地上传",系统会提示选择文件和填写相关信息。值得注意的是,上传的文件只能是小于 1GB 的文件,文件的格式也是有限制的。如果选择"在线视频",复制、粘贴、上传视频地址即可,视频地址目前只适用于主流的几个视频网站,如优酷土豆、爱奇艺等。

4-2 每天 30 分钟练口语微博文案修改

(3) 视频选择成功后,单击"发布"按钮,发布视频信息即可。可以在个人中心里面查看发布的效果。审核成功后即可观看视频。

任务实训

【实训 1】 打开新浪微博,了解微博的主界面,指出微博上有哪些广告(顶部广告、粉丝通、粉丝头条、右侧广告位、下方广告通栏),截图并标识,同时指出它链接到了哪里。

【实训 2】 登录你的学校的官方微博和故宫淘宝官方微博,了解他们的首页放置了哪些内容,你认为哪个更好,有哪些值得优化的地方,并完成表 4-6 的内容。

表 4-6 官方微博首页内容分析表

微博名称	你的学校官方微博	故宫淘宝官方微博
微博风格		
个性域名		
微博昵称		
微博头像		
认证信息		
微博简介		

续表

微 博 名 称	你的学校官方微博	故宫淘宝官方微博
公告栏目		
门店位置		
微客服		
微博标签		
友情链接		
置顶微博		
图片展示		
领导人/员工/子品牌		

微博首页优化建议：

_____

_____

_____

【实训 3】 对照热点借势营销的七种类型，打开杜蕾斯官方微博，截图并指出其采用了哪些类别的热点（要求类别不少于四种）。

【实训 4】 就微博内容撰写"有趣、有用、有利"三原则，按微博写作五要点，结合近期热点，为你的学校撰写一则招生微博。

任务 4.3　微信公众号内容规划与写作

任务导入

微信公众平台，简称公众号。利用微信公众平台进行自媒体活动，简单来说就是进行一对多的媒体性行为活动，如商家申请微信公众服务号，通过二次开发展示商家微官网、微会员、微推送、微支付、微活动、微报名、微分享、微名片等进行的一种主流的线上线下微信互动营销方式。

公众号文案是做什么的？如何规划公众号文案的内容？公众号文案写作架构及要领有哪些？

任务导图

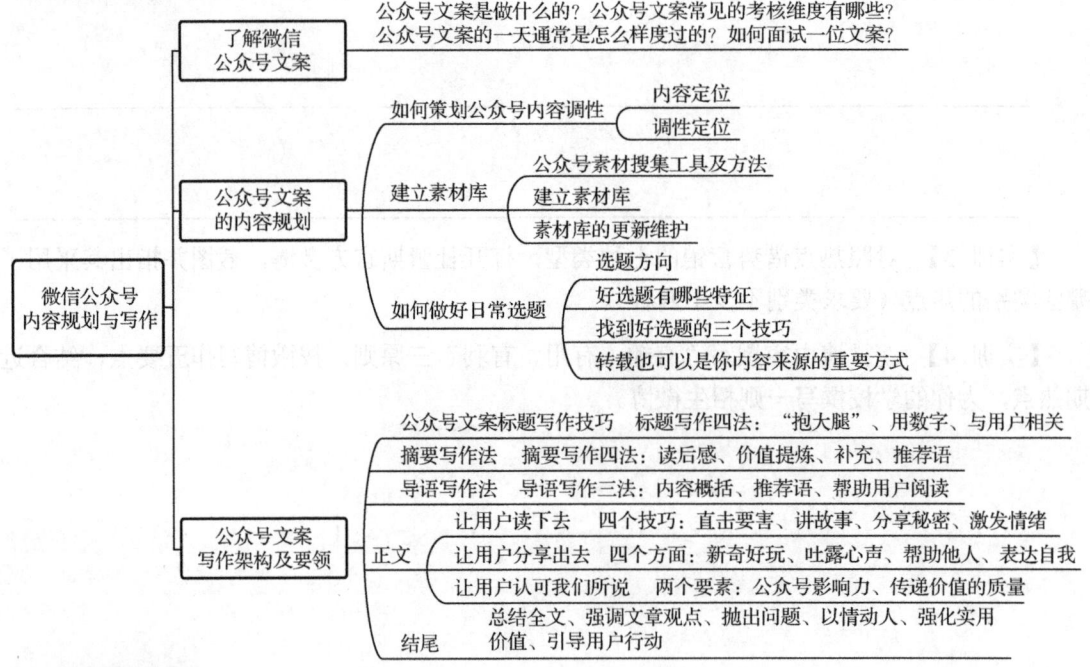

学习目标

知识目标	了解微信公众号文案岗位职责
	熟悉公众号内容规划的三个方面
	掌握公众号写作架构及要领
能力目标	能够根据企业品牌需求＋用户需求＋写作风格进行内容定位
	能够利用工具建立素材库
	能够按照推文的写作架构和要领，撰写公众号推文

任务实施

4.3.1 了解微信公众号文案

在学习撰写微信公众号推文之前，先来了解一下公众号文案的工作内容，毕竟隔行如隔山，希望能给读者一些择业的参考与建议。

（1）公众号文案是做什么的？

公众号文案主要负责撰写公众号的日常推文，撰写公众号设置的文字板块，策划、编写公众号的活动文案，当然大部分公司的文案没有那么纯粹，你可能需要兼职公众号的运营、客服、策划、推广等职责。图 4-32 为公众号文案的职位描述及任职要求。

| 职位描述：
| 岗位职责：
| 1. 负责官方微信公众号、微博、头条号等新媒体平台的内容撰写工作。 → 你需要了解多个自媒体平台的运作规划
| 2. 跟踪行业及社会热点话题，独立策划新媒体图文内容、专题、营销活动等。 → 追热点/资讯嗅觉很关键，你最好懂策划
| 3. 分析把握粉丝需求，根据需求调整新媒体内容方向风格，提高阅读量、粉丝活跃度。 → 你需要了解用户，掌握洞察用户的技巧方法
| 任职要求：
| 1. 统招211、985本科及以上学历，中文、新闻、广告等专业优先。
| 2. 年龄22～30岁，3年及以上工作经验，1年及以上房地产行业从业经验，男女不限。
| 3. 优先的文案能力，熟悉新媒体传播特点，有"10W+"文案作品优先。 忌：临时抱佛脚 宜：提前实战文案
| 4. 对内容营销有深度认知，具有互联网思维能力，对热点事件、新闻动态等信息敏感，紧跟最新创意动向。 当你决定从事文案工作时，应该提前积累经验和作品，进入一家公司做文案实习生
| 5. 良好的沟通协调能力、出色的执行能力、很强的责任心、有强烈的工作激情、具有团队合作精神等。 和自己做自媒体都是不错的选择
| 注：需提供文案作品。

图 4-32　公众号文案的职位描述及任职要求

（2）公众号文案常见的考核维度有哪些？

① 阅读量。阅读量即此图文的阅读次数，每个微信 ID 每天可以贡献 5 次阅读数。阅读次数只计算通过微信 APP 打开的文章，将文章链接转发到手机浏览器或 PC 浏览器均无效（Web 版或 Mac 版微信打开的文章会跳转到 PC 浏览器，也不计数）。

② 点赞数。点赞数即此图文的用户点赞次数，每个微信 ID 仅可以贡献 1 次点赞数，它反映用户对图文的认可度（往往属于图文质量指标）。

③ 评论数。评论数即此图文的用户评论数量，用户评论需通过后台审核方会出现在图文下方评论区，它反映用户的活跃度和互动率（建议主动引导用户评论）。

④ 转发数。转发数即此图文的用户转发次数，此指标非常重要，反映图文的传播效果和吸粉效果。

当然部分企业也会考核推文量、图文渠道、吸粉数、转载量等指标，甚至会考核活动参与率、业绩等指标。这也就是说你写的文章，得让用户喜欢看，愿意和你互动，愿意分享出去，最终能支撑公众号本身价值的产生与传递。

（3）公众号文案的一天通常是怎样度过的？

◇ 上班第一件事往往是打开各种资讯网站或渠道，浏览热点爆文，找灵感；

◇ 构思选题，确定写作方向；

◇ 寻找素材，撰写文案；

◇ 对图文进行润色、美化；

◇ 递交上级领导审核，如有需要，则进行修改；

◇ 在规定时间点将图文发送出去，对图文的发布效果进行监控并与用户进行互动。

（4）如何面试一位文案？

通过前面的讲解，读者已经对公众号文案有了基本的了解，接下来可能会对如何获得一份文案工作感兴趣，下面来看看一家公司是如何面试一位文案的。

① 简历：简历是否详略得当、重点突出、一目了然；

② 公式：公司的面试负责人一般会按 STAR 法则来进行提问，也希望你能运用这一法则来组织语言回答；

③ 写作框架：你平时会如何写一篇图文？策划流程、关注点和思考点是什么？你得有自己的知识体系；

④ 作品：公司除了希望能看到你的得意之作外，更想聆听你对自己作品的评价、分析；

⑤ 成长性：你的职业规划、学习渠道和方法是什么？公司会关注其中的一些细节。

公司希望你是一个热爱文案工作、写作基本功合格、具有清晰的逻辑思维、拥有自己的写作方法和素材库、具有强烈的学习欲望和习惯的伙伴，如果还有敏锐的嗅觉就更好了！

4.3.2 公众号文案的内容规划

通过对公众号文案岗位职责的了解，虽然对文案能力得不到什么启发与提升，但是能够帮助读者好好规划自己的文案之路。一个人具有目标明确、勇于自省、拼搏努力的品格，比任何文案技巧都重要。

下面来看看接手一个公众号后，如何解决写什么的问题。如果现在让你接手"老干妈"的公众号，你会写些什么，为什么？请先认真构思并回答这个问题，将答案写在纸上，再来阅读下面的内容。

1. 如何策划公众号内容调性

公众号的市场竞争越来越激烈，据侯斯特 2017 年 9 月统计的数据，公众号图文打开率仅为 2.75%，新媒体运营进入红海市场。在这种状况下，公众号的定位成为众多新媒体运营人员需要解决的关键问题。

《新定位》一书中提到消费者有五大心智特点：

（1）消费者只能接收有限的信息；

（2）消费者喜欢简单，讨厌复杂的事物；

（3）消费者缺乏安全感；

（4）消费者对品牌的印象不会轻易改变；

（5）消费者的心智容易失去焦点。

因此，公众号必须在粉丝心中塑造一个专属形象，占据粉丝的心智。当用户一想到你专注的领域时，会立马想起你的公众号。为了达到这样的战略效果，我们必须在内容层面就明确"写什么"和"不写什么"，为用户提供具备识别度、持续一致的内容价值。

1）内容定位

确定内容定位，需要解答三个问题即可。

（1）用户是谁（人群划分）；

（2）用户有什么需求（用户诉求）；

（3）我们能满足用户什么需求（企业诉求）。

回答这三个问题时，答案要具体、真实、精准，如图4-33所示。

维度	A版本	B版本
用户是谁	女性白领	位于广州，对生活品质有追求，偏好拉丁文化风情的女性，职位多为白领与大学生，一般有出国甚至国外定居经验
用户有什么需求	美食、健康、旅游	喜欢正宗国外美食、偏好天然新鲜的原材料美食、钟爱拉丁国家风土人情
我们能满足用户什么需求	提供高性价比的美食	为用户提供原汁原味的拉丁美食与极具拉丁风情的用餐环境

图 4-33 公众号的内容定位

2）调性定位

公众号的内容定位其实可以总结为一句话：以同时满足品牌需求和用户需求为核心追求，确定一个写作风格（人格化）即可。而调性定位是非常难的一件事，一是你必须要给自己的内容调性找到显著的不同和差异所在；二是"调性"这个词毕竟务虚，即便真的找准了，你要落到实处，找到具体的发力点也很不容易。

内容调性一般包括三个维度。

（1）人格设定：即什么性格；

（2）语言特点：即说话有什么特点；

（3）价值取向：即认为什么是对的，什么是错的。

因此，接手一个公众号时，先明确用户是谁，用户有什么需求，我们应该满足用户什么需求。把答案全部写在一张纸或者黑板上，思考用户一般倾向于找谁解决这些问题。确定人格方向后，再提取这个人格应该有什么性格和特点，分析自己品牌、产品的特征，进行多种组合。最后在多种组合中选择最具差异化和契合度的特点作为公众号的内容调性。

2．如何构建写作素材库

"巧妇难为无米之炊"，一个文案若想灵感源源不断，保持持续、高质量的输出，必须要有专属的内容素材库，以便挖掘灵感、高效写作和引经据典。

1）公众号素材搜集工具及方法

首先来认识一下哪些工具能帮助你搜集素材，如图4-34所示。

平台	工具名	使用方法	备注
移动端	手机相册	拍摄：看到好的素材立刻拍下来 截图：看到手机端好的素材，可直接截图	注意要命名并简略写上记录的原因 最好进行云端备份，隔一段时间保存在PC特定文件夹里
	微信收藏夹	看到好的文章，马上收藏、添加特定标签	图文可能会失效，所以重要的文章，最好将链接在PC端打开，复制到本地文件夹里/笔记类软件
	微信文件助手	有好的灵感时，可以马上用语音方式发给文件助手，闲暇时再以文字录入到别的笔记工具	快捷方便，适合记录突发灵感
移动端/PC端	印象笔记	可以把好的素材、灵感记录到此类软件APP中，移动端和PC端同步，使用方便	类似软件还有有道云笔记 注意分类整理
PC端	方片收集	谷歌浏览器插件 适用于快速记录浏览器的素材	
线下	笔记本	将好的灵感和素材以手写的方式记录下来	虽慢且烦琐，但面对高质量素材，这是最好的记录方法

图 4-34　公众号素材搜集的工具及方法

2）建立素材库

（1）标题库。即收集优秀的标题。标题具有很强的借鉴性，保存各种类型的好标题便于日常学习和借鉴。

（2）素材库。素材库建议这样进行分类，按照文字、视频、音频、图片进行分类保存，在保存的同时添加此素材的收集理由。

（3）灵感库。即将平时自己迸发的和借鉴他人的灵感素材收集到此库。该库的功能与"点子王"的功能类似。

3）素材库的更新与维护

（1）"书到用时方恨少"，因此，不要总是在需要用时才去翻看素材库，日常也应该预留一些时间来翻阅，这样既可以提升素材库的使用效率，也可以提升自己的审美能力和文字感知力。

（2）分门别类并做到井井有条，将素材库里庞大的素材按照属性、用途进行分类，通过文件夹和文件名的命名来区分。

（3）定期清理素材库，将无价值、不使用的素材删除，或者移入待确认删除的文件夹。图 4-35 为运营公众号的素材库截图。

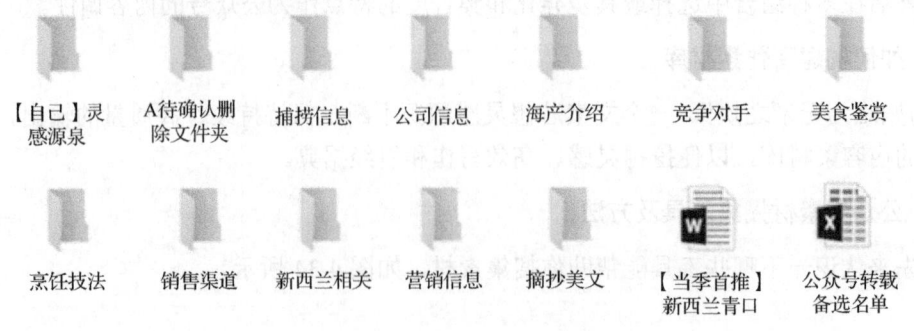

图 4-35　运营公众号的素材库截图

3. 如何做好日常选题

日常撰写公众号文章时，应当如何选择选题方向？

1）选题方向

（1）从内容定位中挖掘关键词，再通过关键词的延伸和组合来确定文章的选题方向。

（2）从精准用户的需求出发，分析自己公众号的用户群，以他们的需求和痛点为基本出发点，结合自己擅长和专注的领域来确定选题方向。

（3）追热点。追热点的选题角度：热点关键词＋内容定位＋用户痛点。

（4）借鉴同行。竞争对手是你不容忽视的灵感来源，建议关注多个同行的公众号以便博采众长。一般要关注三个维度的竞品：第一，和自己各种条件相似的（更具借鉴价值，不易水土不服）；第二，比自己牛的（学习思路技巧，提升眼界，但要记住勿生搬硬套）；第三，做得不好的（少看，主要是警示自己，避免犯同样的错误）。

（5）借鉴爆文，关注自媒体的爆文（能爆往往是因为抓住了用户的眼球和需求）。借鉴爆文可以适当修改一些元素来进行应用，如更换部分字眼、更换对象、更换场景甚至唱反调都是不错的应用方式。

2）好选题有哪些特征

一个好的选题，应具备潜在用户多、吸引力强、选题新鲜三个特征。

（1）选题的潜在用户多，即对此选题感兴趣的用户比较多，也就是说一个选题要爆，它的受众人群一定要广。唯有满足大多数人的需求，才有大概率成为爆文。

（2）选题的吸引力强，即这个选题能有效地激发用户点击和阅读的兴趣，也就是常说的标题技巧。只有赋予选题强烈的需求吻合和话题性，才能促使用户点开浏览。

（3）选题新鲜，即这个选题还没"烂大街"，被消费程度低。当然不是说所有被用烂的选题就不能用了，只要能别出心裁，也能被使用。例如，这个事件别人都从 A 角度去谈，而你则反其道而行之，从 B 角度去谈。

3）找到好选题的三个技巧

（1）懂用户，更懂用户的需求和痛点。某位公众号运营人员认为，"为什么我常常写出阅读量超 10 万次的文章，因为我对用户爱得深沉"，只有你懂用户，为用户创造价值，那么用户就会用行动来为你站台。所以找好选题的第一条件是要尽可能多地写出目标用户的需求和痛点，然后在这些需求痛点中选出 1~3 个去解决，以此来确定选题。

（2）尽可能选择大众化、受众群广的需求、痛点来切入，人群数量的上限决定你引爆的可能性的大小，前提是不能偏离内容定位。那么，怎么判断这个切入点的受众广泛与否呢？建议从以下两个方面来判断：第一是马斯洛需求层次理论；第二是天主教的七宗罪。只要选题切入点能贴合这两个方面，就认为它是符合需求的。

（3）追热点要快、准、特别，当发现热点时，要迅速判断是否适合追。如果适合，通过什么角度去切入。一般热点都从两个方向去延伸：人和事。即这个热点事件中有哪些人物参与，可以从人物角度切入；这个热点事件是一件怎样的事，这个事件有哪些特点可以切入。

4）转载也可以是你内容来源的重要方式

百分之百原创的文章是文案的追求，但在实际操作中，往往也会采取整合、约稿、转载和历史重发等方式进行文案推送。为什么会如此呢？因为高质量的原创文章非常花费精力，为了给用户持续提供有价值的内容，我们应该博采众长，适当引入别人的文章。寻找转载内容的方法有以下几种。

（1）关注与自己公众号内容定位相匹配且质量高的公众号，密切留意其动态并及时查阅更新的内容，发现有合适的文章，立即转载；

（2）申请进入白名单群，在当中发现优质的原创内容；

（3）关注文案圈，多加同行好友，通过他们的朋友圈寻找素材；

（4）"站在巨人肩膀看世界"，关注以集合、摘抄、转载为主的公众号，发现好的素材，找到原创公众号并申请转载。

当找到转载的内容后，应该进行怎样的加工呢？

一般来说公众号作者给白名单授权后，都会允许修改文章的内容。所以我们一般只需要做三个动作即可。

（1）根据自己公众号受众特性，对文章内容进行微调，即在不改变文章内容方向的前提下，让它更符合我们粉丝的喜好。

（2）根据自己公众号排版风格，重新对文章进行排版，以塑造统一的阅读体验。

（3）由于是转载文章，建议添加推荐语（即为什么推荐这篇文章给用户看）。

原创不易，在转载他人的文章时，注意保护作者的权益。

4.3.3 公众号文案写作架构及要领

知道了公众号文案写什么内容后，下一个要解决的重要问题是公众号文案怎么写，这里将按照公众号文章的结构进行讲解。公众号文章结构一般包括标题、摘要、导语、正文和结尾五个部分。在项目 2 文案撰写基本技巧与应用中，我们详细介绍过标题写作的"5 法 12 式"和开头结尾的写作方法，这里结合微信公众号文案的特点，通过实例来进行深入分析。

1. 公众号文案标题写作技巧

在竞争白热化的新媒体圈，粉丝的注意力成为一种稀缺资源，用户也因过于泛滥的推文而阈值提高，是否会点击决定着文章的成败，于是标题变得格外重要。在讲写作技巧之前，先来看看标题写作的两个常见误区。

第一个误区：标题就是概括全文大意，让人一目了然。标题的重要作用是吸引点击，因为用户对一眼就能看透的东西大都感到索然无味，神秘、好奇、悬疑是吸引用户的不二法门。

第二个误区：标题只需要吸引用户点击阅读即可。标题除了吸引用户点击外，也发挥着吸引用户传播的作用。标题在用户的分享中占据重要版面，因此，尽量让标题能吸引用户传播。例如：

文章标题"闹市中惊现悬挂于车外的裸尸",内容是在车尾箱上挂了一只脱毛死鸡,这种标题让别人怎么可能去转发、分享?它进入了上面两个误区中的第二个误区。

标题怎样写才能吸引用户的注意,令其欲罢不能呢?

1)"抱大腿"

让标题出现名人、头衔、权威机构名称或热点事件。这里的"大腿"犹如日常消费中的知名品牌一样,能提升用户的熟悉度、内容的含金量,迎合用户追求权威和从大流的心理。

"抱大腿"一般采用替换法,先根据内容将标题构思出来,然后对标题进行分词,根据分词展开联想,延伸思路直至能找到这个领域的"大腿",然后进行替换处理。例如:

◇ 标题"马明哲的交叉销售有多厉害,这个做法简直了!"对比"平安集团总裁的交叉销售有多厉害,这个做法简直了!",后者"抱"了用户熟悉的平安集团的"大腿"。

◇ 标题"探索宇宙,震撼短片"对比"NASA探索宇宙,震撼短片",后者"抱"了美国国家航空航天局(NASA)的"大腿"。

2)用数字

"数学是上帝的语言",能用数字的地方就别用文字。因为数字的辨识度高、客观具体、直观明了。文案撰写过程中,一般会有四种形式来应用数字。

(1)年龄。当有人物或群体出现在标题中时,一般会加入数字化的年龄(塑造极端或差异化)来吸引用户关注,比如我们常见的"00后""95后""50岁"等字眼。例如:

"最后一批90后成年啦!""90后总裁余佳文:天生霸气还是后天吹牛?"

(2)时间。当标题需要强调快慢、时间长短时,我们会用具体的时间来表示。例如:

"这个日本匠人捏了40年的面团,结果连马卡龙大师都飞过半个地球来向他请教"

(3)金钱。与金钱相关,即工资、身价、估值等,利用人对金钱的向往,吸引阅读。例如:

"月薪3 000与月薪30 000的文案区别""从月薪5 000到年薪50万的公众号创业故事!"

(4)用数字代替形容词。例如:

"'雕爷'重金购进香港食神独家秘方,打造轻奢美食体验"对比"'雕爷'500万购进香港食神独家秘方,打造轻奢美食体验",用"500万"代替了"重金"。

3)与用户有关

与用户有关,即想尽一切办法,让读者觉得"这篇文章跟我有关,我得点开看看",技巧如下:

(1)利用身份标签强化代入感,包括性别、年龄段、职业、地域等。例如:

"90后才懂得童年快乐""运营喵VS产品汪"

(2)通过表达的情感来获得代入感,帮用户把他们想发泄的情绪说出来。例如:

"我才二十几岁,凭什么活得一本正经?"

(3)通过描绘场景增加代入感,即通过视觉化的场景描述,引发用户共鸣(尽量寻找用户经常、感触深的场景来表达)。例如:

"你还记得那群在网吧看你打游戏的小学生吗?"

(4)说明好处来吸引用户,引起代入感,让用户觉得:打开看了对我有收获,分享出去对别人有帮助。例如:

"如果你读不完《失控》,至少可以读完这50条书摘"

标题乃文章成败关键,毕竟在碎片化阅读的背景下,不点击是用户的常态行为。如何才能使标题出彩、夺人眼球呢?无非学套路(看爆文标题、纳入素材库供借鉴)、懂用户(多接触用户,多换位思考,以为用户产生价值为使命)、看数据(要有运营思维,善于分析文案数据,科学指导工作)三点而已。

2. 摘要写作法

摘要与标题、封面共同组成吸引用户点击阅读的第一展现,如图4-36所示,这种黄金展位的摘要,其重要性可想而知。

在讲摘要写作技巧之前,请先思考下面两个标题,你会给它写一个怎样的摘要呢?

◇ "小马宋"的"制造完美瞬间:让客户难以忘记的体验设计"

当然,你可以直接去他们的公众号找答案,

图4-36 微信公众号的封面、标题和摘要

但更重要的是你自己构思的摘要,以及为什么这样写。小试牛刀之后,再来看看摘要写作有哪些技巧。

(1)读后感。与电商平台购物评价的作用一样,用户决定是否看图文,关键是价值的多寡,一句诚挚的读后感能帮助用户打消疑虑,用户更愿意点击浏览。

(2)价值提炼,即把文章的核心价值概括给用户,让用户明确文章的价值点,帮助他阅读。

(3)对标题进行补充,即用摘要延续标题,强化前后呼应,让价值点更突出。

(4)推荐语,即将图文的热度、稀缺度和重要性推荐给用户。

技巧总结:摘要不要过于长和啰唆,简洁明了,尽量用一句话让用户看明白(建议15个字以内)。

3. 导语写作法

导语其实是新闻术语,由于新闻是非常成熟的写作形式,因此在很多文案写作中也会运用这个技巧,但这并不是非用不可的(如果你确定使用这一结构,最好持续地使用下去,以便形成自己的图文风格)。导语就是以简要的文句,突出最重要、最新鲜或最富有个性特点的事实,揭示新闻要旨,吸引读者阅读消息的开头部分。

（1）导语写作法之内容概括或中心提炼。内容概括或中心提炼是最常用的导语写作方法。写这类导语不能急，应该是在你写完全文后方构思写作。其实就是用导语告诉用户这篇文章说什么，只需要在导语中用简洁干练的语言，将主体内容告诉用户即可。但要注意措辞的营销性，即注意对用户的吸引力，避免过于平淡。

（2）导语写作法之推荐语。虽然第一种方法常用，但有时候不是很贴合新媒体文案的需求，反而是推荐语这种形式更适合。所谓推荐语，就是给用户一个看这篇图文的理由，促使用户继续阅读。怎么写？以下两种方法供借鉴。

① 痛点切入。即在导语中开门见山将图文能解决的问题写出来，引发用户共鸣与兴趣，让用户知道他自己遇到过这样的问题、需要解决这样的问题以及你会帮助他解决这样的问题。

② 推荐缘由。即为什么要推这篇文章给用户看，这种套路不以切入解决方案为第一目的，而是强调对文章本身的赞誉或者是第三方的正面评价。

（3）导语写作法之帮助用户阅读。帮助用户阅读与第一种方法相类似，但有所差异。这里的导语是指向用户交代此图文写作的背景及相关专业知识，避免用户遇到阅读障碍。图文可能有很多地方是用户不了解的，会严重影响用户的理解，在开篇交代这些内容，便于用户流畅阅读。

4. 正文写作法

文章的正文写作难有规律和套路可讲，无法给出放之四海而皆准的写作公式。这里从微信公众号文案需要完成的三个目标出发，总结正文写作的技巧。

在繁华的网络时代，互联网具有海量的信息、获取成本几乎为零等特点，用户是挑剔且浮躁的。吸引用户，需要在文章中完成三个目标：让用户读下去、分享下去、认可我们所说的（将核心诉求传递入心）。为了完成这三个目标，我们可以在正文写作中使用一些技巧。

1）正文写作法之如何让用户读下去

用户明明都点进来了，为什么不读下去呢？

◇ 货不对板，即正文内容不吻合标题和摘要，让用户大失所望，自然会在左上角点"返回"。

◇ 看不懂，用户对正文内容感觉云里雾里，不知所云，这一般是由于"小编"用词艰涩难懂、充斥大量专业名词或理论、逻辑不清、颠三倒四等原因造成的。

◇ 字里行间过于平淡乏味，令用户味同嚼蜡、索然无味，用户自然挥袖而去。

◇ 文章毫无价值，用户感受不到实用价值（甚至娱乐价值也没有）。

如何解决上述问题，让用户读下去？办法有以下几点：

（1）标题与正文相契合。标题和摘要必须出众、吸人眼球，但也要契合正文，从真实内容出发，切忌过于浮夸、美化，甚至偷梁换柱。因此，当拟定标题和摘要时，首先要问自己：用户看到标题和摘要后，正文内容是他们所想要的吗？

（2）化繁为简。请记住一句话：文章的理解难度与阅读率成反比。保障用户的阅读流畅度非常重要,能把复杂的事情讲得简单易懂就是一种本事。逻辑思维的建立是一项大工程,很难在只言片语中交代清楚,建议写文章别直接下笔,先用思维导图工具明确写作大纲,明确逻辑框架后再下笔。

如何撰写能让用户读下去的正文,技巧有以下四个:

(1)直击要害。从用户最关注、最在乎的问题开始,帮助他们解决这个问题,或是挖掘用户想要的好处,在文字间暗示给他们此好处。

(2)学会讲故事。例如:

毕飞宇老师《小说课》的七个问题技巧。

问题1:主人公的"目标"是什么?

问题2:他的"阻碍"是什么?

问题3:他如何"努力"?

问题4:"结果"如何?(此处可以完成一个故事,但如果你想更吸引人,这里应该是不好的结果,伴随着观念的改变。)

问题5:有什么超越能力的"意外"可以改变这一切吗?

问题6:意外发生,情节如何"转弯"?

问题7:最后的"结局"是什么?

(3)与用户分享你的秘密,或是共做一件事。在文章中曝光一些你的小秘密,或者发动用户和你一起去做一件事情。这些方法都能有效拉近距离,推动用户阅读下去,毕竟关系和参与感是非常能推动人的。

(4)激发用户的情绪。人总有七情六欲,情绪往往源于利益,只要你知道人有哪些情绪不吐不快,找到它,然后在文字中替用户点燃它。

文章一般有两种价值,一种是帮助用户消磨时间(娱乐向),一种是帮助用户节省时间(干货向),而你必须要明确在文章中体现其中哪种价值。因为没有价值的文章就像一盘散沙,不用风吹,走几步就散了。

技巧:写完文章后,不要急于发送给用户,先平静自己急于表现的内心,再仔细回看文章,你会发现很多问题的。如果可以给其他人看,提出修改意见会更好(当然追热点时要快,别在此步骤耽误太多时间)。

2)正文写作法之如何让用户分享出去

新媒体传播最重要的特性就是裂变传播,你的图文就是裂变传播最重要的武器。用户在什么情况下会分享一篇图文呢?生活就是最好的老师,现在可以打开你的微信,看看你经常转发什么样的文章,看看你的朋友圈都在转发什么样的文章,把它们记录下来,然后进行统计分析,尝试反推当时分享的动机,也许你会更有感触。

其实,分享就是一个社交动作,在社交中有哪些需求和特点呢?

(1)新奇好玩。我们往往会和别人分享交流那些平常少见、反常甚至未出现的事。他们往往具有稀奇、有趣、好玩、私密、新鲜等特点，比如明星的绯闻八卦、奇闻趣事等。

（2）吐露心声。我们也经常向别人表露心声、倾诉想法，比如职场上常见的转发好员工标准之类的图文，阿迪达斯的广告《这就是我》。

（3）帮助他人。我们都有助人为乐的心肠，喜欢赠人玫瑰，手有余香。所以朋友圈也充斥着生活技巧、养生保健、防骗安全等图文信息。

（4）表达自我。我们更喜欢表达自我，甚至是攀比心理。例如，科比退役时很多球迷都主动发心情图文和转载相关图文来表达自己球迷的形象。很多游戏都引入排名机制，并且很多用户都会把成绩分享到朋友圈。

现在知道怎么做了吗？如果你的文章能满足用户的上述需求（哪怕一项），你的用户会用行动让你满意的。可以通过这一小节内容建立你的文章自检机制，写完文章后，检阅自己的文章是否拥有上述四点（拥有一个点即可），如无，你则需要根据内容方向，看看要往哪个要点去优化。

3）正文写作技巧之让用户认可我们所说的

作为文案，价值传递是核心使命，但在运营过程中，往往要分阶段传递不同价值。图文撰写过程有两个阶段：第一是追求文章价值，即往往以图文的阅读率和转发率为核心，希望吸引更多用户的关注、建立用户的关注度与信任度。第二是追求商业价值，在满足第一阶段后，需要将自己的商业价值与用户价值结合，追求用户行为的改变。简单来说，就是先有粉丝，再建关系，最后谋求变现。

文章要达成用户认可，除了要与用户有关以外；还要能实质性地给用户带来价值。传递什么价值和怎样传递价值的思路如图4-37所示。

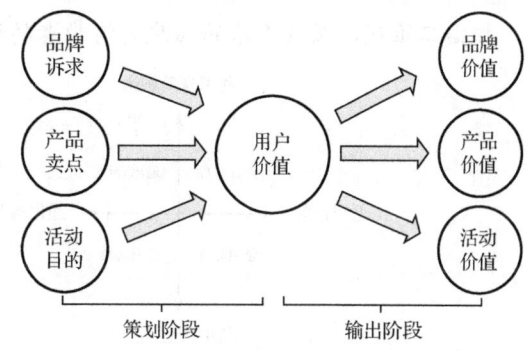

图4-37 传递什么价值和怎样传递价值的思路

在公众号运营过程中，影响用户认可度有两方面的因素：公众号的影响力和传递价值的质量。

（1）公众号的影响力。文案的人格魅力对于信息传递有着非凡的作用，往往同样一句话，不同的人表达的效果不一样。如何提升文章对用户的影响力？可以从权威、诚信、自然、有趣四个方面着手，提升公众号影响力的因素如图4-38所示。

权威是指人们在某一领域具有高度专业的能力或贡献，该领域往往是与公司业务相关的领域，例如量品定制，这一品牌所属的企业从事的是定制衬衫的业务，其公众号推送的是大量与衬衫有关的专业图文，解答用户关于这一领域的疑问，以此塑造其权威形象。一旦用户认可它的权威性，它在这一领域的相关推文自然能更好地让用户信服，从而引发消费行为。

诚信乃人立身之本，对于公众号运营也一样。检验公众号运营是否诚信，主要看承诺是否兑现，兑现后是否告知，没告知等于没有兑现，如图4-39所示。

■ 电子商务文案创意与撰写

图 4-38　提升公众号影响力的因素

图 4-39　检验公众号运营是否诚信的标准

自然和有趣就是指公众号就应该像是一个活生生的人，它有自己的态度、自己的情绪、有着与机器截然不同的灵性、有渴望与人交流互动的亲和力。它既符合品牌定位，又能受用户喜爱，如图 4-40 所示。

（2）传递价值的质量。

如何传递价值的质量？首先，价值得与用户密切相关，急用户之所急，想用户之所想。其次，价值获取成本可控，用户能较好地获取这一价值，而不是"水中月，镜中花"。

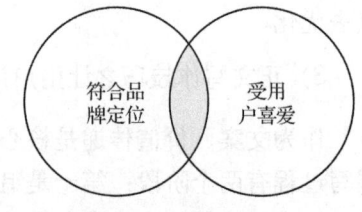

图 4-40　公众号的特点

◆阅读材料 4-1

扫描二维码，阅读李靖的《改变消费者的说服文案，有且只有 4 种》，如图 4-41 所示。

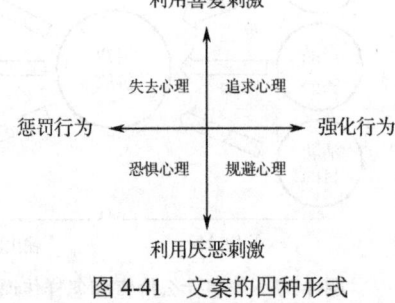

图 4-41　文案的四种形式

4-3　改变消费者的说服文案，有且只有 4 种

5. 结尾写作法

人们常说写文章要"虎头""猪肚""凤尾"。因此，结尾对于文章写作很重要，结尾处要对文章进行总结、提炼、升华。接下来看看"凤尾"是如何炼成的。

（1）总结全文。对内容进行概括、提炼，突出其价值。举例如下。

《这是我的家乡：百雀羚长图、999 视频及各种 H5，你根本没听过》，结尾是这样的：

"广告是什么？广告是一种商业的传播活动，目的是为企业和品牌主服务，达到传递信息和劝服的作用，用于引起消费者了解、尝试或购买某一产品或服务。"

（2）强调文章观点，引发用户的兴趣。例如：

《盐城婚闹事件：别把性骚扰包装成风俗》结尾是这样的：

"最后，我想郑重地说，我们每个有现代意识的人，都可以站出来，反对婚闹的陋习。不要被氛围影响，不要被面子困扰，不要被亲朋好友左右。任何时候、任何场合、任何理由，所有违背女性意愿的骚扰和猥亵行为，都是耍流氓……"

（3）根据文章内容，抛出问题，引起讨论和思考。例如：

公众号"休克文案"的《这就是月薪5万文案干的事》，结尾是这样的：

"留言互动，你遇到过什么喜欢的文案主题？"

（4）"鸡汤"结尾，以情动人。例如：

《这100条职场常识，你越早知道越好》，结尾是这样的：

"职场上只有功劳，没有苦劳。苦劳就是无效劳动，一切没有产出的努力，都是在浪费资源。再能吃苦，创造不了价值，在公司眼里都等于零。"

（5）结合用户，强化实用价值。例如：

《深度分析丨抖音是如何一步步引诱你上瘾的？》，结尾是这样的：

"具有瘾性的产品对于人们而言并不全是坏事，主要还是看使用的方式，就好比电脑对于某些人而言是'刷刷'热播剧，打打游戏。但是，对某些人而言可能就是吃饭的家伙。当然，如果你觉得对于你来说，这只不过又是一件浪费时间的瘾性产品而已，那么，你可以使用本文中的方法破解。"

（6）号召、引导用户行动。例如：

《你读了100本绘本，还比不上人家这样给娃读一本》，结尾是这样的：

"远超100本绘本价值的'阅读力'，孩子受益一生！识别下方二维码或点击'阅读原文'进行订阅，首周'早鸟价'最优惠只要79元！"

任务实训

【实训1】 为自己写两份简历，用于应聘公众号文案。一份根据自己现状写，另一份为三年后的自己写。

【实训2】 假设你是"中华英才网"的公众号运营者，你会如何进行内容规划，将结果填写在表4-7中。

表4-7 公众号运营内容规划

分　类	内　容　规　划
用户是谁	
用户有什么需求	
我们应该满足用户什么需求	
人格设定	
语言特点	
价值取向	

【实训 3】 查阅"小马宋"和"三节课"两个公众号,分析总结他们的选题方向,以及为什么要确定这个选题。

【实训 4】 在微信上搜索《霍金走了,才意识到杨振宁原来这么厉害!》一文,并为它写一段导语,然后分享给其他人,让他们对你的导语进行评价。

【实训 5】 搜索李靖微信公众号的推文,寻找表 4-8 中对应心理类型的商业文案,并完成表格的内容。

表 4-8 商业文案分类表

心 理 类 型	应用此心理类型的商业文案
追求心理	
规避心理	
失去心理	
恐惧心理	

【实训 6】 通过相关搜索工具找到"鸟叔笔记"的《深度分析丨抖音是如何一步步引诱你上瘾的?》一文,根据文章内容,运用本任务所学的技巧为其改写结尾,将改写结果填写在表 4-9 中。

表 4-9 结尾改写记录表

结 尾 类 型	改 写 内 容
总结全文,做内容的概括提炼,突出价值	
强调文章观点,引发用户站位	
根据文章内容,抛出问题,引起讨论思考	
"鸡汤"结尾,以情动人	
号召、引导用户行动	

任务 4.4　短视频制作及剧本撰写

任务导入

以 BAT（B=百度、A=阿里巴巴、T=腾讯）为首的机构重金加速布局短视频平台。淘宝短视频根据创作主体和内容主要分为商品型短视频、内容型短视频、用户型短视频和映像淘宝四种。

制作短视频需要掌握哪些基础知识？短视频的剧本如何编写？如何拍摄和剪辑短视频？

任务导图

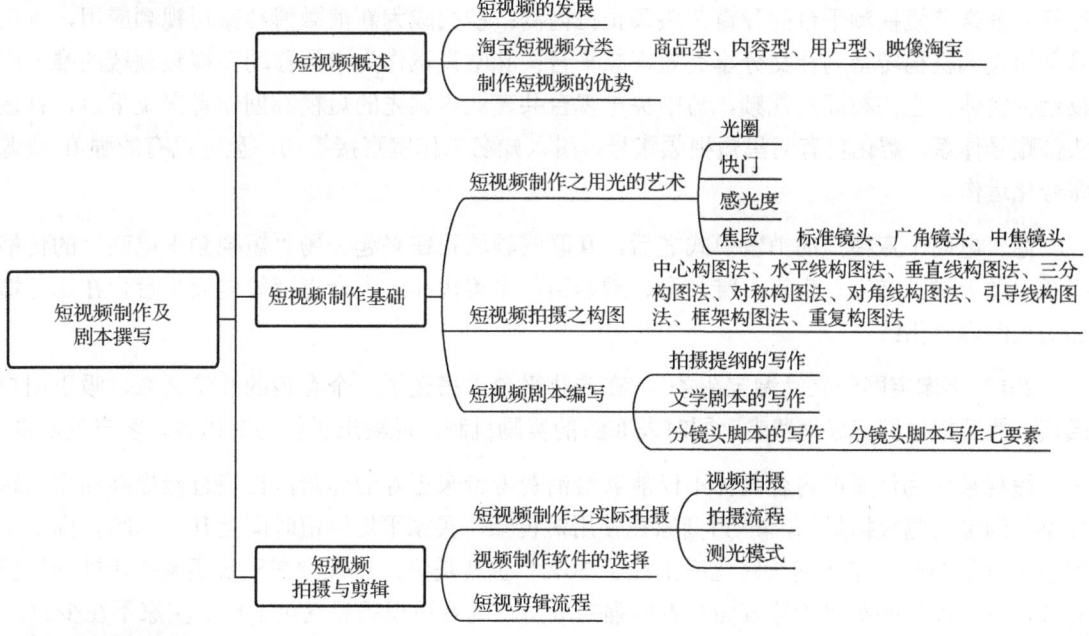

学习目标

知识目标	了解短视频制作过程
	熟悉淘宝短视频的类别
	掌握视频构图的方法
能力目标	能够撰写拍摄提纲
	能够根据拍摄提纲撰写文学剧本
	能够根据视频拍摄需要撰写分镜头脚本

4.4.1 短视频概述

1. 短视频的发展

2016年短视频兴起，短视频平台开始初步尝试商业变现。2017年短视频火热，用户规模的增长和广告主的关注带动整体市场规模提升，2017年短视频市场规模达57.3亿元，同比增长183.9%。

以"BAT"为首的机构重金加速布局短视频平台，今日头条、秒拍等平台也加大资金的投入来扶持短视频内容创业者。例如，2017年4月，阿里正式宣布投入20亿元进军短视频领域，将土豆网打造成为专门的短视频平台；腾讯专门成立短视频中心，负责短视频平台的运行；爱奇艺短视频平台的爱奇艺头条正在内测；秒拍成为新浪微博独家短视频应用，从工具型短视频机构转型为社交分享类短视频平台；咪咕视讯作为中国移动在视频领域的唯一版权运营实体，也在布局短视频，与中央电视台共建业内领先的短视频创作者聚集平台，打造头部账号体系，孵化自有明星短视频账号，引入知名工作室直接签约，盘整已有的强IP资源账号化运作。

继"电商+直播"的销售模式之后，互联网领域正在兴起一场"短视频+电商"的传播模式。像天猫、淘宝、京东、唯品会、蘑菇街、聚美优品、大众点评等电商平台也在迅速增加短视频内容供给。

2017年淘宝网创立"淘宝头条"，在购物平台内搭建了一个有趣的社交区域，吸引用户阅读，然后把他们变成消费者，同时发布新的奖励机制，谁输出了优秀的内容，客户就归谁。

短视频作为优质的内容载体不仅能够给消费者带来更好的体验，也能直接提高商家的转化率。淘宝公测数据显示，40万商家在使用短视频，买家平均停留时间上升了10%，向下浏览率下降了20%，整体购买转化率上涨了20%！也就是说，短视频在延长买家在店铺的停留时长，以及促进购买决策等方面有着极强的威力，观看短视频后直接下单的买家不在少数。

2. 淘宝短视频分类

短视频营销逐渐成为各大中小企业品牌宣传、产品推广的重要手段，这里以淘宝短视频为例来进行介绍。目前，淘宝短视频根据创作主体和内容主要分为商品型短视频、内容型短视频、用户型短视频和映像淘宝四种。

1) 商品型短视频

商品型短视频是卖家用得最多的类型，它的分发渠道多种多样，既有爱逛街、猜你喜欢、有好货等公域流量，也有微淘等私域流量，还可以插入至主图和详情页。商品型短视频录制门槛很低，卖家完全可以自己录制，也可以通过发布微任务来请第三方制作。它的内容形式很简单，基本已经固化。

2) 内容型短视频

与商品型短视频相比，内容型短视频要求更高。拍摄精良的短视频会在每日好店、必买清单、爱逛街等领域呈现，获取的曝光率也更高。但拍摄条件也相对更为严苛，必须要有好的剧本和故事，由专业团队拍摄制作，类似于微电影的形式，拍摄成本从几万元到几十万元不等。

3）用户型短视频

用户型短视频是近期出现的新类型，拍摄主体不再是卖家，而是买家，买家在购买后拍摄视频作为对商品的评价。高品质的视频也会被系统抓取分发，出现在猜你喜欢、微淘话题、买家社区等领域。由于是买家拍摄的视频，"种草"能力更强。所以，各位卖家可以多多鼓励买家发布视频对商品进行评价。

4）映像淘宝

映像淘宝是淘宝短视频中最高级的类型，主要面向的是大卖家的精品视频。要求站外粉丝100万人以上，全网播放量超过1亿次。一旦被认证并打上映像淘宝的标签，平台会协助IP进行全网分发，这种分发不仅局限在阿里系内容平台，也包括官方的微博、秒拍、头条等全网渠道。同时，平台也会推荐优质商家进行合作对接，以便内容创作者可以快速地实现内容变现。

随着短视频的广泛应用，拍摄门槛将会越来越低。淘宝网计划发布一款植入在微淘里的短视频拍摄神器，届时卖家只要有一部手机就可以实现短视频拍摄。

3. 制作短视频的优势

短视频营销具有成本低、黏性强，有利于打造品牌效应、筑起行业壁垒等优点。淘宝网对短视频非常重视，为了鼓励卖家做内容，主动抛出增加权重的政策，即淘宝网给每一个做短视频的产品增加流量和权重，只要做出内容优质的短视频，就能提高曝光率，达到转化率提升的目的。也就是说，做短视频真正的目的并不是让淘宝网多分给你一点流量，真正的目的是提升转化率！

功能方面，淘宝短视频具有鲜明的导购属性，视频中至少存在一个可以被购买的产品或商家的品牌信息。此外，淘宝短视频也能提供派送优惠券等形式的互动。内容时长方面，针对目前手机淘宝不同的展现渠道，对短视频时长的要求会略有不同。

在短视频方面，淘宝网、天猫的变动及特点如下：

（1）在淘宝网"猜你喜欢"右边增加"发现"板块，专门做短视频内容；

（2）店铺详情内容化，无须长篇大论，可用短视频来表达详情页；

（3）在全域内容营销方面，可通过短视频传递给用户"种草"，这也是淘宝网、天猫里最核心的推荐导购场之一；

（4）短视频是唯一一个做全链路内容分发的版块；

（5）商家可通过注册成为达人的方式自行上传短视频。

由此可见，淘宝网、天猫对于短视频的内容形态的重视程度很高。

4.4.2 短视频制作基础

制作高质量的视频光有想法不够,还需要将想法进行艺术加工和创作。那么,如何制作一个优质的视频呢?

制作视频离不开商品拍摄。商品拍摄除了学会相机的基本操作之外,还需要掌握用光的艺术和构图技术。

1. 短视频制作之用光的艺术

无论是摄影还是摄像,最基本要做到的就是曝光正常,曝光的三个核心参数分别是光圈、快门和感光度。

1) 光圈

光圈是用来控制光线透过镜头,进入机身内感光面光量的装置,它通常在镜头内。一般用 F 值来表达光圈的大小。对于消费型数码相机而言,光圈 F 值通常介于 F2.8~F22,如图 4-42 所示。许多数码相机在调整光圈时,可以做 1/3 级的调整。一般来说,光圈 F 值越小,光圈越大;光圈 F 值越大,光圈越小(光圈计算公式 F 值=镜头的焦距/镜头光圈的直径)。

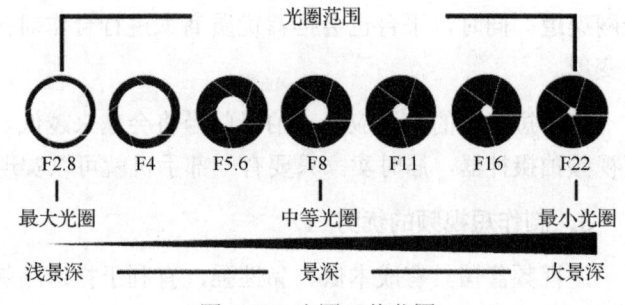

图 4-42 光圈 F 值范围

光圈除了可以控制画面亮度外,还可以控制景深。景深是指合焦位置前后看起来清晰的范围,在针对被摄体同一位置对焦时,光圈开得越大,景深就会越小,合焦位置的前后会有大幅的虚化效果。而当光圈收缩得较小时,景深就会变大,看起来合焦的范围也会更广,如图 4-43 所示。

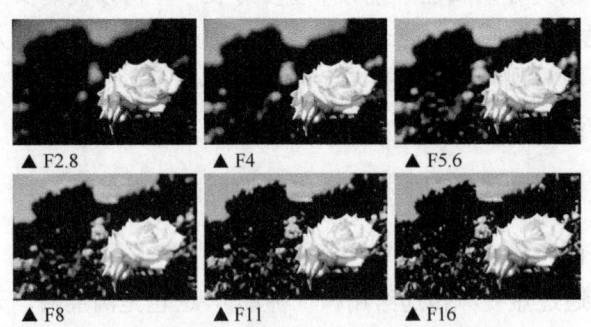

图 4-43 光圈大小与景深的关系

除了通过改变光圈大小控制景深外,更改焦段、镜头和被摄主体的距离也可以控制景深。镜头焦段和景深的关系如图 4-44 所示,景深和物距的关系如图 4-45 所示。

提示:总的来说就是光圈越大,焦段越长,景深越浅。光圈越小,焦段越短,景深越深。例如,光圈 F4 的景深会比 F8 的浅。大光圈和长焦段能够使背景模糊,更加将主体突显出来。较小的光圈和较短的焦段使背景更加清晰,凌乱的背景会对主体造成不必要的干扰。

使用EOS 5D Mark Ⅱ（35mm 全画幅相机）均使用F4拍摄

图 4-44　镜头焦段和景深的关系

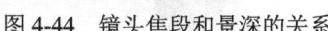

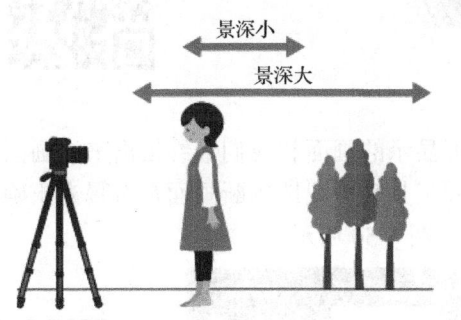

图 4-45　景深和物距的关系

2）快门

快门是摄像器材中用来控制光线照射感光元件时间的装置。快门速度单位是秒，相邻两级的快门速度的曝光量相差一倍。专业 135 相机的最高快门速度达到 1/16 000 秒，常见的快门速度有 1、1/2、1/4、1/8、1/15、1/30、1/60、1/125、1/250、1/500、1/1 000 、1/2 000 秒。

较高的快门速度会冻结移动被摄体的动作。较低的快门速度可以产生模糊的效果，给人以动感，如图 4-46 所示。（快门速度显示从"2"至"8 000"表示分数形式快门速度的分母。例如，"125" 表示 1/125 秒，"0"5" 表示 0.5 秒，"15""表示 15 秒。）

模糊动作
（低速快门速度：1/30秒）

冻结动作
（高速快门速度：1/2 000秒）

图 4-46　快门速度与照片的关系

3) 感光度

感光度,又称为 ISO 值,是衡量底片对于光的灵敏程度,由敏感度测量学及测量数个数值来决定。感光度高低直接影响画面亮度,如图 4-47 所示。数码相机的感光度是类似于胶卷感光度的一种指标,实际上,数码相机的 ISO 值是通过调整感光器件的灵敏度或者合并感光点来实现的,但最终目的都是调节画面的明暗程度。一般来说,感光度越低,画面越细腻,亮度越低;感光度越高,画面噪点越多,亮度越高,如图 4-48 所示。虽然高 ISO 值在噪点方面还会令我们有这样那样的担忧,但为了获得更高的快门速度和更明亮的画面,这也算是一种不增加成本的折中解决方法。

图 4-47 从左到右依次是曝光不足、期望曝光、曝光过度三种情况

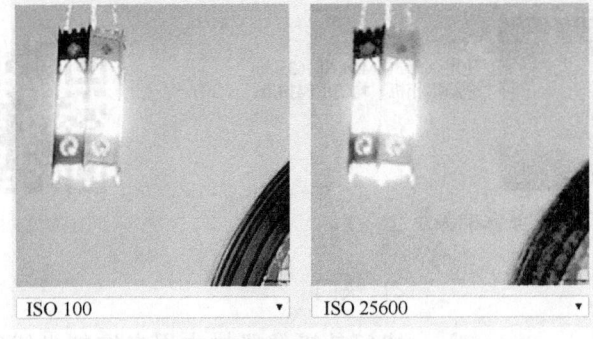

图 4-48 感光度与噪点的关系

如何判断画面是否正确曝光?相机自带液晶屏显示的画面和我们最终拍出来的画面其实是有色差的,我们可以借助相机自带的灰度直方图工具来直观地判断画面是否曝光正确。亮暗对比直方图如图 4-49 所示,直方图峰值示意图如图 4-50 所示。

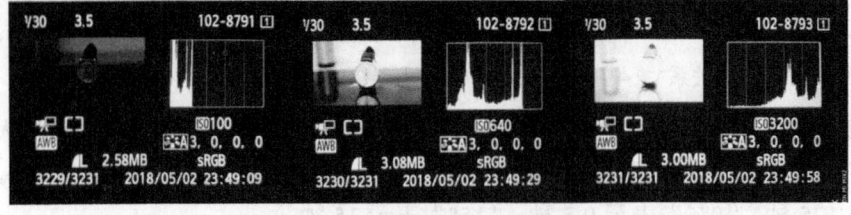

图 4-49 亮暗对比直方图

光圈、快门和感光度是互相关联的。在拍摄视频时,它们需要互相协调使用。如果把相机比喻成眼睛,那么光圈就是瞳孔,快门就是眼皮,感光度就是视网膜的敏感程度。这三者共同影响的是成像的亮度,如图 4-51 所示。瞳孔越大,单位时间的通光量也就越大。眼皮睁开时间越长,通光时间也就越长。同时在瞳孔与眼皮睁开时间都不变的情况下,视网膜越敏感,成像也就越亮。

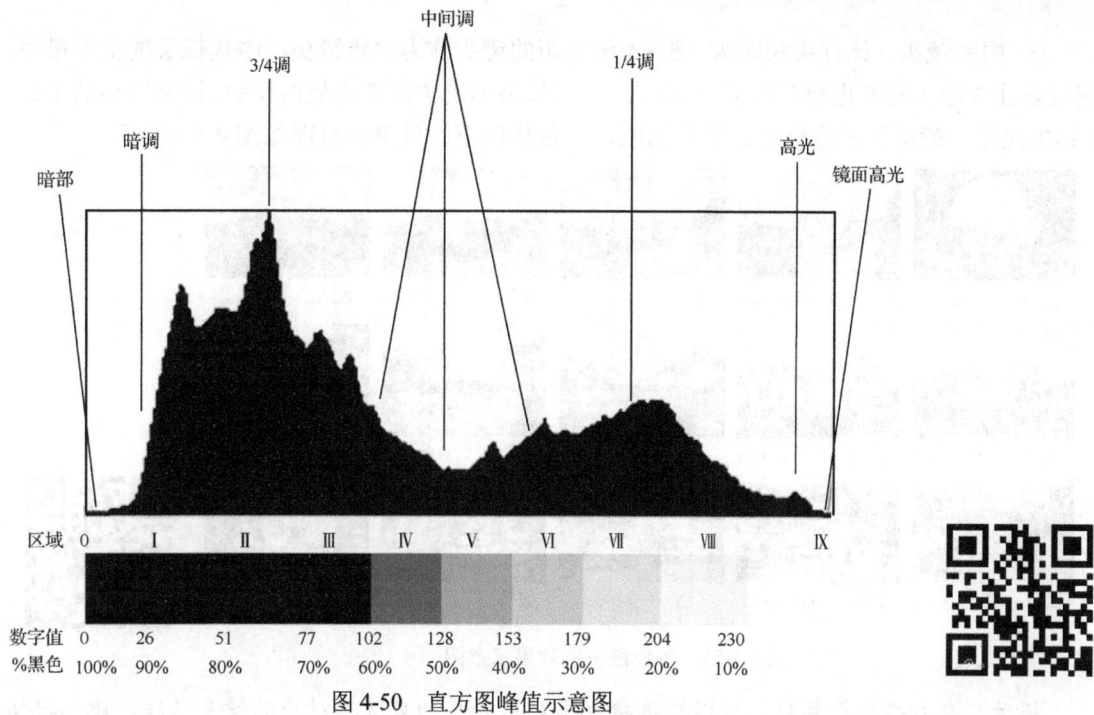

图 4-50　直方图峰值示意图

4）焦段

焦段就是指变焦镜头焦距的变化范围，如图 4-52 所示。镜头焦段可以分为以下几种：

① 标准镜头。它的视角在 43 度左右，焦距是 50mm。这时照片的透视效果最接近人类眼睛。

② 广角镜头。当焦距小于标准镜头的时候，镜头可以记录更大视角的影像，称为广角镜头。广角镜头的透视是被夸张的。在广角镜头下，近的更大，远的会更小，在风光摄影中使用可以得到更具视觉冲击力的照片。

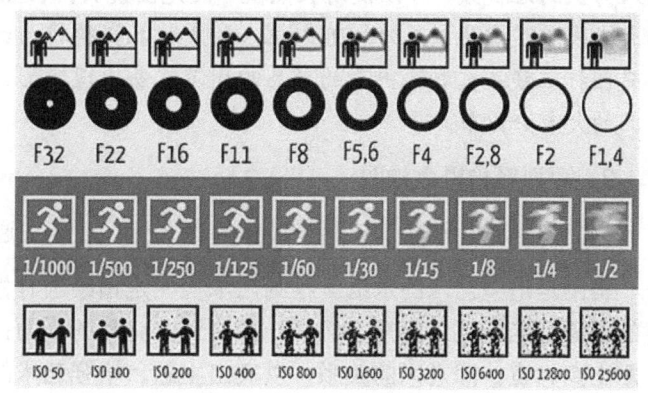

图 4-51　三个要素对画面成像的影响

焦段	名称	适用范围
10mm 左右	超广角段	风景摄影、纪实摄影等，照出来角度非常大，很有冲击力
24mm 左右	小广角段	主要用于风景、纪实摄影等，旅游纪念照用这个焦段不错
50mm 左右	标准焦段	视角平易近人，变形少、主要用于风景摄影，人像摄影，纪实摄影等
85mm 左右	中焦段	这个焦段主要用于拍人像、静物等
200mm 左右	长焦端	这个焦段常用于抓拍、特写等，可较远距离拍摄
500mm 左右	超长焦段	这个焦段可以"打鸟"了，也就是拍鸟，隔一个操场远都能轻松偷拍

图 4-52　变焦镜头焦距的变化范围

③ 中焦镜头。比标头焦距大 1.5～4 倍焦距的镜头称为中焦镜头。中焦镜头的变形最小，而且设计成超大光圈也相对容易，所以人像、产品摄影是中焦镜头最擅长的。标准镜头的 1.5～2 倍的焦距一般用于拍摄全身、半身的照片。各焦段下的效果示意图如图 4-53 所示。

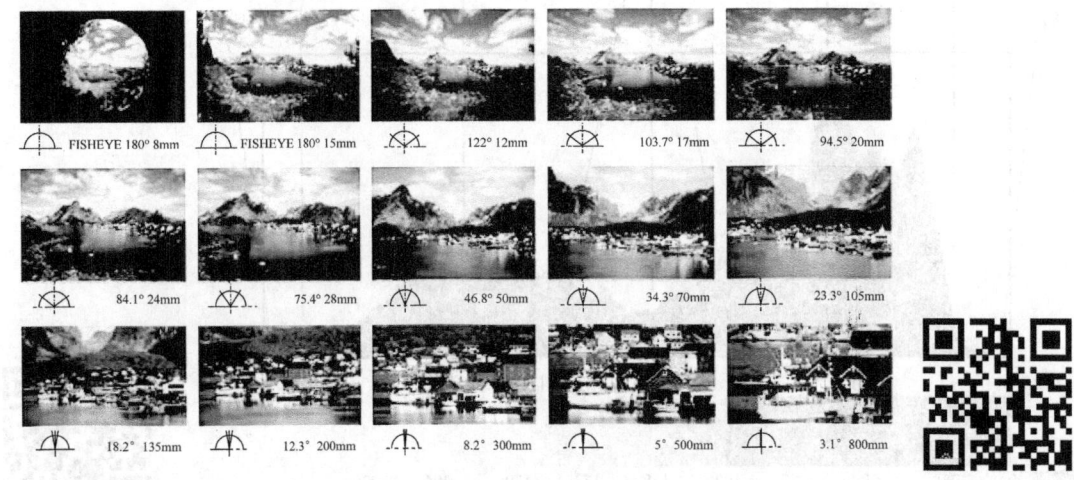

图 4-53　各焦段下的效果示意图

提示：在拍摄短视频时，可以根据被拍摄对象和目的来选择对应的镜头焦段，比如拍摄以人为主的短视频，可以使用长焦段、大光圈镜头，长焦段镜头可以把人从背景中分离出来，而大光圈除了虚化效果外还可以把人的皮肤拍摄得较为细腻。如果拍摄静态产品，可以选择小光圈标准镜头，拍摄出来的产品四周不容易出现变形，拍摄时景深较大，可以清晰地展示产品的大部分细节。

2. 短视频拍摄之构图

拍摄视频的时候除了控制光线和景深之外，还需要通过构图来让视频更加美观。

构图是造型艺术的术语。绘画艺术构图是指绘画时根据题材和主题思想的要求，把要表现的对象适当地组织起来，构成一幅协调、完整的画面；摄影艺术上的构图即处理好同一个平面上高、宽、深之间的关系，以突出主题，增强艺术的感染力。构图处理是否得当，直接关系到摄影艺术作品的成败。

构图的基本原则是均衡与对称、对比和视点。

均衡与对称是构图的基础，主要作用是使画面具有稳定性。均衡与对称本不是一个概念，但两者具有内在的同一性——稳定。

对比的巧妙，不仅能增强艺术感染力，更能反映和升华主题。对比构图是为了突出主题、强化主题。对比的类型各种各样，千变万化，大致可以划分为形状对比和色彩对比。

视点构图是为了将观看者的注意力吸引到画面的中心点上。视点是透视学上的名称。

构图的方法大致分为以下 9 种。

1）中心构图法

中心构图法是将主体放置在画面中心进行构图的方法。这种构图方式的最大优点在于能使画面主体突出、明确，而且画面容易取得左右平衡的效果。这对于严谨、庄严和富于装饰性的摄影作品尤为有效。

2）水平线构图法

水平线构图法是最基本的构图方法，以水平线条作为参考线，将主体放置在同一水平线上。水平舒展的线条能够表现出宽阔、稳定、和谐的感觉。水平线构图法通常运用在湖面、水面、草原等场景的拍摄。

3）垂直线构图法

垂直线构图即画面中以垂直线条作为参考线的构图方法。通常运用垂直线构图的时候，被摄体自身要符合垂直线特征，比如树木。垂直线构图能充分展示景物的高大和深度。

4）三分构图法

三分构图法也称作井字构图法，是一种在摄影、设计等艺术中经常使用的构图方法。运用这种方法的时候，需要将场景用两条竖线和两条横线分割，这样可以得到4个交叉点，将画面重点放置在4个交叉点中的一个即可。

5）对称构图法

对称构图即按照一定的对称轴或对称中心，使画面中景物形成轴对称或者中心对称的构图方法。该方法常用于拍摄建筑、隧道等场景。如果前期没法完全对称，也可以通过后期进行校正和剪裁。

6）对角线构图法

对角线构图法是指主体沿画面对角线方向排列，旨在表现出动感、不稳定性或生命力等感觉。不同于常规的横平竖直，对角线构图对观看者来说，画面更加舒展、饱满，视觉体验更加强烈。

7）引导线构图法

引导线构图法是指利用引导线来引导观看者的目光，使之汇聚到画面焦点的方法。引导线不一定是具体的线，但凡有方向的、连续的东西，都可以称为引导线。现实生活中道路、河流、颜色、阴影甚至人的目光都可以当作引导线来使用。

8）框架构图法

框架构图是指将画面重点利用框架框起来的构图方法。这种方法会引导观看者注意框内景象，产生跨过门框即进入画面的感受。由于框架的亮度往往暗于框内景色的亮度，明暗反差大，要注意框内景物的曝光过度与边框曝光不足的问题。

9）重复构图法

重复构图法是指当拍摄的主体是多个同样的物体时，将这多个主体同时拍下来的构图方法。单调地重复同一物体，占据整个画面并且没有明显杂乱的其他物体出现，同样可以达到突出主体的效果。

提示：构图能主动引导观看者，主动表明主次。在构图的时候要思考的是：如何引导观看者去看画面，告诉观看者画面的主体是什么，通过构图传达什么样的情绪。当选定需要凸显的主体的时候，再去想具体的构图方法。比如，通过引导线构图法来移动观看者的视线，通过三分构图法来平衡主次物体的关系，通过对角线构图法来表达强烈的情绪，等等。

4.4.3 短视频剧本编写

什么是剧本？剧本就是一个故事的最初模板，是我们在开始拍摄之前搭建的一个拍摄框架。它是摄影师进行拍摄、剪辑师进行后期制作的依据和蓝图，也是演员领会导演意图、理解剧本内容和创作人员进行再创作的依据。剧本分为拍摄提纲、文学剧本和分镜头脚本。

正确的剧本制作流程是先罗列拍摄提纲，然后对其进行文学修饰并生成有完整的故事情节的文学剧本，最终运用视听语言将其扩展成分镜头脚本。虽然分镜头脚本有些也是用文字来书写的，但它已经接近影像，或者说它是可以在脑海里"放映"出来的画面，已经获得某种程度上可见的效果。

1．拍摄提纲的写作

拍摄提纲就是在拍摄之前把需要拍摄的内容罗列出来，形成一个粗糙的框架，这类似于我们上语文课时提炼文章的中心思想。以德百顺"氧宝宝"消毒机视频拍摄为例，先找出该产品需要体现的卖点，再根据卖点罗列出如下拍摄提纲。

（1）科技：国内首家将钻石膜材料实现产业化、把水转变成臭氧水的企业；

（2）绿色：100%绿色无毒，唯一零残留的消毒液；

（3）全能：集多种消毒功能于一身，居家消毒得心应手；

（4）便捷：移动消毒机，无空间限制；

（5）快速：臭氧一按即有，无须等待；

（6）高效：30秒极速杀毒；

（7）安全：无高压电，无紫外线辐射，无臭氧气体泄漏。

2．文学剧本的写作

文学剧本是要把需要用到的拍摄素材和一些剧情上的细节，填充到拍摄提纲中，让剧本形成一个丰满完整的拍摄流程。下面列举一个实际广告拍摄的剧本。

德百顺"氧宝宝"消毒机视频拍摄的文学剧本

第一部分为产品的亮点盘点。通过专访发明人，讲述这台消毒机与"妈妈"的渊源，渲染温情基调。

第二部分为使用场景介绍。第一个场景：一个宝宝在爬行垫上玩，抓起一个玩具就想用嘴品尝，妈妈赶紧走过来，拿着产品对着玩具喷了几下，然后宝宝开心的玩玩具；第二个场景：狗狗先在沙发上趴着，之后从沙发上离开，女儿想上去坐却被妈妈拉住，妈妈拿着产品对沙发喷了几下，再用布擦干，母女俩在沙发上看电视；第三个场景：户外野餐上，女儿刚拿起水果想一口咬下去，被妈妈拦住了，妈妈拿出产品喷了几下，然后又在女儿的手上喷几下才把水果递给女儿吃。

文学剧本更倾向于文字性的描述，只要简单直白地写出谁在哪里干什么，具有完整合理的故事情节即可。

3．分镜头脚本的写作

分镜头脚本是影像工业最常用到的剧本，也是三种剧本中最细致的。它不仅涉及完整的故事，还要把故事的情节改编成镜头语言。每一个镜头里面包含许多拍摄和制作上的细节，比如画面、光线、场面调度、镜头运动、声音甚至是字幕等。依据文字剧本加工成分镜头脚本，不是对文字剧本的翻译或图解，而是在文字剧本基础上进行蒙太奇思维和蒙太奇技巧等影视语言的再创造。

视频的分镜头脚本，通常有纯文字脚本（如图 4-54 所示）和图画脚本（如图 4-55 所示）两种形式。

第一场				地点			
镜号	景别	拍摄手法	长度(S)	画面	台词	音乐/音响	剪辑/备注
1	全	仰拍延时	3	一轮红日从国旗旁冉冉升起		BGM	
2	全	仰拍，左侧机位	3	第一缕阳光照在前门国徽上		BGM	
3	近	平移	1	阳光照在被子上的大檐帽上		BGM	
4	全	平拍，小幅平移机位	1	交接队伍迎面走来		BGM	
5	全	平拍	1	交接队伍齐步靠脚脚部特写		BGM	
6	特	小景深变换	1	转体向右看齐（脸部）		BGM	
7	近	过肩	1	枪哨敬礼		BGM	黑场
8	中	小景深对眼睛	1	警卫A拿刺刀向前刺		鼓点	黑场
9	中	平拍	4	警卫训练过肩摔		鼓点	黑场升格
10	中	侧拍	4	警卫拳（多选几个整齐动作，流汗）		鼓点	黑场
11	特	俯拍	4	穿作战靴整齐步伐跑过		鼓点	升格
12	近	右侧拍	2	应急迅速取枪		BGM	
13	特	过肩	1	迅速戴头盔		BGM	

图 4-54 纯文字脚本示例

分镜头脚本写作要素有如下几种。

（1）镜号。镜头顺序号，按组成视频画面的镜头先后顺序，用数字标出，它可作为某一镜头的代号。拍摄时不一定按顺序号拍摄，但编辑时必须按顺序编辑。

（2）机号。现场拍摄时，往往用 2～3 台摄像机同时进行拍摄，机号代表这一镜头是由哪一号摄像机拍摄。前后两个镜头分别用两台以上摄像机拍摄时，镜头的组接需要在现场通过特技机将两个镜头进行编辑。

（3）景别。根据内容的需要和情节的要求，用景别来区分拍摄对象是突出整体还是突出局部。景别由近至远分别为特写（指人体肩部以上）、近景（指人体胸部以上）、中景（指人体膝部以上）、全景（人体的全部和周围背景）、远景（被摄体所处环境）等，如图 4-56 所示。

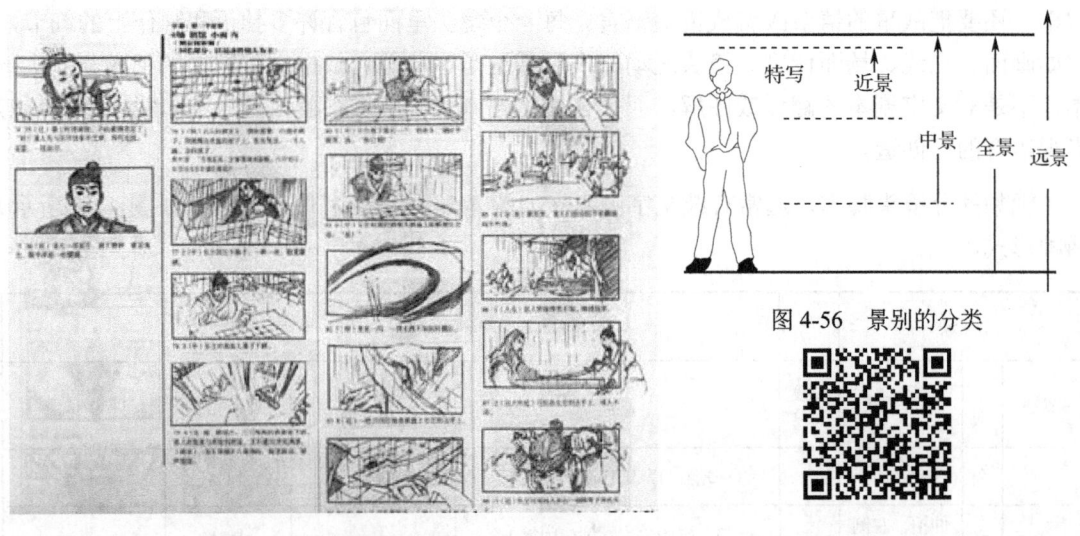

图 4-55　图画脚本示例

图 4-56　景别的分类

（4）镜头运动。在一个镜头中通过移动摄像机机位、改变镜头光轴、变化镜头焦距所进行的拍摄方法称为镜头运动。如由推、拉、摇、移、跟、升、降和综合移动等摄像动作形成的推镜头、拉镜头、摇镜头、移镜头、跟镜头、升镜头、降镜头和综合移动动镜头等镜头运动方式。

（5）画面内容。视频制作通常用文字对拍摄的场景画面进行描述。电影制作则通常由分镜师用故事板的形式将画面画成线稿，方便摄影师、剪辑师理解剧本和进行创作。

（6）台词。台词分为对白、旁白、独白三种。对白是指在电影、电视中所有说出的对话，也叫"台词"；旁白是指影视片中的解说词，说话者不出现在画面上，但直接用语言来介绍影片内容、交代剧情或发表评论；独白也称自白，影片中的画外音就是独白，拍摄画面配上人的解说和介绍等。

（7）声音。影视作品中声音的类型有三种形式：人声、自然音响和音乐。人声指的是人所发出的由音调、音色、力度、节奏等因素组成的声音以及话语；自然音响指除了人声以外，自然界和环境中的一切音响或噪声，有时人群嘈杂声也起到自然音响的作用；音乐指的是声乐和器乐。

上述的七个要素是分镜头脚本里比较常用的要素，根据实际拍摄情况，有时可以适当增加一些元素，比如拍摄的注意事项、场面调度、剪辑手法等，既方便拍摄时和摄影师沟通，也方便指导剪辑师剪辑。德百顺"氧宝宝"消毒机分镜头脚本如表 4-10 所示。

项目 4 编辑类文案内容规划与写作

表 4-10 德百顺"氧宝宝"消毒机分镜头脚本

客户名称	广州市德百顺电气科技有限公司
广告主题	广州市德百顺电气科技有限公司"氧宝宝"消毒机宣传片
表现形式	实景拍摄
广告时间	120 秒

场次			第一场				
镜号	景别	镜头运动	画面内容	人声	音乐/音效	字幕	时间
1	中	固定	张博士讲述产品历史	自白	背景音乐	解说词	30 秒
场次			第二场				
镜号	景别	镜头运动	画面内容	人声	音乐/音效	字幕	时间
2	近	左→右	宝宝在床上玩玩具	旁白	背景音乐	解说词	4 秒
3	近	固定	妈妈挂好衣服后回头看宝宝	旁白	背景音乐	解说词	3 秒
4	特	移	妈妈拿起"氧宝宝"	旁白	背景音乐	解说词	2 秒
5	特	移	妈妈用"氧宝宝"把纸巾打湿	旁白	背景音乐	解说词	1 秒
6	近	移	妈妈用湿巾擦拭玩具	旁白	背景音乐	解说词	1 秒
7	近	移	妈妈把玩具递给宝宝	旁白	背景音乐	解说词	3 秒
8	近	移	妈妈陪孩子在床上开心地玩玩具	旁白	背景音乐	解说词	3 秒
9	近→特	摇	从妈妈的笑脸,摇到"氧宝宝"特写,再摇回宝宝近景	旁白	背景音乐	解说词	4 秒
场次			第三场				
镜号	景别	镜头运动	画面内容	人声	音乐/音效	字幕	时间
10	近	跟随	狗在沙发上玩耍后跳到地上	旁白	背景音乐	解说词	3 秒
11	中	移	妈妈坐在沙发上写着东西	旁白	背景音乐	解说词	2 秒
12	中	移	女儿走过来刚想坐下,妈妈起身拦住女儿	旁白	背景音乐	解说词	3 秒
13	特	移	妈妈拿起"氧宝宝"	旁白	背景音乐	解说词	2 秒
14	近	移	妈妈用"氧宝宝"给刚刚狗坐过的地方消毒	旁白	背景音乐	解说词	2 秒
15	特	移	"氧宝宝"消毒机消毒特写	旁白	背景音乐	解说词	1 秒
16	近→中	移	妈妈放下"氧宝宝",镜头从"氧宝宝"摇到母女开心看电视	旁白	背景音乐	解说词	3 秒
场次			第四场				
镜号	景别	镜头运动	画面内容	人声	音乐/音效	字幕	时间
17	中	移	说明天气的空镜头	旁白	背景音乐	解说词	2 秒
18	中	固	妈妈带着女儿野餐	旁白	背景音乐	解说词	2 秒
19	中	固	妈妈在准备餐布	旁白	背景音乐	解说词	2 秒
20	特	固	妈妈把食物放到餐布上	旁白	背景音乐	解说词	1 秒
21	近	移	女儿直接拿起水果准备吃	旁白	背景音乐	解说词	3 秒
22	近	移	妈妈拦住了女儿	旁白	背景音乐	解说词	2 秒

续表

场次			第四场				
镜号	景别	镜头运动	画面内容	人声	音乐/音效	字幕	时间
23	近	移	妈妈拿起准备"氧宝宝"给水果消毒	旁白	背景音乐	解说词	2秒
24	特	移	妈妈给水果消毒	旁白	背景音乐	解说词	1秒
25	全	移	妈妈用"氧宝宝"给女儿的手消毒后把水果递给女儿吃	旁白	背景音乐	解说词	4秒
26	中	固	"氧宝宝"为前景,背景虚化(妈妈和女儿在开心的吃东西)	旁白	背景音乐	解说词	2秒

提示:更多分镜头脚本可以参考如下网站。

分镜世界 https://www.storyboardworld.com/category/movie-storyboard(广州市德百顺电气科技有限公司"氧宝宝"消毒机宣传片在线观看地址)。

如果拍摄涉及场景、演员、服装较多,拍摄日期较长,可以使用通告单的形式对次日的拍摄计划进行规范化安排。通告单样板如图4-57所示。

德百顺剧组拍摄通告单 拍摄第一天						备注	角色	妈妈	宝宝	女儿	狗	相关人物	备注
导演: 制片:						10:00准时开机	演员	×××电话:	×××电话:	×××电话:	无		
摄影: 摄影助理:													
拍摄日期:2015年10月30日						气温最高:29°最低25°多云							
出单日期:2015年10月29日													
拍摄地点:高德汇对面湖泊 香雪国际公寓 实验室													
集合时间:9:30						湿度:69%	化妆时间	9:30 13:30	13:30	9:00 13:30	无		
车程时间:30分钟													
早餐:无 中餐:12:00-12:30 晚餐:无						微风 无持续风向							
序号	场次	场景	气氛	场地	时间	服装提示	出发						
1	3	野餐	日 外	高德汇对面	10:00	妈妈素色服装	"氧宝宝"、野餐垫、果篮、三明治、盘子						
2	1	宝宝	日 内	香雪国际公寓	13:00	妈妈更换服装	"氧宝宝"、玩具、地板垫						
3	2	孩子与狗狗	日 内	香雪国际公寓	15:00	宝宝更换服装	道具	"氧宝宝"、狗					
4	4	访谈	日 内	实验室	18:00	根据时间情况拍摄	吧台椅、实验服						
序	场	演员	人数	化妆与服装		备注	联系方式				备注		
t1	3	妈妈、女儿	2	淡妆 素色服装			导演:138×××0465						
2	1	妈妈、宝宝	2	淡妆 素色服装			制片:188×××0464						
3	2	妈妈、女儿、狗	2	淡妆 素色服装									
4	4	张博士	1	实验服									
备注	拍摄场景详细地址: 高德汇科学城店 科学大道196号(近创新大厦) 香雪国际公寓(香雪大道八路) 实验室(揽月路科技创新基地)						提示						

图4-57 通告单样板

4-4 短视频拍摄脚本(参考模板)

4-5 短视频拍摄脚本

4-6 娇兰佳人主图短视频脚本

4.4.4 短视频拍摄与剪辑

1. 短视频制作之实际拍摄

在了解了视频拍摄的基础知识、视频脚本的写作方法之后,就可以开始筹划视频拍摄了。视频的拍摄离不开人、设备和被摄主体,首先来了解一下视频拍摄需要哪些设备。

淘宝视频的最低要求是 720P(1280×720)的分辨率,为了确保视频的清晰度和通用性,尽量拍摄 1080P(1920×1080)分辨率的视频。目前主流的手机和数码相机都支持 1080P 分辨率的视频拍摄,在条件允许的情况下,尽量选择专业器材进行拍摄,比如单反相机、无反相机、BMCC 摄影机等设备,这些设备在成像质量和拍摄过程中的可控程度都要高于手机。单反相机、BMCC 摄影机及手机如图 4-58 所示。

图 4-58 单反相机、BMCC 摄影机及手机

◆ 阅读材料 4-2

相机按键及接口说明

相机各个按键及外设接口如图 4-59~图 4-61 所示(以 Canon 5D MARK IV 为例),其中图 4-59 和图 4-60 为按键示意图,图 4-61 为镜头按键示意图。

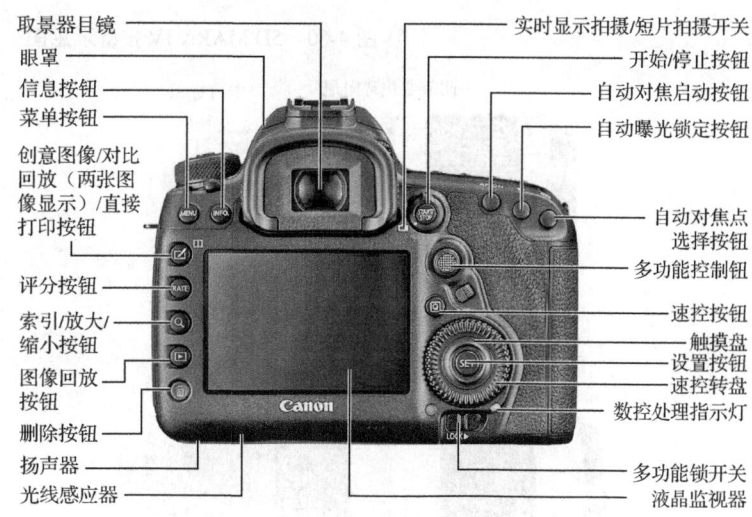

图 4-59 5D MARK IV 按键示意图

图 4-60　5D MARK IV 按键示意图

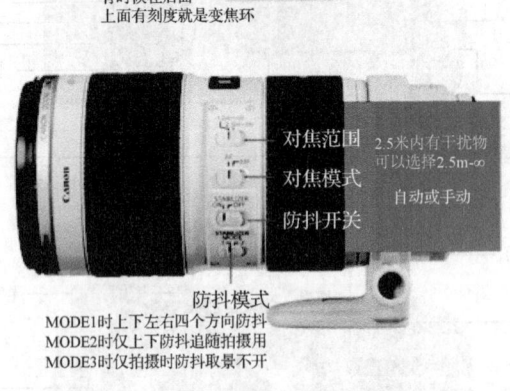

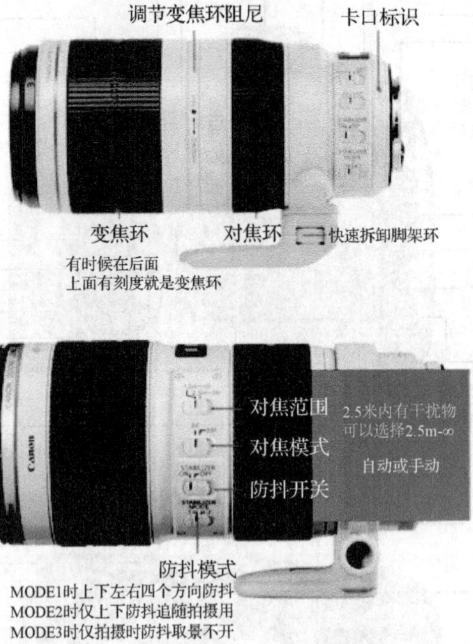

图 4-61　镜头按键示意图

1）视频拍摄

拍摄短片先要将相机设置为短片拍摄模式，然后按下机身背面的"实时显示拍摄/短片拍摄"按钮即可。短片拍摄操作步骤如图 4-62 所示。

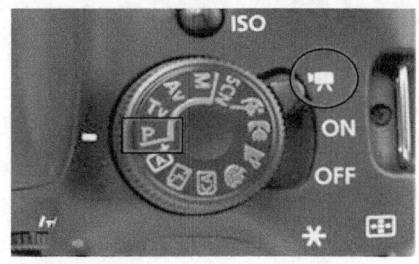

1 将电源开关拨至 🎥，选择曝光模式	2 决定构图
将相机上部的电源开关拨至短片拍摄的标识，相机进入短片的状态，选择"P（程序自动曝光）"模式。	先决定构图，再开始拍摄。

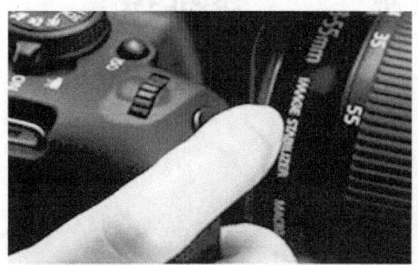

3 半按快门按钮对焦	4 合焦
决定构图后，拍摄前半按快门按钮进行对焦。	合焦时会发出嘀嗒声并显示自动对焦点，合焦后再开始拍摄。

5 按短片拍摄按钮开始拍摄	6 拍摄开始
轻轻按下短片拍摄按钮，开始拍摄。	拍摄开始后，液晶监视器右上显示红色圆点。再次按短片拍摄按钮，终止拍摄。

图 4-62　短片拍摄操作步骤

（1）选择曝光模式。选择不同的曝光模式，拍摄的效果会有所不同。

① 自动曝光。新手拍摄短片时，建议使用自动曝光的 P（程序自动曝光）、Av（光圈优先自动曝光）或 Tv（快门优先自动曝光）模式。这样，光圈与快门的组合由相机自动设置，能够自行设置曝光补偿及照片风格等。

② 手动曝光。相机自动曝光在环境光比较强的情况下容易出错，这个时候就需要用到手动曝光模式（M）。手动曝光拍摄如图 4-63 所示。

设置好画面亮度后开始对所摄物品进行对焦，对焦操作步骤如图 4-64、图 4-65 所示。

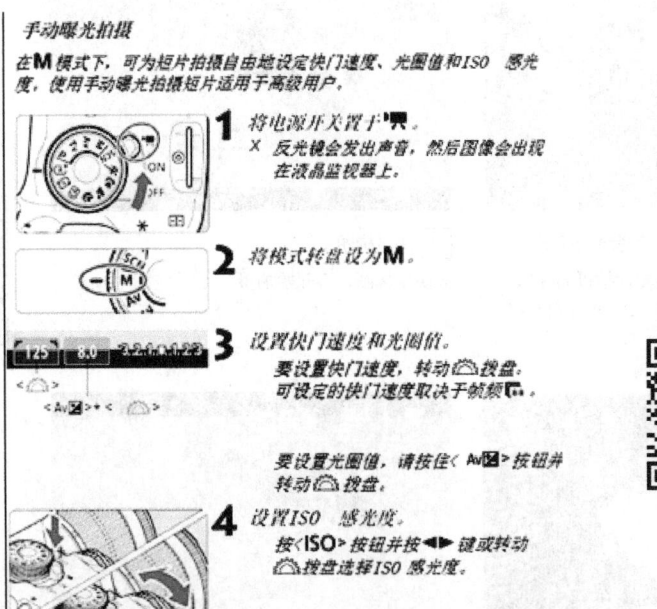

图 4-63　手动曝光拍摄

图 4-64　对焦操作步骤（1）

图 4-65　对焦操作步骤（2）

（2）对焦方式。单反相机对焦实际上是一个复杂的光电一体化的过程，简单地说，其基本原理是将物体反射的光让相机上的光电传感器接受，通过内部智能芯片处理，带动镜头上的电动对焦装置进行对焦。一般情况下，系统自带的四种对焦方式可以适用大部分场景的拍摄，当主体不规则移动时，则需要用到手动对焦。

单反相机的自动对焦方式类型，如图 4-66 所示、图 4-67 所示。

手动对焦需要先将镜头上的自动对焦模式切换到 MF（Manual Focus）模式，如图 4-68 所示。这个时候画面的合焦点就完全由对焦环控制，但在视频拍摄时手动对焦对拍摄者的要求比较高，在没有监视器或峰值对焦的拍摄设备上显得尤为困难，有条件的话可以购买兔笼套件（如图 4-69 所示）扩展相机外设（如麦克风、监视器、追焦环等），或者安装佳能魔灯固件（如图 4-70 所示）增加峰值对焦功能。

面部+追踪

自由移动1点

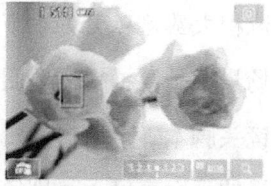

此自动对焦方式可以自动识别画面中的人物面部进行对焦。如果人物移动，对焦框也能自动追踪。拍摄多人时触摸画面中指定的人物面部，即可对所选面部对焦。另外，也可触摸人物面部以外的部分，对非人物面部的其他被摄体追踪对焦。

基本的自动对焦方式。触摸液晶监视器画面就可以对所触摸的位置进行对焦。轻触画面内想拍的被摄体即可对焦，对画面周边的被摄体等也能实现高精度合焦。

图 4-66　自动对焦方式（1）

自由移动多点

快速模式

通过触摸液晶监视器从9个区域中选择其一，在该区域内捕捉被摄体。
自动选择的算法为优先所选区域的中央附近，一般对近处被摄体进行对焦。

利用全9点十字型自动对焦感应器进行相差检测自动对焦的方式。能够获得类似观察光学取景器拍摄时的感觉，而且还可以触摸液晶监视器选择对焦点。

图 4-67　自动对焦方式（2）

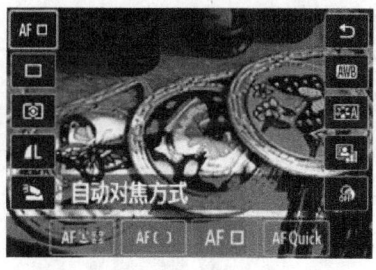

实时显示拍摄时按机身背面的Q（速控）按钮显示速控画面。

选择自动对焦方式的图标，再选择所需的自动对焦方式。

图 4-68　自动对焦方式更改操作

图 4-69　兔笼套件

图 4-70　佳能魔灯固件

2) 拍摄流程

视频拍摄的流程大致可以分为以下几个步骤：

（1）布置好场景道具及拍摄需要用到的灯光、录音等设备；

（2）根据分镜头脚本确定拍摄的机位；

（3）调节拍摄的画面亮度、景别等；

（4）拍摄前彩排一次，彩排过程中注意跟焦、调度等是否有穿帮情况；

（5）开始正式拍摄。若镜头较多或涉及机外录音时，可以使用场记板记录，场记板如图 4-71 所示。当光线不足或背光拍摄是可以使用简易的反光板进行补光，反光板如图 4-72 所示。

图 4-71　场记板

图 4-72　反光板

3) 测光模式

实际拍摄中光线对视频的影响非常大，除非是有意为之，正午太阳的直射光线造成的阴影较为生硬，在室外拍摄时应尽量避开这种情况。

相机根据测光范围大小不同分为多种模式，测光模式的选择在实际拍摄中尤为重要。

相机默认测光模式是评价测光模式，这种模式是以合焦位置为中心，考虑整体亮度平衡进行测光的。不同

采用点测光模式进行拍摄

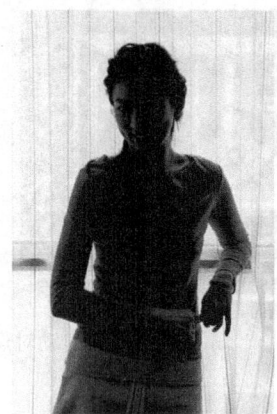
采用评价测光模式进行拍摄

图 4-73　不同测光模式下的画面亮度

测光模式下的画面亮度如图 4-73 所示。在强逆光等状态下，有时可能无法正确测光。

测光模式根据其种类不同，测光范围和适应性也有所区别，可应用于大部分拍摄场景的模式是默认的评价测光模式。该模式以自动对焦时所用的自动对焦点为中心，注重合焦被摄体的同时考虑到画面整体平衡进行测光，根据其测光值采用高级算法计算，转换得到曝光值。测光范围最狭窄的是点测光模式，该模式只对中央的部分亮度有反应。如果是一般的风光摄

影，选择评价测光模式拍摄比较方便；当逆光等特定场景下想要迅速让特定被摄体获得适当的曝光时，可以使用点测光，拍摄场景光影复杂交错时，点测光模式也是比较好的选择。图 4-74 为测光模式工作原理，图 4-75 为更改测光模式的操作步骤。

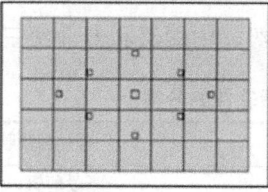
◉ 评价测光

测光模式的默认设置，广泛用于风景拍摄、抓拍等多种场景。以自动对焦点为中心，照顾画面整体亮度平衡。

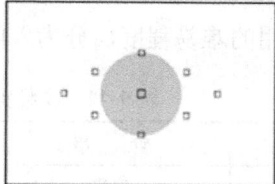
◉ 局部测光

测量灰色图形部分的光亮。测光范围相对较窄，可用于拍摄人像特写。

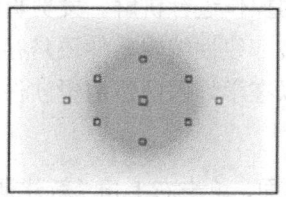
◻ 中央重点平均测光

类似局部测光模式，但对周围的光线也做出一定反应，注重画面中央部分亮度，同时平衡整体画面亮度。

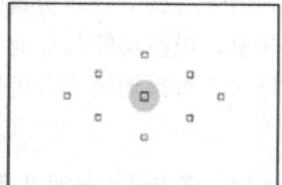
◉ 点测光

仅对灰色圆形内的亮度进行测量，可用于强烈逆光等希望仅对人物面部亮度进行测光之类的场景。

图 4-74 测光模式工作原理

按机身背面的"Q"（速控）按钮显示速控画面，选择"测光模式"的图标。

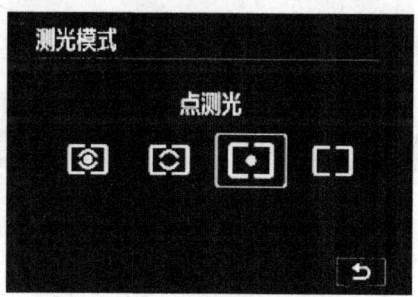

选择所需的测光模式，按"SET"（设置）按钮。

图 4-75 更改测光模式操作步骤

测光模式是测定被摄体亮度的功能。测光模式根据其测光范围不同，具有多种特征。为了获得适当的曝光，需要了解其各自的特征并进行区分使用。

提示：视频拍摄除了需要掌握基础的技巧之外，最关键的还是需要在拍摄的过程中总结。我们现在看到的市面上比较火的搞笑、网红等视频，其实可以通过初级的技巧就能完成。在制作视频的时候要注意动静的结合、采光、时间顺序等。切记按照拍摄场景顺序去拍摄，而不是按照故事的顺序去拍摄，这样可以减少很多工作量。

2. 视频制作软件的选择

完成视频拍摄只是完成整个视频制作的一半工作，还要经过加工才能成为最终用来上传的成品。视频剪辑软件也称为非线性编辑软件,可以对原素材任意部分进行随机存取、修改和处理,并根据要求将拍摄的素材按顺序编辑成新的连续画面。

"工欲善其事,必先利其器",选择一个适合自己的视频剪辑软件非常重要。

视频剪辑软件按使用的难易程度,分为入门级、中端级和专业级三种,如表4-11所示。

表4-11 视频剪辑软件的分类

软件级别	费用	视频剪辑软件名称
入门级	免费	爱剪辑、快剪辑
中端级	收费	会声会影、威力导演
专业级	收费	PremierePro、Vegas

3. 视频剪辑流程

下面以爱剪辑软件为例来对整个视频剪辑的操作进行讲解。爱剪辑这类软件相对来说学习门槛较低,操作较为简单,虽然功能与专业级非线性编辑软件还是存在一定的差距,但本质上都是对素材的剪切排序,有兴趣的读者可以在学好入门级剪辑软件之后,再学习专业级的非线性编辑软件。

安装好爱剪辑软件之后,首先进入软件主界面,单击右上角"新建视频"按钮,如图4-76所示,打开"选择工作模式"窗口,如图4-77所示。

特别说明:爱剪辑软件版本不同,界面风格可能会不一样。这里主要讲述视频剪辑方法,具体界面操作方法大同小异。

图4-76 项目创建界面

图4-77 模式选择

在"选择工作模式"窗口中,选择"专业模式",进入操作界面,爱剪辑操作界面及说明如图4-78所示。

首先,新建项目,导入素材。选择素材的途径有:本地视频、本地图片、网络视频或网络图片。单击对应的按钮导入素材,如图4-79所示。

项目 4　编辑类文案内容规划与写作

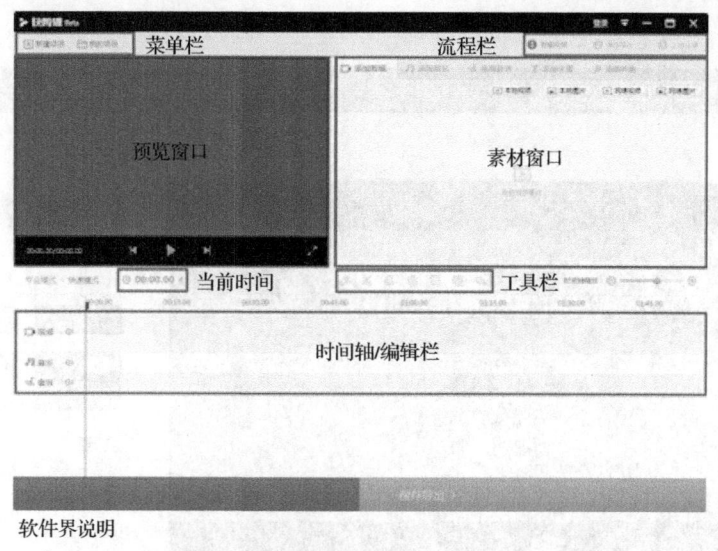

软件界说明

菜单栏：用于新建项目或者查看历史项目
流程栏：用于显示视频剪辑至分享的流程
预览窗口：用于预览时间轴选中关键帧的画面
素材窗口：用于导入剪辑用的素材，支持图片、视频、音频、字幕、特效等格式
时间轴：用于剪辑排列各种素材，增加特效等

图 4-78　爱剪辑操作界面及说明

图 4-79　导入本地素材

　　分别将需要剪辑的视频、音频等素材选中并拖放到时间轴上，这时候可以利用工具栏的工具进行编辑，工具栏图标及功能说明如图 4-80 所示。爱剪辑可以使用在线的字幕样式和音效，同时可以添加视频转场效果。图 4-81 为增加字幕效果；图 4-82 为转场效果设置。

　　视频剪辑完成之后就可以单击软件下方的"保存"按钮保存。再单击"开始导出"按钮，进入视频导出设置界面，如图 4-83 所示。

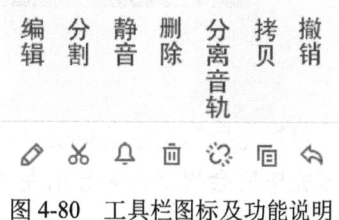

图 4-80　工具栏图标及功能说明

　　可以根据需求设置导出参数：保存路径、文件格式、导出尺寸、视频比特率、视频频率及音频质量，也可以增加特效片头和加水印，目的是为了对原创视频进行保护，减少视频被

231

盗用的情况。

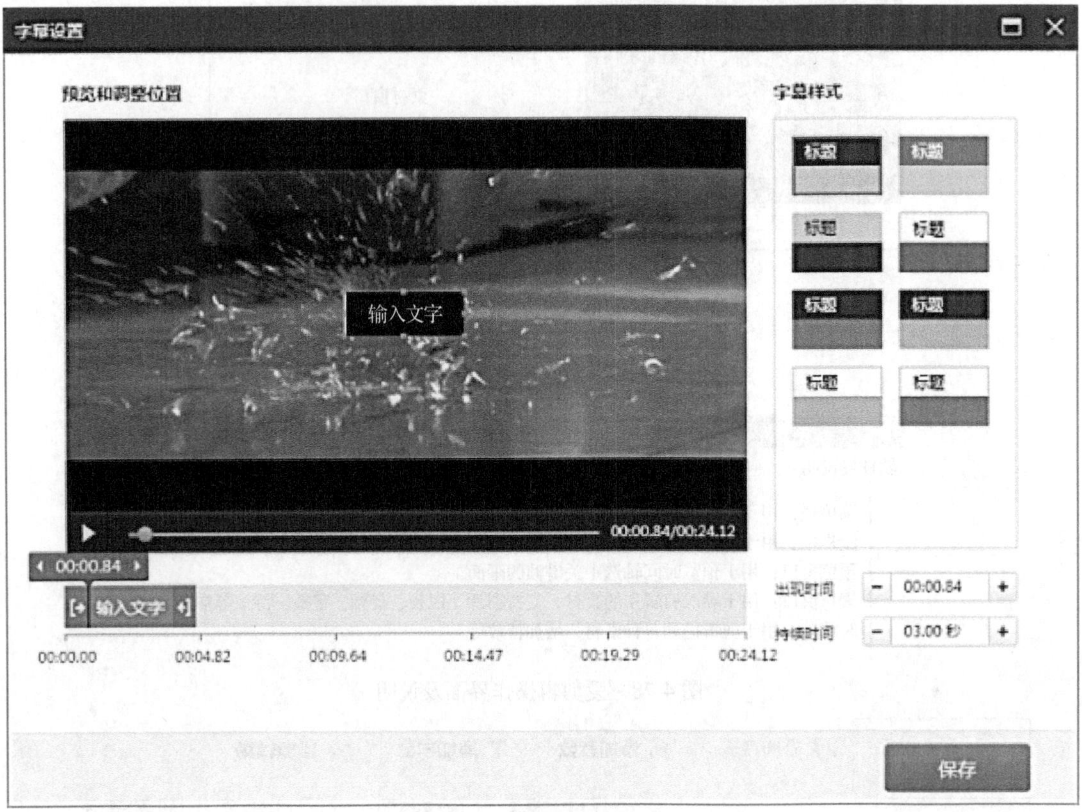

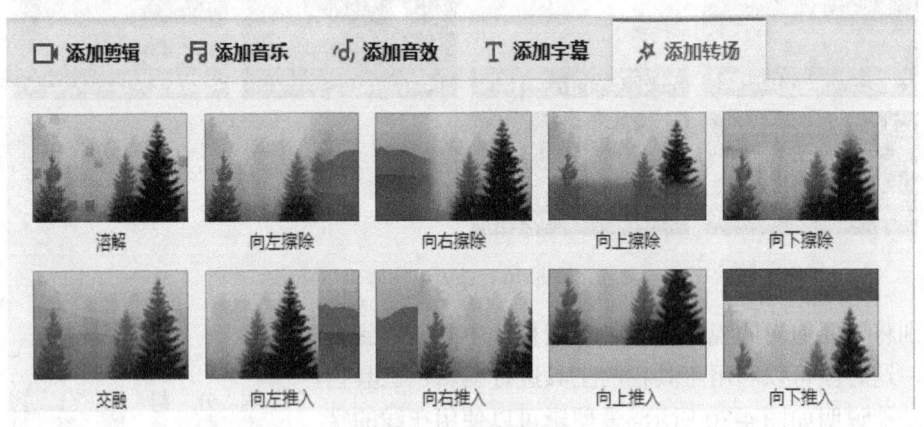

图 4-81　增加字幕效果

图 4-82　转场效果设置

设置完导出信息后单击"开始导出"按钮，软件开始导出视频，如图 4-84 所示。当视频生成完毕后会提示视频导出完成，可以直接点击播放，如图 4-85 所示。

打开导出视频时设定的保存路径，找到生成的视频文件。这个文件就是剪辑后最终生成的、可以在电商平台上使用的视频。

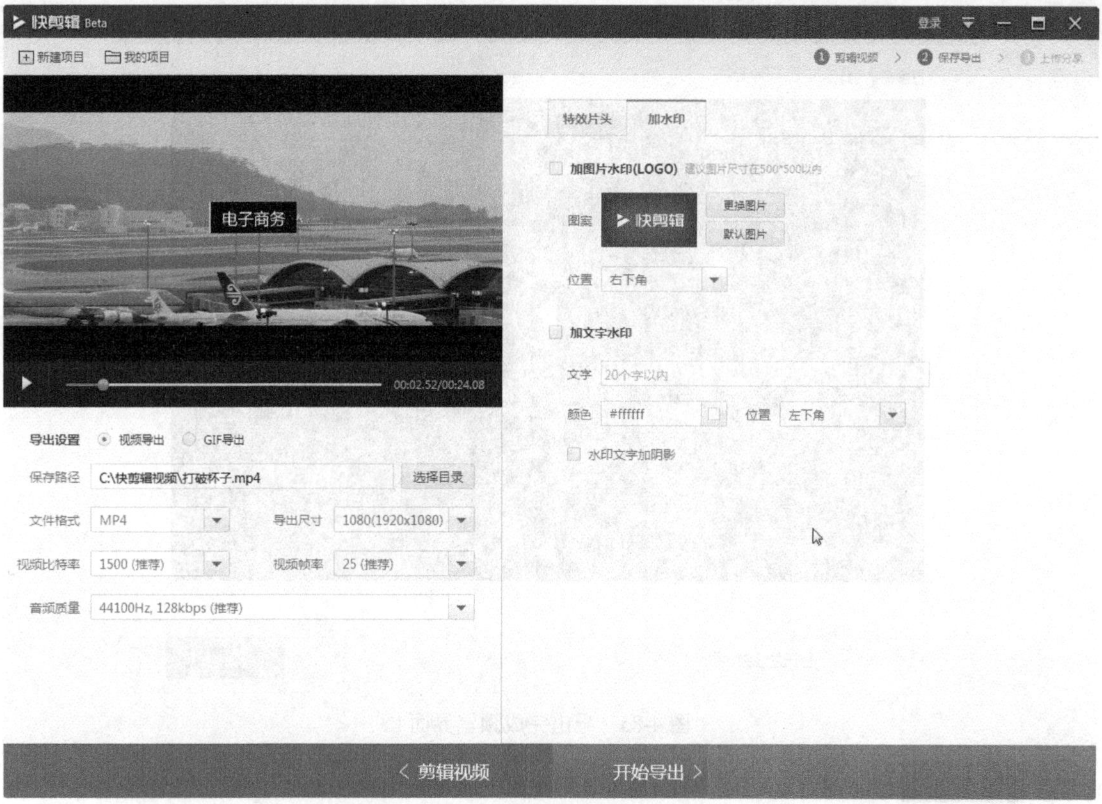

项目 4　编辑类文案内容规划与写作

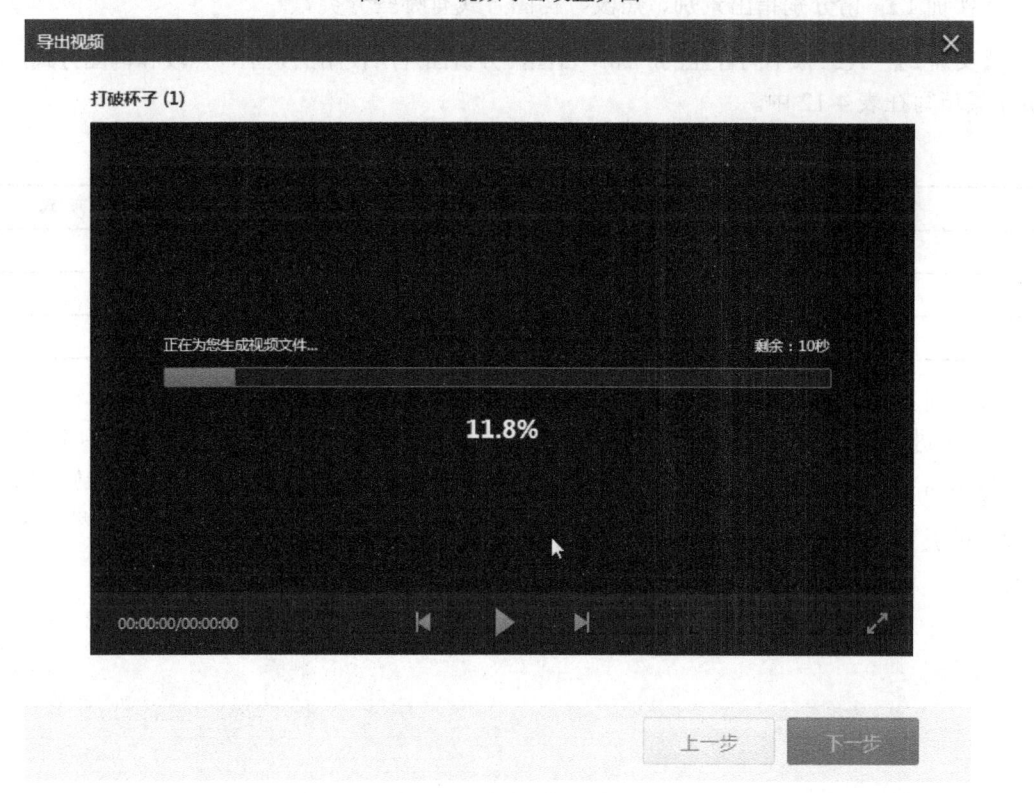

图 4-83　视频导出设置界面

图 4-84　导出视频界面

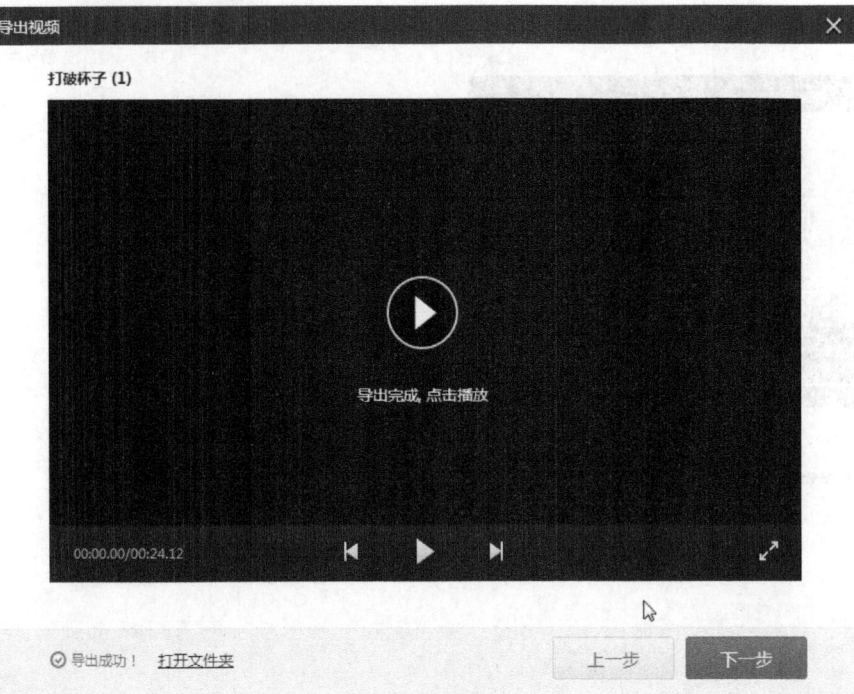

图 4-85 导出完成预览界面

任务实训

【实训 1】 请分别指出景别、焦段、构图方式有哪些分类?

【实训 2】 找三张不同行业的产品广告图,分析图片所使用的景别、焦段和构图方式,将分析结果填写在表 4-12 中。

表 4-12 产品广告图拍摄方式记录表

产品广告图	景　别	焦　段	构图方式

【实训 3】 扫描二维码,阅读娇兰佳人主图短视频脚本,按链接指引进入该产品视频,分析该视频景别、焦段、构图方式。

【实训 4】 自行选择一样产品,按照提供的短视频拍摄脚本(参考模板),根据产品卖点编写一个视频拍摄脚本,时长为 60 秒。

4-7 娇兰佳人主图短视频脚本

项目 5

活动类文案写作与应用

　　策划是在整合企业现有资源的基础上，以多快好省的方式来实现营销目标。策划案是"为某个问题找解决方案"的过程，它的目标是通过一系列的营销行为来解决某个问题，而不是简单地列出"要做而未做"的任务清单。

　　天猫是专业线上综合购物的平台，全球消费者挚爱的品质购物之城！旨在引领中国消费者第一时间发现和体验优质的生活方式，提前开启趋势中的理想生活！理想生活，上天猫！

任务 5.1　活动策划案的撰写

任务目标

策划是一种策略、筹划、谋划或者计划、打算，它是个人、企业、组织结构为了达到一定的目的，在充分调查市场环境及相关联环境的基础上，遵循一定的方法或规则，对未来即将发生的事情进行系统、周密、科学的预测，并制订科学的可行性方案。

策划案有哪些类型？策划案写作的思路及坚持的原则有哪些？策划案写作的格式有哪些具体要求？

任务导图

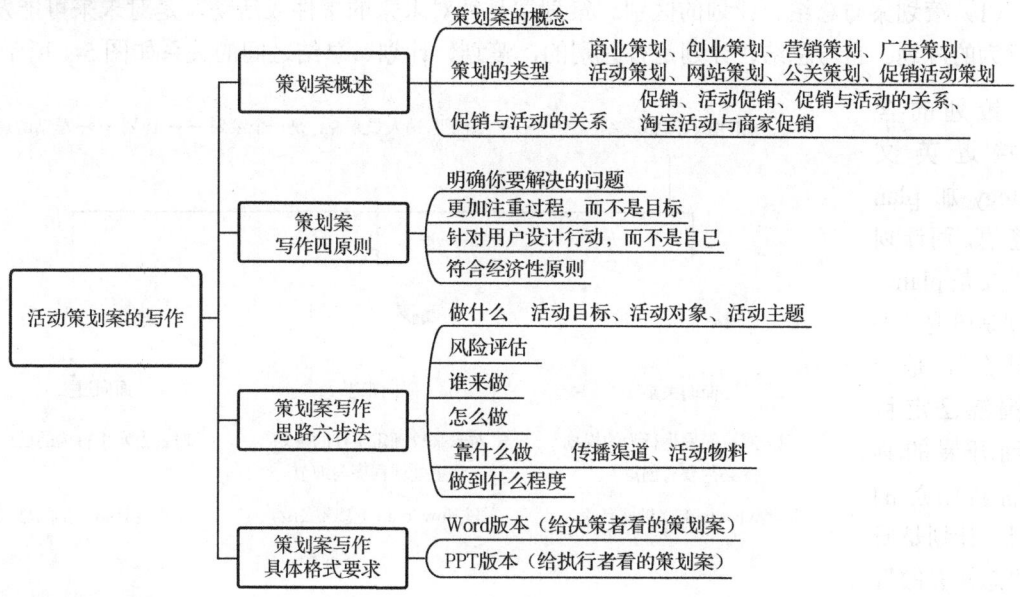

学习目标

知识目标	了解策划案的概念及类型
	掌握策划案写作四原则
	掌握策划案写作思路六步法
能力目标	能够撰写 Word 版本的活动申请报告
	能够制作 PPT 版本的活动策划案

5.1.1 策划案概述

1. 策划案的概念

策划是一种策略、筹划、谋划或者计划、打算,它是个人、企业、组织结构为了达到一定的目的,在充分调查市场环境及相关联环境的基础上,遵循一定的方法或规则,对未来即将发生的事情进行系统、周密、科学的预测,并制订科学的可行性方案。

策划案也称策划书,即对某个未来的活动或者事件进行策划,并展现给读者的文本。策划案有四个要点。

(1) 策划案与总结、计划的区别。策划案是针对未来的事件或活动,是对未来可能发生的行为的规划。它与总结、计划是有区别的,策划、计划、总结之间的关系如图 5-1 所示。

策划的含义接近英文 strategy 加 plan 的意思,而计划的英文是 plan。策划是研究"去做什么",是一种围绕已定目标而开展的具有崭新创意的设计。计划是研究"怎样去做",是一种围绕已

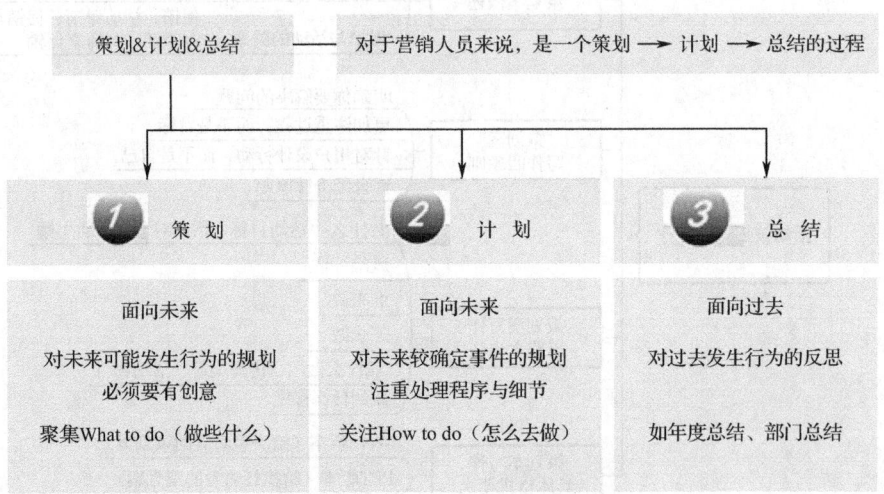

图 5-1 策划、计划、总结之间的关系

定设计而组织实施的具体安排。我们说营销策划时侧重于创新性,需要从外部环境和内部环境、人财物的角度系统思维和进行战略布局;而说营销计划时侧重可实操性,需要按时间节点将任务细分到每个部门和人员。

(2) 策划案需要用文字来固化或表现。策划案的目的不同,呈现的格式也会不一样,它的要求也是不同的。一般都会有 Word 和 PPT 两个版本。

(3) 策划案要有清晰的目标导向。本次活动的目标是什么?活动目的设定可使用 SMART 目标管理原则,即:

◇ 目标指标必须是具体的(Specific);

◇ 目标指标必须是可以衡量的(Measurable);

◇ 目标指标必须是可以达到的(Attainable);

◇ 目标指标必须是实实在在的、可以证明和观察的(Realistic);

项目 5　活动类文案写作与应用

◇ 目标指标必须是具有明确截止期限的（Time-bound）。

模糊目标与清晰目标的对比如表 5-1 所示。

表 5-1　模糊目标与清晰目标对比

模　糊　目　标	清　晰　目　标
提升公众号粉丝基数	活动期间新增 3 000 粉丝
提升商城产品销售量	7 天达到 2 万元商城销量
增强客户关系与互动	活动参与率达到 43%

（4）策划案需要整合现有资源。策划是在整合现有资源的基础上，以多快好省的方式来实现目标。

◆阅读材料 5-1

葛优让印度洋的暖风吹进青藏高原，是策划吗？

葛优和徐帆在《不见不散》电影里的一段对话。

请问：葛优能把喜马拉雅炸开一道口子，让印度洋的暖风吹进青藏高原，是策划吗？

徐："我三年前见你什么样，现在还什么样。"

葛："我不像你似的挣钱没够，我觉得享受生活的每一分钟才是最重要的，这才是我十年美国生活的最大收获。"

徐："这不是钱不钱的事，你就是没有大志向。"

葛："这是喜马拉雅山脉，这是中国的青藏高原，这是尼泊尔，山脉的南坡缓缓伸向印度洋，受印度洋暖湿气流的影响，尼泊尔王国气候湿润，四季如春，而山脉的北麓陡降，终年积雪，再加上深陷大陆的中部，远离太平洋，所以自然气候十分的恶劣。"

徐："你这又扯哪去了？"

葛："如果我们把喜马拉雅山炸开一道 50 千米的口子，世界屋脊还留着，把印度洋的暖风引到我们这里来，试想一想，那我们美丽青藏高原从此摘掉落后的帽子不算，还得变出多少个鱼米之乡！"

2．策划的类型

策划是以多快好省的方式创造性地实现目标，从这个角度来看，策划无处不在。营销需要策划，企业需要策划，企业每个部门需要策划，上至国家及各个行政部门（"十三五"规划、各部门行动规划等），下至团体或个人（班会活动策划案、社团活动策划案、企业赞助策划案、职业生涯规划书、求职简历策划等）。以下仅从商业企业、4P 营销理论的角度对策划案进行分类，如表 5-2 所示。

表 5-2　商业企业策划案的分类

大　　类	小　　类	细分类别	名　　　称
商业企业策划案	部门层面	公司整体层面	创业计划书、商业计划书、企业五年规划书、年度计划书等
		人事行政部	人力资源规划书、企业文化建设计划书
		财务部	财务策划案、税务策划案、融资策划案、财务年度计划书

239

续表

大类	小类	细分类别		名称
商业企业策划案	营销层面	仓储物流部		物流规划案、仓储规划案、部门年度计划书
		产品		产品策划案、新产品上市策划案
		价格		（较少）
		渠道		渠道拓展策划案、区域拓展策划案、渠道推广年度计划书、电商运营策划案、新媒体运营年度计划书
		促销	广告	市场调研策划案、广告投放策划案、淘宝直通车投放策划案
			公共关系	媒体投放策划案、公益活动策划案、捐赠活动策划案、慈善活动策划案、公关活动策划案、开业庆典策划案
			人员推销	促销活动策划案、社区促销活动策划案、商场促销活动策划案
			销售促销	会议营销策划案、订货会策划案、展会策划案、主题策划案、促销策划案、销售活动策划案

不同的策划案，撰写的人员级别是不一样的。比如商业计划书、创业计划书、企业五年规划书、年度计划书等，一般由营销总监级人员来规划制订。而部门级策划案，比如渠道拓展策划案、产品策划案、广告投放策划案、渠道推广年度计划书、新媒体运营年度计划书等，则由部门负责人（如部门经理或总监）依据公司年度计划书来制订。公司年度计划书下面不同的策划案，比如某一个节日大促策划案、某一款新产品上市策划案、某一场公关路演策划案、某一个订货展览会策划案、微信公众号运营策划案、微博粉丝通、淘宝直通车投放策划案等，则可能由具体责任人（如营销推广策划专员或主管）来制订。图5-2为营销策划案按层级的分类。

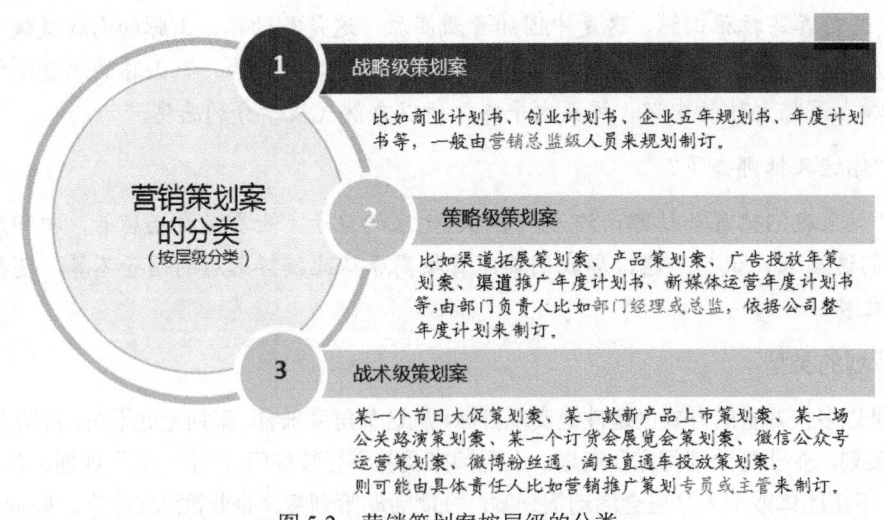

图5-2 营销策划案按层级的分类

下面就我们在工作中常见的几类策划案及所需要做的策划工作进行简单介绍。

1）商业策划

商业策划起源于近代商业制度出现之后，其形成和广泛应用是在当代，发展至今已越来越专业化。商业策划的主体是策划人或策划机构，客体是策划指向或策划标的。商业策划的要素包括策划过程、策划力和策划经费。商业策划的载体是策划方案。

商业策划案的内容非常广泛，大到城市商业空间的布局调整、现代化商业街区的建设，小到一个店铺的促销活动。成功的商业策划不仅可以赢得顾客的认可，更给商家带来可观的效益。

2) 创业策划

创业策划案是创业者叩响投资者大门的"敲门砖"，一份优秀的创业策划案往往会使创业者达到事半功倍的效果。创业策划案是创业者计划创立的业务的书面摘要。它用以描述与拟创办企业相关的内外部环境条件和要素特点，为业务的发展提供指示图和衡量业务进展情况的标准，通常创业策划案是市场营销、财务、生产、人力资源等职能计划的综合。

3) 营销策划

营销策划是根据企业的营销目标，通过企业设计和规划企业产品、服务、创意、价格、渠道、促销，从而实现个人和组织的交换过程的行为。它以满足消费者需求和欲望为核心。

现代管理学将营销策划分为营销策划市场细分、产品创新、营销战略设计及营销组合 4P 战术（组合）四个部分。营销策划首先要确定营销概念，其次是在营销理念基础上的策划。

4) 广告策划

广告策划就是对提出、实施、检验广告决策全过程作预先的考虑与设想，是对广告的整体战略与策略的运筹规划。广告策划不是具体的广告业务，而是广告决策的形成过程。

5) 活动策划

活动策划是提高市场占有率的有效行为，一份可执行、可操作、创意突出的活动策划案，可有效提升企业的知名度及品牌的美誉度。活动策划是相对于市场策划而言，严格说它们同属市场策划的分支。活动策划、市场策划是相辅相成、相互联系的。市场策划和活动策划都从属于企业的整体营销思想，只有在此前提下做出的市场策划案和活动策划案才兼具整体性和延续性，也只有这样，才能够有效地使受众认同一个品牌的文化内涵。

6) 网站策划

网站策划是网站平台建设成败的关键因素之一。网站策划案重点阐述解决方案能给客户带来什么价值，以及通过何种方法去实现这种价值，从而帮助业务员赢取订单；网站策划从业者要求知识面较广阔，必须具备市场和销售意识，具备较强的沟通能力和文字表达能力，熟悉商业情报收集和信息分析的方法，熟悉网络广告投放和搜索引擎优化等方法。网站策划人员要做的工作不仅仅是一份策划方案书的撰写，而是涵盖了从对客户需求的了解到与美工人员、技术开发人员的工作协调，再到网站发布宣传与推广等多项工作内容。

7) 公关策划

公关策划即公共关系策划，是公共关系人员根据组织形象的现状和目标要求，分析现有条件，谋划并设计公关战略、专题活动的最佳行动方案的过程。公关策划的目标是通过公共关系策划和实施，达到组织理想的形象状态和标准。

公关策划的核心是解决以下三个问题：一是如何寻求传播沟通的内容和公众易于接受的方式；二是如何提高传播沟通的效果；三是如何完备公关体系。

8）促销活动策划

如何实现销售，很多人的答案就是搞活动、做促销。"促销活动""活动促销"是营销人耳熟能详的字眼。搞活动就是做促销，做促销就是做活动吗？

3．促销与活动的关系

1）促销

从营销 4P 理论的角度来讲，广义的促销是与产品、价格、渠道相并列的一种营销策略。促销组合分为五种：广告、公共关系、人员推销、销售促进和直复营销。

狭义的促销是指销售促进（Sales Promotion，简称 SP），它是指企业运用各种短期诱因鼓励消费者和中间商购买、经销企业产品和服务的促销活动。狭义的促销分为八种方式，如表 5-3 所示。

表 5-3 狭义的促销的分类

促销方式	内容
无偿 SP	针对目标顾客不收取任何费用的一种促销手段。例如，无偿附赠、无偿试用、免费抽奖等
惠赠 SP	对目标顾客在购买产品时给予一种优惠待遇的促销手段。例如，买赠（买一赠一，买五赠二）、换赠（以旧换新）、退赠（消费者累计消费返利）等
折价 SP	在目标顾客购买产品时，给予不同形式的价格折扣的促销手段。例如，折价优惠券、折价优惠卡、现price折扣、减价特卖、减价竞争、大拍卖及大甩卖等
竞赛 SP	利用人们的好胜和好奇心理，通过举办趣味性和智力性竞赛活动，吸引目标顾客参与的一种促销手段。例如，征集与答奖竞赛、竞猜比赛、优胜选拔比赛、印花积点竞赛等
活动 SP	通过举办与产品销售有关的活动，来达到吸引顾客注意与参与的促销手段。例如，新闻发布会、产品展示会、抽奖与摸奖、娱乐与游戏、制造事件等
双赢 SP	两个以上市场主体通过联合促销方式来达到互为利益的促销手段。换言之，两个以上的企业为了共同谋利而联合举办的促销，即为双赢 SP 促销。例如，对目标客户相同的商家举办联合促销活动
直效 SP	具有一定的直接效果的促销手段。直效 SP 具有现场性和亲临性的特点。通过这两大特点，能够营造出强烈的销售氛围。例如，售点广告（POP）、直邮导购、产品演示、产品展示、报纸宣传、营业佣金、名人助售等
服务 SP	为了维护顾客利益，为顾客提供某种优惠服务，方便顾客购买和消费的促销手段。例如，送货上门、免费培训、保修三年、分期付款、延期付款、会员特权等

从上面分类可以看出，活动促销只是促销的八种方式之一。也就是说，活动促销属于促销 SP 的一种方式，但不是促销全部。

2）活动促销

活动是由共同目的联合起来并完成一定社会职能的动作的总和。活动由目的、动机和动作构成，具有完整的结构系统。它既是一个动词（比如体育活动、健身活动），也是一个心理学名词（比如人的学习和劳动）。

（1）活动营销。营销活动包括开发产品、制定价格、拓展渠道、促销推广四个方面，而活动营销是指企业通过介入重大的社会活动或整合有效的资源，策划大型活动而迅速提高企业及其品牌知名度、美誉度和影响力，促进产品销售的一种营销方式。从活动营销的概念来看，有如下两层含义：

◇ 活动营销或以借助社会已有活动（比如奥运会，中秋节、国庆节等重大节日）举行，也可以是自行策划组织的活动；

◇ 活动营销的目的，有提升品牌形象的品牌活动和促进销售的促销活动两种。活动促销只是活动营销的目的之一而不是全部。

（2）活动促销。活动促销是指通过举办与产品销售有关的活动，来达到吸引顾客注意与参与的促销手段。它包括新闻发布会、产品展示会、抽奖与摸奖、娱乐与游戏、制造事件五种。

① 利用新闻发布会活动进行促销。即活动举办者以召开新闻发布会的方式来达到促销目的。这种方式十分普遍，它是利用媒体向目标顾客发布消息，告知产品信息以吸引顾客积极消费。例如：

2016年4月美宝莲纽约在上海举行品牌发布会，除了代言人Angelababy成为全场焦点之外，美宝莲纽约还邀请了50位网红在化妆间开启直播。50位网红从50个视角直击化妆师为模特化妆的全过程，并通过9大直播平台直播，超过500万人在线观看，最终卖出1万支口红（新产品），实际销售额达人民币142万元。

② 利用产品展示会活动进行促销。即活动举办者通过参加展销会、订货会或自己召开产品演示会等方式来达到促销的目的。这种方式每年可以定期举行，不但可以实现促销目的，还可以通过网络与用户进行沟通，起到宣传产品的作用。这种方式也可以称为"会议促销"。

③ 利用抽奖与摸奖活动进行促销。即顾客在购买产品或消费时，对其给予若干次奖励机会的促销方式。可以说，抽奖与摸奖是消费加运气并获得利益的活动。这种促销活动的其他形式还有很多，如刮卡兑奖、摇号兑奖、拉环兑奖、包装内藏奖等。

④ 利用娱乐与游戏活动进行促销。即通过举办娱乐游戏与活动，以趣味性和娱乐性吸引顾客并达到促销的目的。用娱乐与游戏活动进行促销，需要组织者精心设计，不能使活动脱离促销主题。特别是当产品不便于直接广告的情况下（如香烟），这种促销方式更能以迂为直、曲径通幽。如举办大型演唱会、赞助体育竞技比赛、举办寻宝探幽活动等。

⑤ 利用制造事件进行促销。即通过制造有传播价值的事件，使事件社会化、新闻化、热点化，并以新闻炒作来达到促销的目的。"事件促销"可以引起公众的注意，并由此调动目标顾客对事件中相关产品或服务的兴趣，最终达到刺激顾客去购买或消费的目的。如果制造出的事件能够引起社会的广泛关注，那么"事件促销"就会取得成功。

3）促销与活动的关系

促销与活动两者的区别和联系如图5-4所示。促销与活动的关系如图5-5所示。

4）淘宝活动与商家促销

（1）淘宝活动。淘宝活动是淘宝官方或非官方主动发起的，为了提升淘宝平台本身市场份额或商家销量的行为。淘宝官方的活动影响力较大，比如网民熟悉的"双11""双12"，已经掀起电商网购的狂潮，聚划算、天天特价等也已深入人心。图5-6为淘宝官方营销活动中心。

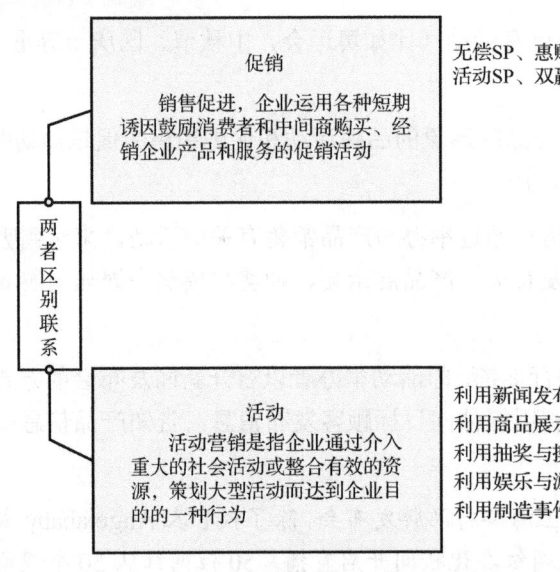

图 5-4　促销与活动两者的区别和联系

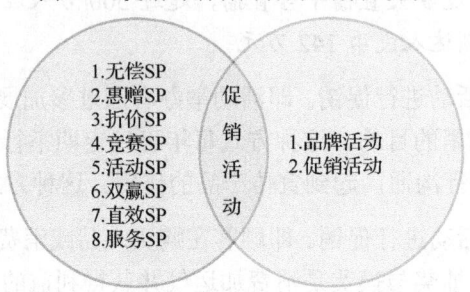

图 5-5　促销与活动之间的关系

图 5-6　淘宝官方营销活动中心

按照淘宝官方营销活动中心的分类，将营销活动分为了行业营销活动、品牌活动、无线手淘活动等类别。

天猫、淘宝网将活动级别分为了A、B、C三级，A级是指大促活动，B级是指行业活动，C级是指日常活动。图 5-7 为淘宝网活动时间及分类。

淘宝网活动时间	A级大促活动	B级行业活动	C级日常活动
一月	阿里年货节	家装新年惠、母婴进口大赏节	天天特价 淘金币 淘抢购 聚划算 试用中心
二月	年货不打烊	托马斯总动员、油漆涂装节、家装节	
三月	三八女王节	春茶节、春夏新风尚、健康日	
四月		宝宝出行节、美甲节、情系意国	
五月	520表白节	母亲节、天猫T恤节、健康节、父亲节	
六月	"618"年中大促	全民爱眼日、端午节	
七月		啤酒节、游泳节、洗护节	
八月	"818"暑促	开学总动员、七夕情人节	
九月		结婚季、"912"辣妈囤货季、金秋出游季	
十月	国庆大惠战		
十一月	"双11"大促	火锅节、感恩节、伙拼周	
十二月	"双12"大促	国际年货节、圣诞节、滑雪节	

图 5-7　淘宝活动时间及分类

（2）商家促销。淘宝促销是很多淘宝卖家经常使用的一种运营手段，它以间接让利的形式，给那些需要该产品的固定客户更多优惠，从而促使成交。淘宝卖家也希望可以获得更多回头客户以提高店铺的销量。淘宝促销由商家主导，淘宝网或淘宝第三方服务商以付费的方式提供淘宝促销工具。淘宝促销工具最常用的是满就送、店铺优惠券、限时折扣、搭配套餐。促销活动由商家自行规划实施，其主要目的是提高转化率。

作为电子商务公司推广策划人员，为了完成店铺的销售额，既需要根据店铺实际运营情况申报淘宝网官方举办的各种活动，也需要根据自身情况结合节日主题自行策划各种店内促销活动。

5.1.2 策划案写作四原则

在策划案写作中，我们需要遵守如下四个原则。

1. 明确你要解决的问题

策划案必须说明到底要解决什么问题以及如何解决问题，如果问题不明确，那么任何策划案都毫无意义。案例如下。

一家经营装修的企业看到大家都在运营微信社群，自己也想要运营，但苦于不得其法。"我的微信群，经常活跃了一段时间后就不再活跃了，怎么做可以延长生命周期？"

既然需要一个社群运营的策划案，要先看看为什么你需要运营社群。"当然想让更多人买我的装修服务。"

既然想获取更多顾客，那么存在的关键问题是什么？为什么很多顾客没有买你的服务？是因为他们缺一个有持续生命力的社群吗？

当然不是。一般情况而言，装修本身是十几年才遇到的一件事，大部分人只会在装修时密集关注此类话题，一旦装好了，就不再关心。

既然这样，关键问题应该是如何让目标消费者在想要装修的时候想到我？而"持续生命力的社群"这个计划显然对这个问题没有帮助——等大家房子装修好了，根本不会再关注装修的话题了，这个时候你拼老命让别人在一个装修群里聊天，有什么意义？

任何策划案必须在开头说明策划案现在面临的关键问题是什么，为什么这个策划案能够有效帮助解决这个问题。

2. 更加注重过程，而不是目标

很多时候，翻开一个策划案，发现绝大部分是目标的罗列——H5传播、引爆全网、病毒视频。不可否认目标和愿望的存在非常重要，但最重要的是实现目标的方式，而不是目标本身。

比如病毒视频，它根本不是一种视频制作方式，而是视频要实现的目标——传播量大的视频自然就是病毒视频，传播量不大的视频，即使以"病毒视频"作为项目命名，也不是真正的病毒视频。把"病毒视频"当作传播的计划方案，就跟把"做一道好吃的菜"写进厨师菜谱一样废话和无用——"做一道好吃的菜"无法为厨师提供任何实质性指导，还不如简单说一句"多加盐"。

所以，策划案应该更加注重过程，应该是对"我们该如何解决问题"的描述，而不是简单描绘美好的愿望。毕竟，当一个人说"他缺一个营销策划方案"时，他并不是"不知道营销的目标可以有多好"，而是"不知道到底应该怎么做"。

同样，我们需要一个策划方案，也不是因为担心"大家目标和愿望不够大"，而是担心"大家接下来的行动，缺乏一个明确的指导方针"。

3. 针对用户设计行动，而不是自己

大部分策划案针对用户设计行动，而不是自己的营销计划。它们往往是从企业自身行动出发（比如我要做海报、我要做H5），而不是从用户的行动出发（我想让用户产生什么想法）。而实际上，就像战场上的作战计划，需要包含"敌人的行动"而不是"自己军队的行动"，市场营销策划案应该更多包含的是用户的想法和行动。

◆阅读材料 5-2

营销大纲与营销计划

李靖在《你可能只会列营销大纲，不会做营销计划》一文中，列举了两种不同的策划案。

策划案A的内容如下。

> 以"周年大促"为核心构思创意，吸引目标顾客到来；
>
> 线下传播：传播地点为地铁、公交车、楼宇框架等，目标覆盖人群500万人，吸引数万次客流量；
>
> 线上传播：制作病毒视频、H5互动页面，撰写公众号文章等，通过微信、微博扩散，并且联系100个KOL（关键意见领袖），形成千万级传播；
>
> 媒体公关：××××等多家媒体，全方位覆盖报道；
>
> 微信粉丝提升5万人以上。

策划案B的内容如下。

> 作为本地最有影响力且历史悠久的商城，我们承载了当地人很多关于过去逛街的记忆，但现在大家更多地关注电商促销信息，导致我们的促销活动一年不如一年。
>
> 所以我认为，这次活动我们面临的关键挑战是：如何刺激消费者关注我们的促销活动，而不是全被京东、天猫的广告吸引走了。
>
> 为了解决这个问题，我认为这次再只强调"××大促"这样信息是没用的，因为同样是"大促销"，我们本身的促销额度和广告投放量不可能超过天猫，这就无法扭转我们的不利局势。
>
> 而我们真正的优势其实是"逛街体验"，所以应该促使消费者更多关注逛街体验本身，以对抗狂轰滥炸的电商广告。

所以我建议，这次我们以"逛街就逛真正街"为主题，通过线上线下各种渠道协同，号召消费者周末休息出来逛真正的街，以吸引他们来参加周年庆活动。

为此，各部门需要紧密配合，目标是让本市更多消费者想要逛线下店，而不是网购。

1. 文案小张：继续优化"要逛就逛真正街"这个主题文案，并且寻找用户网购的痛点（比如无法试穿、不能出门过个好周末等），用以制作主文案；

2. 视频创意小刘：根据文案部门提供的主文案和用户痛点，策划以传播性为优先目的的短视频；

3. 媒介部门老王：为了形成反差效果，确保我们的广告跟电商广告在一起出现（比如公交站牌左边是"上天猫，逛街享巨惠"，我们在右边就是"要逛就逛真正街，同享巨惠"等）；

4. 新媒体部门小莉：联合其他线下品牌发起公关活动，跟电商"开战"。

......

哪个策划案好，为什么？

李靖把策划案 A 叫作"大纲式计划"，他对该计划分析如下。

这种"大纲式计划"最大的问题就是：没有解决任何问题。

这个计划，仅仅是把市场计划一般都需要做哪些事列了一遍，但丝毫不提及我们的关键问题是什么以及问题如何解决。与其说这是一个"营销计划"，不如说是一篇拘泥于目标细节和任务模板的轮廓大纲，几乎无法有效指导任何一个人的具体工作。

比如，计划的重要部分有一个制作病毒视频，那么请问：所有的病毒视频都行吗？病毒视频在整个计划里扮演什么角色？要契合什么主题？为什么需要视频？

实际上，把整个计划修改一下日期和公司名，几乎可以完整地套用在任何一个产品的任何一次营销行为中。

智能硬件上众筹计划、新手机发布计划、脑白金换包装计划、电影发行计划甚至炒作凤姐计划，都可以完整地套用这样的大纲模板：吸引目标顾客、线上线下联动、公交地铁广告覆盖、H5+视频病毒传播、KOL 转发、微博千万级讨论……

可是，这有什么用呢？当你把"千万级传播"加入 PPT，就能帮助整个活动实现千万级传播吗？

李靖把策划案 B 叫作"方案式计划"。方案式计划是把制定计划当作"为某个问题找解决方案"的过程，它的目标是通过一系列的营销行为来解决某个问题，而不是简单地列出"要做而未做"的任务清单。

我们要做的是解决问题的方案，而非描绘理想前景的蓝图。我们需要的是方案式计划，而非大纲式计划。

为了做到这一点，营销方案需要回答这些问题。

（1）如果用户怎么想，情况会对我更有利？（比如"阅读材料 5-2"中：如果用户更多考

虑线下逛街的体验，情况会对我更有利）

（2）给用户施加什么信息刺激，会让他们产生这种想法？（比如"阅读材料5-2"中：告诉用户"要逛就逛真正的街"并体现网购痛点，会让他们产生上述想法）

（3）这种信息应该如何最有效传达到目标用户？（比如"阅读材料5-2"中：本市的公交站牌）

4．符合经济性原则

什么叫作"经济性原则"？就是你做这件事比其他人做这件事更合适。

比如你是一个卖智能水杯的商家，那么日常微博活动的作用可能就很低（智能水杯是耐用品，不像纸巾是日常消耗品，不能依靠每天互动来刺激重复性购买，微博活动效果肯定不如纸巾的活动效果。）因此，对智能水杯集中精力进行一次性大范围传播，效果可能会更好。

5.1.3 策划案写作思路六步法则

策划案写作思考六步法则是指在动笔开始写策划案之前，需要想清楚的六个问题。它相当于文章写作的腹稿，文章的整体框架结构是怎样的，可能存在的风险要素有哪些，等等。必须把这些事项想清楚了才动笔。策划案写作思路六步法则如图5-8所示。

1．做什么

"做什么"是指策划的目的和内容，它说明策划的核心创意及其意义，也是策划案的核心要素。策划案的其他各项内容都是为了说明如何实现这个核心创意的。也就是说，首先要设置合理的活动目标，确定活动对象和活动主题。

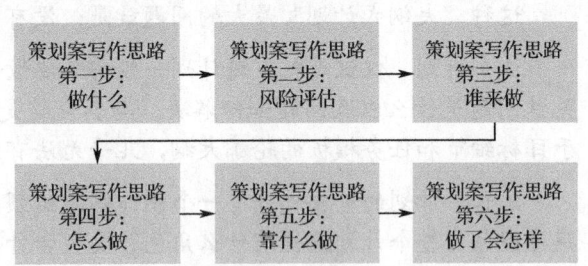

图5-8 策划案写作思路六步法则

1）活动目标

活动目标如何设置？有四种方法，如表5-4所示。

表5-4 设置活动目标的四种方法

方　法	说　明
根据上级拟定的目标进行反推	领导已经拟定了明确目标，只需根据此目标进行反推，推算达成目标需要的资源和投入
参考历史数据	翻阅过往的活动记录，参考其设定的目标数据及达成情况来确定活动目标
估算现有资源	在策划活动前，统计公众号资源现状（粉丝数、阅读量、转发量等）和其他可争取资源的情况（活动预算、其他渠道接入情况等）来设置活动目标
按从低级目标到高级目标的方法设置	为了维系期望值（即上司对你的期望大小），建议设定目标时，将该期望值分解到不同的活动中。可先设置低级目标（即保持最低增量），目标达成以后再根据此次活动结果设置新目标（新目标从低到高设定）

2）活动对象

活动的目标人群是谁？只有了解你的活动对象并进行针对性策划，才能确保策划案的实施效果。

例如，传统企业的策划人员，一般在活动方案制定时会应用图 5-9 所示的格式来确定活动对象的特征。

图 5-9　活动对象的特征

说明：传统企业一般是线下运营的，在填写过程中可能会碰到以下情况：用户没有微信应用程序、不会用微信、不愿使用微信、微信支付未绑定银行卡（也没零钱）等，这些情况会干扰甚至阻碍用户参与活动，所以特意添加微信普及度一栏。

3）活动主题

活动主题是策划过程中最让人头疼的部分，它一般由一个绝妙的创意与一篇出色的短文案组成。除了可以先构思出活动主题再完成活动方案外，也可以先完成活动方案再构思活动主题。活动主题建议编写两个，一个针对用户，一个针对企业内部（即活动的动机和背景）。

活动主题分为四种类型：优惠型（开门见山，直接告诉用户能得到什么）、热点型（借势而起，植入当前热点信息以吸引用户的注意力和参加意愿）、情感型（通过主题表达情感，与用户共鸣，以情动人）、格调型（让用户感觉参加活动就是幸运与荣耀）。

一个好的活动主题特别考查策划人员的人性（对人性的把握）、嗅觉（市场嗅觉）、文案（文字功底）、测试（反复测试，修正优化）等方面的能力。如何才能掌握上述能力呢？可以通过一张图（如图 5-10 所示）来抛砖引玉。

类别	方法		
人性	深入互动	用户报告	消费者心理学
嗅觉	观摩案例	热点分析	市场动态
文案	观摩	分析	练习
测试	即学即用，反复测试，修正优化		

图 5-10　好的活动主题应具备的能力

2．风险评估

风险评估即预测可能存在的风险及应对策略，通过对系统环境的分析，找出策划案实施关键点以及可能存在的问题，制定出相应规则来规避风险。图 5-11 为网店运营策划案中可能存在的风险要素。

1. 客户满意度 —— 每天那么多买家都是百分百满意么？
2. 物流风险 —— 延迟、破损、丢失……
3. 货源风险 —— 我们的供货商是否真的稳定？
4. 库存风险 —— 我们仓库积压了多少宝贝？
5. 人力风险 —— 客服离职之后我怎么办？

图 5-11　网店运营策划案中可能存在的风险要素

3. 谁来做

"谁来做"即设置组织机构,确定有关的人员和机构来保证核心创意的实现。

制定活动职责表将整个活动流程中的工作分解到不同的岗位职责中,并指定负责人。做到职责包干到位,让每个人都清楚各自职责,活动流程分工如图 5-11 所示。

4. 怎么做

"怎么做"即策划案的实施程序,它是实现策划目标的具体步骤。

活动策划案的实施步骤,一般包括活动类型、活动参与门槛、活动参与步骤、奖品设置、兑奖流程等。

活动类型指的是我们利用什么活动工具来执行活动?活动类型及活动名称如图 5-12 所示。

图 5-12 所示中部分活动组件是需要第三方系统支持的,作为策划人员,必须要清楚如何获得这些活动组件。

×× 活动职责表-2016年×月×日			
项目总责任人:×××			
项目	负责人	项目	负责人
岗位职责	负责人	岗位职责	负责人
项目管理		渠道对接(1)	
系统设置操作		渠道对接(2)	
美工设计		订单处理	
文案策划		财务结算划款	
线上客服			
技术支持		项目咨询	
运营支持		资料输出	

图 5-11 活动流程分工

5. 靠什么做

"靠什么做"即资源保障,是指实现策划目标所需要的人、财、物、力等资源因素。下面以网店渠道推广活动为例进行分析。

1) 传播渠道

"好酒也怕巷子深",优秀的推广活动也害怕无人知道。因此,必须要在策划方案中列出最大曝光量(很多活动的策划人员习惯将成本投入在奖品上,而忽略宣传推广的投入,这是错误的做法),活动方案的传播渠道填写方法可参考图 5-13 所示的内容。

活动类别	活动名称			
推广	众筹	大转盘	砸金蛋	现金红包
	记忆翻翻看	投票	公益	话题讨论
销售	秒杀	拼团	满减包邮	卡券
	积分	商场红包	收款码满减送	

图 5-12 活动类型及活动名称

渠道类别	渠道名称	预计效果	备注
免费渠道			
付费渠道			

图 5-13 传播渠道

"预计效果"一列该怎样填写呢?一般都采用渠道平均流量来预估。例如:

假设采用公众号首图文推送,公众首图文近期的平均阅读量为 600 次,平均转发量为 20 次,那预计效果为 600+2 000=2 600 次曝光量(2 000 曝光量计算方法:20×100,即每条转发的图文有 100 次阅读)。

假设在线下单门店铺设活动海报,门店日均进店人数为 30 人,店外人流量为 5 000 人(一般为预估,因为很难量化),预计效果为 30+2 000=2 030 次曝光量(2 000 曝光量的计算方法:5 000×40%,即假设人均浏览百分比为 40%)。

2)活动物料

活动物料即围绕活动开展所需的线下物料和各种网络宣传的页面要素,如表 5-5 所示。

表 5-5 活动物料统计表

类别	说明
线下物料	易拉宝、X 展架、传单页、海报、台卡、水牌等
线上海报	活动的宣传图片
公众号设置	根据活动修改回复、修改菜单、制作图文等
微信商城	商城首页活动宣传版面、活动落地页
话术	针对客服与店员的活动引导、答疑话术
活动培训	针对相关协作人员的培训课件与课程

6. 做到什么程度

"做到什么程度"是指活动进度和效果预测。

活动进度是指活动中各项目的进度和完成的时间点,一般根据岗位职责表与活动执行前后顺序来编写进度表,通常用甘特图来表示。简易的活动进度甘特图如图 5-14 和 5-15 所示。

序号	项目名	负责人	达成效果	时间进度								
				1月17日	1月18日	1月19日	1月20日	2月5日	2月6日	2月7日	2月8日	2月9日
1	设置门店账号密码		门店信息设置完成									
2	门店收款码制作门店收款码		门店可以进行微信支付(拥有收款码合卡)									
3	制作并教学流程并下发		下发至门店									
4	收银员熟悉核实流程		收银员熟练操作									
5	策划微信支付特有优惠活动		微信支付能参加活动									
6	确认微信会员信息		明确会员等、会员晋升条件、会员特权									
7	制定微信会员储值活动规则		确定赠送规则。并且可面对消费者使用									
8	微信门店激励活动		设置针对门店员工的激励活动(提升积极性)									
9	微信门店人员培训		让店员了解活动形式。活动价值。熟悉操作									
10	微信会员上线		会员系统设置完毕。并可正常使用									
11	微信支付对私人账号		完成申请。获知审核结果。并完成设置									
12	微信积分体系构建		明确积分是否开启。赠送比例。积分商城搭建									
13	活动阶段性复盘总结		对此次活动进行总结。效果多少?哪里不足?怎么改进									
14	制订第二期活动目标及动作		WORD文档输出(包括总结、目标、下期目标动作)									

图 5-14 活动进度甘特图(1)

序号	项目名	负责人	达成效果	进度 2月10日	2月11日	2月12日	2月13日	3月10日	3月13日	备注
1	设置门店账号密码		门店信息设置完成							
2	门店收款码制作门店收款码		门店可以进行微信支付（拥有收款码台卡）							张三协助
3	制作并教学流程并下发		下发至门店							
4	收银员熟悉核实流程		收银员熟练操作							公司内部进行验收考核
5	策划微信支付特有优惠活动		微信支付能参加活动							参考形式"满减、满赠券"
6	确认微信会员信息		明确会员等、会员晋升条件、会员特权							达成效果包括会员卡的外表设置
7	制定微信会员储值活动规则		确定赠送规则，并且可面对消费者使用							例如：充多少送多少
8	微信门店激励活动		设置针对门店员工的激励活动（提升积极性）							激励指标参考微信支付笔数、会员数
9	微信门店人员培训		让店员了解活动形式、活动价值、熟悉操作							
10	微信会员上线		会员系统设置完毕，并可正常使用							必须有物料及图文宣传，员工有义务告知用户并引导开通
11	微信支付对私人账号		完成申请、获知审核结果、并完成设置							
12	微信积分体系构建		明确积分是否开启，赠送比例，积分商城搭建							
13	活动阶段性复盘总结		对此次活动进行总结，效果多少？哪里不足？怎么改进							输出PPT
14	制订第二期活动目标及动作		Word文档输出（包括总结、目标、下期目标动作）							

图 5-14　活动进度甘特图（2）

效果预测是指计算活动的投入与产出比，预测可能产生的利益和风险。在活动方案中必须将活动成本明细罗列出来，以方便他人查阅和审核，也让自己清楚此次活动的 ROI（投资回报率）。策划人员必须要有成本意识。活动成本登记信息如图 5-15 所示。

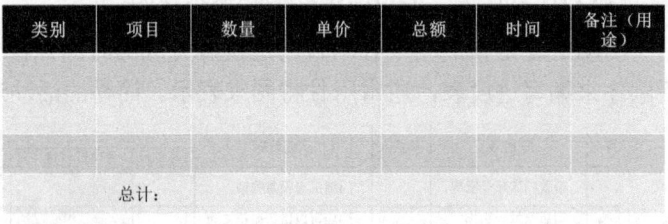

图 5-15　活动成本登记信息

5.1.4　策划案写作具体格式要求

企业中的活动策划案，根据汇报对象、实施目的不同，一般分为 Word 版和 PPT 版两种形式，如图 5-2 所示。

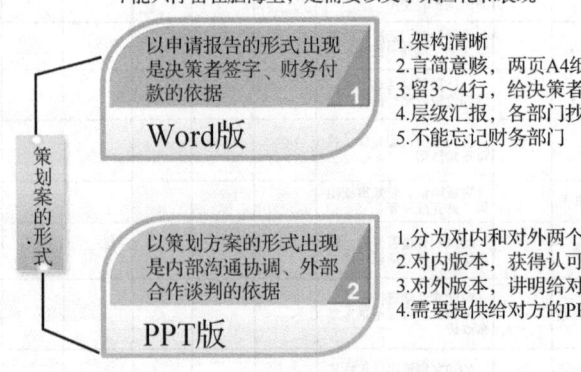

图 5-2　策划案的形式

1. Word 版本（给决策者看的策划案）

Word 版本的策划案，以申请报告的形式出现，它既是给决策者审核并签字确认的书面文件，也是作为费用支出、人员调配、活动实施、费用报销的依据。申请报告写作要领如图 5-16 所示。

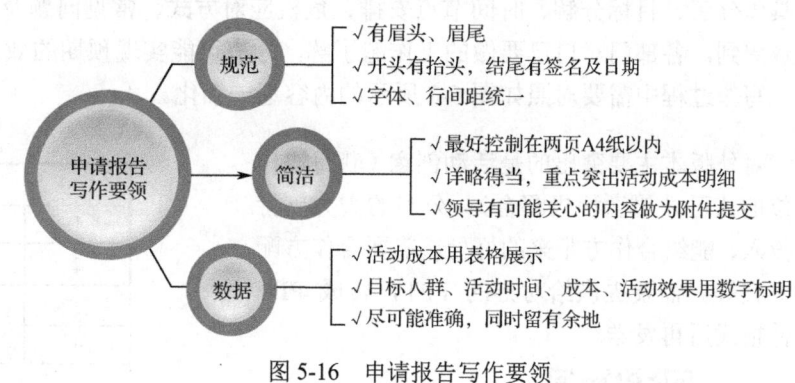

图 5-16　申请报告写作要领

撰写 Word 版本的策划案时，需要注意如下几点。

（1）架构清晰。该类策划案一般遵循的逻辑结构为：要做一件什么事情（比如广告投放、节日大促、小区活动、商场路演等）、怎么做（主题、时间、地点）、谁来做（责任部门、人员分工）、成本预算（费用预估、费用明细）、效果评估（能达到什么样的效果）。这些内容就是你策划案写作思考六步法的精华。

（2）言简意赅。决策者的时间和精力是有限的，策划案必须注重实用性，忌海阔天空、夸夸其谈。一般的申请报告，篇幅控制在两页 A4 纸以内，其他必须要解释说明的内容，可另外附文。

（3）留有足够空白。策划案是需要决策者签名表达意见的。策划案的结尾至少需要预留 3～4 行的空间（A4 纸），给决策者签名确认。

（4）层级汇报。策划案除了在结尾署名策划人员的姓名，策划部门上级主管也需要在上面签字确认，然后再逐级递交，并非由策划人员直接递交给最终的决策者。

（5）抄送各部门。策划案中提到的各个部门，由于需要他们进行工作配合，所以决策者签名确认的策划案，需要复印几份抄送相关部门（走 OA 流程的情况除外）。

（6）不能忘记财务部门。凡是涉及费用支出的，需要在活动之前将决策者签字确认的文件递交财务（有的需要原件），以便财务准备相应的费用。一般在请款或报销时，该文件也需作为附件放在请款单或报销单的后面。

2. PPT 版本（给执行者看的策划案）

这里讲的执行者，既包括公司内部需要参与该活动或事件的工作人员，也包括外部供应商及服务商（如物料制作单位、路演舞台搭建机构、服务公司）和配合组织机构（如商场路演的商场相关管理部门、订货会的酒店物业管理部门等）。

PPT 版策划案制作出来后，大部分是可以共用的，少数 PPT 版策划案是需要略讲甚至不宜对外公开的。因此，PPT 版策划案又可分为对内和对外两个版本。

对内版本主要突出的是活动创意（获得内部人员的认可）、活动目标及效果评估方法、人员具体分工、目标分解、时间节点安排、危机应对方式、常见问题及解决办法等，考虑得越细致周到，各部门对自己要做的工作越了解，才有可能实现预期的效果。对内 PPT 版的策划者，写作过程中需要对照如图 5-7 所示的内容逐一细化。

对外版本主要突出的是活动创意（获得协作单位的认可，愿意积极配合）、公司的大力支持和投入、能给合作方带来的好处、需要合作方配合事宜等。需要提供给对方的 PPT，转成 PDF 文件格式后再发送。

5-1 策划案写作模板

序号	步骤
1	活动主题
2	活动目的
3	时间地点
4	活动对象
5	活动形式
6	宣传渠道
7	活动物料
8	职责分工
9	活动进度
10	活动成本
11	应急预案

图 5-7 策划案写作流程

任务实训

【实训 1】 扫描二维码，阅读材料《百事线上线下联动策划案》，完成表格 5-6 所示的内容。

5-2 百事线上线下联动策划案

表 5-6 策划案分析记录表

策划案要素			内　　容
1. 活动目的			
2. 活动主题			
3. 时间地点			
4. 执行方案	市场调查		
	活动方案	线上活动方案	
		线下活动方案	
	内容、功能设计与测试		
	线下活动准备工作		
	渠道推广		
	活动总结		
5. 检测指标			
6. 风险控制			
7. 成本预估			
8. 效果预估			
9. FAQ			

【实训 2】 参考表 5-6 的格式,根据你们学校举办"创业周"线上线下的活动内容,撰写一份"创业周"线上线下联动策划案。

【实训 3】 扫描二维码,阅读《活动申请报告(电商 O2O 创业大赛)》,按申请报告写作的要求,为你们学校的创业周活动撰写一份活动申请报告。

5-3 活动申请报告(电商 O2O 创业大赛)

任务 5.2　入驻天猫平台运营策划案

任务导入

天猫综合购物平台定位为"认证商家＋正品商品"。2008 年开始独立运营的淘宝商城，2012 年正式改名为"天猫"。天猫入驻的店铺分为旗舰店、自营店、专营店三种。

入驻天猫的流程是怎样的？如何组建天猫运营团队？如何制定天猫运营年度规划？天猫店铺日常运营要点有哪些？天猫开店的前期成本需要多少？

任务导图

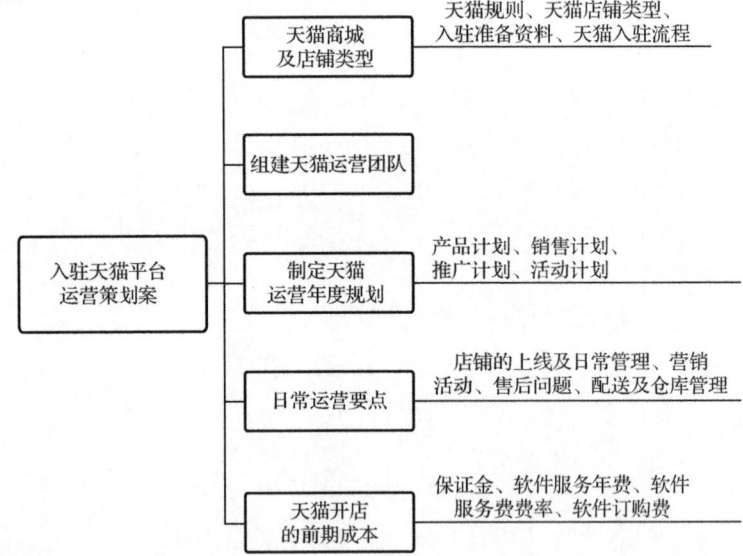

学习目标

知识目标	熟悉天猫店铺的三种类型
	了解天猫资费收取的三种方式
	了解入驻天猫商城的流程
能力目标	能够独立开通天猫店铺
	能够按销售目标制订店铺年度运营计划
	能够撰写入驻天猫的申请报告

项目 5　活动类文案写作与应用

> 任务实施

5.2.1　天猫商城及店铺类型

1. 天猫规则

天猫综合购物平台定位为"认证商家＋正品商品"。2008 年开始独立运营的淘宝商城，自 2012 年正式改名"天猫"以来，招商门槛逐步提升：2012 年增加新入驻商家销售额考核的要求，未达标者不予续签；2013 年提升了食品、化妆品等品类和天猫电器城的入驻门槛；2015 年建立招商品牌库，只有受到天猫邀请的品牌才能入驻天猫，自主入驻的大门基本向小微企业和创业者关闭。

入驻天猫的商家，除了需要缴纳保证金、技术服务年费以外，还需要是在中国大陆注册的企业，持有 R 或 TM 商标。天猫有个品牌池，品牌池中有的品牌可以按正常流程申请入驻。品牌池没有的品牌，如果要入驻，需要先提交运营方案给天猫审核，审核通过后方可入驻。

天猫入驻标准以及运营细则会经常变化，企业在天猫平台上做运营，需要定期上"天猫商家—天猫规则"（https://guize.tmall.com/）查看运营规则。

2. 天猫店铺类型

天猫入驻的店铺类型分为旗舰店、自营店、专营店三种，如表 5-7 所示。

表 5-7　天猫店铺的类型

旗舰店	旗舰店指自有品牌或者商标权人提供独占授权的品牌入驻天猫开设的店铺
专卖店	专卖店指以商标权人提供普通授权的品牌入驻天猫开设的店铺
专营店	专营店指在天猫上经营两个及两个以上品牌的店铺

旗舰店分三种：第一种是经营一个品牌的旗舰店；第二种是经营多个品牌且各品牌归同一实际控制人的旗舰店；第三种是以服务类商标开设且经营多个品牌的卖场型旗舰店。其中后两种类型的旗舰店需要天猫邀请方可入驻。

专卖店分为两种：第一种是经营一个品牌的专卖店；第二种是经营多个品牌且各品牌归同一实际控制人的专卖店。其中第二种类型的专卖店需要天猫邀请方可入驻。

天猫店铺名命名规则如表 5-8 所示。

表 5-8　天猫店铺名命名规则

店铺类型	店铺名命名规则	域名命名规则
旗舰店	品牌名＋（类目）＋旗舰店	品牌英文名（品牌中文名拼音）
专卖店	品牌名＋企业商号＋专卖店	品牌英文名（若无，则使用品牌中文名拼音）＋企业商号全拼或者首字母
专营店	企业字号＋类目＋专营店	企业商号全拼或者首字母＋类目名全拼或者首字母
注释	1. 店铺名字不得超过 24 个字符，支持中文、英文和数字 2. 域名不得少于 4 个字符，支持英文、数字和"-"（英文状态下的横杠） 3. 多品牌旗舰店可选用经营中的任一品牌＋（类目）＋旗舰店命名 4. 由商标权利人独占性授权开设旗舰店的，若独占授权书中有类目限制，或者该品牌有多条产品线，商家只经营其中一条产品线产品，则必须在店铺名字中体现类目 5. 专卖店命名中，若企业商号与品牌名一致，则启用以下规则：品牌名＋企业行业词/区域＋专卖店	

注：同一主体开多家天猫店铺，要求店铺间经营的品牌及产品不得重复，一个经营大类下专营店只能申请一家。

3．入驻准备资料

不同类目提交的资料不同，以"天猫商家—天猫规则"的要求为准。

4．天猫入驻流程

（1）申请企业支付宝账号且通过商家认证。天猫要求所提供的支付宝账号是全新账号，不可绑定任何淘宝会员 ID。如果已经拥有了一个经过商家认证的公司账号但不符合天猫支付宝的要求，可重新申请一个账户后，将新申请的账号与原有的商家认证账号进行关联即可。

（2）登录在线申请页面。登录在线申请页面，在天猫招商页面单击"立即入驻"按钮（网址：https://pages.tmall.com/wow/seller/act/zhaoshang）。在线参加天猫入驻考试，即单击"立即入驻天猫"按钮后，阅读天猫商家须知并考试。

（3）提交信息并线上签约。考试通过并验证支付宝后，在线输入申请公司的信息，在线签订天猫服务条款、服务协议及支付宝代扣协议，上传品牌 Logo。上传的品牌 Logo 必须和商标局备案的 Logo 一致。

（4）等待审核。邮寄你的企业资质及品牌资料，等待天猫"小二"审核。

（5）以天猫账号登录，执行"我的淘宝"→"我是卖家"→"天猫服务专区"命令，在 15 天内完成保证金/技术服务年费冻结缴纳的操作。若期限内未操作，那么本次申请作废。

（6）发布商品、店铺上线。以天猫账号登录，执行"我的淘宝"→"我是卖家"→"天猫服务专区"命令，单击"发布商品"按钮。根据页面提示，在 30 天内发布规定数量的商品（服装 20 件以上，3C 产品要求 10 件以上）。若期限内未操作，本次申请作废。执行"下一步"→"店铺上线"命令，店铺正式入驻天猫。

◆阅读材料 5-3

三只松鼠入驻天猫商城流程图如图 5-17 所示。

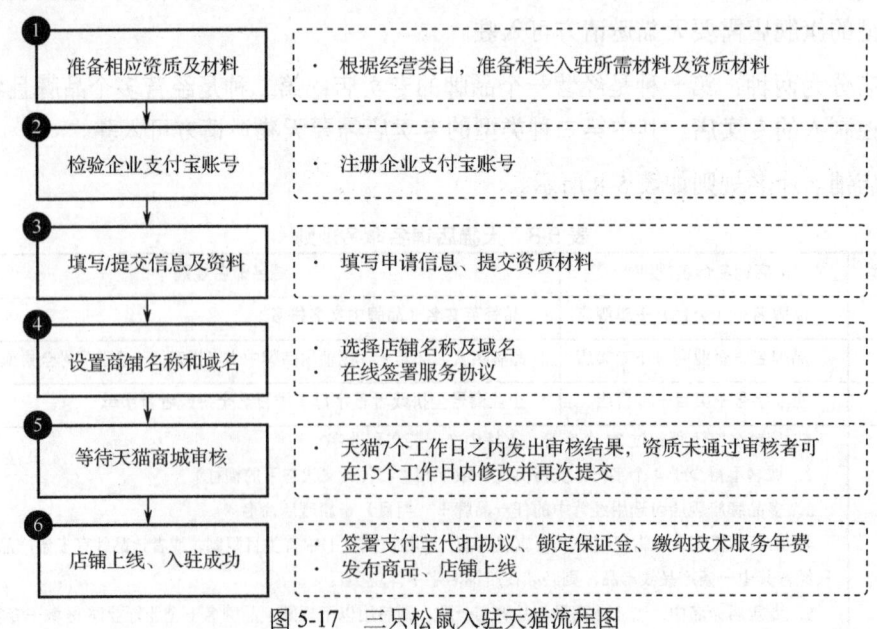

图 5-17　三只松鼠入驻天猫流程图

（信息来源：三只松鼠上市招投股说明书）

5.2.2 组建天猫运营团队

小微企业的电商团队建设应该在天猫店申请前已经基本或部分到位，或者在淘宝网店运营时已有成熟团队。若公司计划将天猫和淘宝网店运营分团队实施，一个天猫团队至少包括店长兼运营、推广策划、美工、客服 4 个岗位，3～5 名工作人员（假设产品开发、仓储物流公司共用）。建议架构如图 5-18 所示。小微企业天猫运营团队岗位职责如表 5-9 所示。

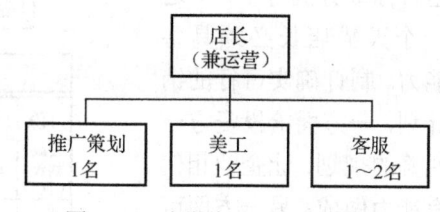

图 5-18　小微企业天猫运营团队

表 5-9　小微企业天猫运营团队岗位职责

岗位名称	岗位职责
店长兼运营	1. 负责网店整体规划、营销、推广、客户关系管理等系统经营性工作 2. 负责网店日常改版策划、上架、推广、销售、售后服务等经营与管理工作 3. 负责网店日常维护，保证网店的正常运作，优化店铺及产品排名 4. 负责对接天猫"小二"，申请天猫活动并策划执行 5. 负责收集同行及店铺数据，进行分析并提出有效应对方案 6. 制订销售计划，带领团队完成销售业绩目标 7. 对内沟通协调，协调产品、仓储物流等相关部门工作
推广策划	1. 负责网店产品上架和下架的相关工作 2. 负责网店产品宝贝描述文字的撰写，配图文字的撰写 3. 负责天猫店铺促销活动文案的构思和撰写 4. 负责网店产品标题的编辑和修改等 5. 负责天猫站内免费及付费引流的规划和实施
美工	1. 负责 PS 合成、调色及抠图（要求操作必须熟练、1 年以上相关岗位工作经验） 2. 负责网络店铺视觉规划、设计及产品描述工作 3. 负责网站产品模特后期图片的处理和排版
客服	1. 通过聊天软件，耐心回答客户问题，达成双方愉快交易，处理订货信息 2. 熟悉淘宝网的各种操作规则，处理客户要求，修改价格，管理店铺等 3. 解答顾客提问，引导顾客进行购买，促成交易 4. 为网上客户提供售后服务并解决一般投诉

5.2.3 制定天猫运营年度规划

1. 产品计划

在公司的年度销售目标确定下来后，需要根据公司的年度销售目标确定上架产品的数量及新产品上架的时间节点。店内产品需要按主推款、引流款、活动款、利润款、形象款分类，赋予每款产品使命及贡献率。同时，制订产品上架年度计划。图 5-19 所示是某女装品牌产品的年度计划。

2. 销售计划

围绕年度销售目标,将销售目标细分到每个月,这是一个天猫店长必须具备的能力。制订确实可行的销售计划,一方面给投资方一个明确的规划,让企业相信你有能力做成;另一方面可以指导团队工作,每月一个小目标的完成,是实现年销售目标的基本工作。某服装店月度销售计划如图 5-20 所示。

3. 推广计划

为实现年度销售计划,一般企业会按照销售目标配备一定比例的广告费用(8%~20%)。团队需要按照月度销售计划,将广告费用分配到每个月甚至每周。

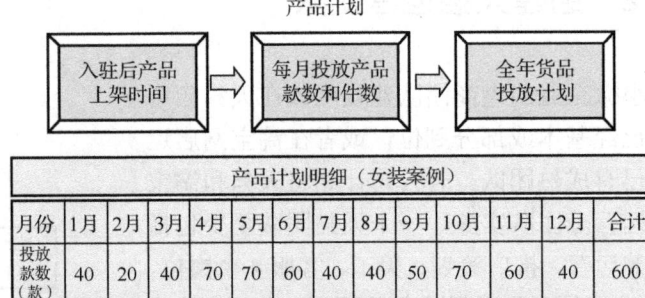

产品计划明细(女装案例)

月份	1月	2月	3月	4月	5月	6月	7月	8月	9月	10月	11月	12月	合计
投放款数(款)	40	20	40	70	70	60	40	40	50	70	60	40	600
投放件数(万件)	8.4	5.6	9.8	8.4	9.8	7	5.6	6.6	8.4	13	15	15	111.6

时间	全年货品节奏(女装案例)
1月	清冬款,节前春款第一批上架
2月	节后开始春款大批量上架,冬款缩减到20%以下
3月	春款开始全面上架,3月下旬开始早春清仓,第一批夏款上架
4月	夏款陆续上架,春款尽快结束
5月	夏款继续补充
6月	下旬开始夏款大规模清仓
7月	清夏款,月底第一批秋款上架
8月	夏款清完,秋款陆续上架
9月	秋款全面上架,下旬开始清理秋款,国庆前上部分冬款货品
10月	冬款陆续上架,秋款尽快结束
11月	配合"双11",冬款爆发
12月	中旬开始陆续清冬款,持续到春节

图 5-19 某女装品牌产品的年度计划

4. 活动计划

每到"6·18""双11""双12"等购物节日,就是电商大展拳脚的时候,成功策划一次电商活动,相当于一个季度销量,对打造品牌也大有益处。节日活动促销是年度计划中最重要的一环。某服装店年度活动计划如图 5-21 所示。

销售计划

2018年销售计划(单位:万元)												
月份	1月	2月	3月	4月	5月	6月	7月	8月	9月	10月	11月	12月
销售额	20	10	30	40	50	40	40	50	60	70	80	90
总计	580											

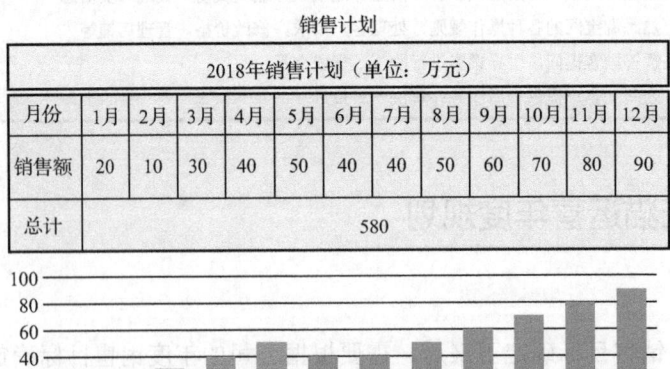

图 5-20 某服装店月度销售计划表

项目 5 活动类文案写作与应用

活动计划

月份	1月	2月	3月	4月	5月	6月	7月	8月	9月	10月	11月	12月
主题活动	庆新年	春节活动	春节新品	旅游日	春节促销	年中大促	七夕	教师节		国庆	"双11"	圣诞节
	情人节		白色情人节		母亲节	夏季新品		秋季新品		冬季新品		
淘宝活动	聚划算、金牌秒杀、天天特价、周末疯狂购、淘金币、VIP俱乐部、公车秒杀……											
店铺促销	折扣、包邮、送礼、返现											

图 5-21 某服装店年度活动计划

5.2.4 日常运营要点

1．店铺的上线及日常管理

（1）确定店铺的整体风格，做好各个区域的美工工作。

（2）细化买家须知内容，尽量做到顾客可以自主购物。

（3）美工负责处理好待售产品的图片，策划配置好相关的文案说明。

（4）策划做好各个产品的标题、产品描述后，核实价格及库存信息后全部上架。

2．营销活动

（1）首先确定 3～5 款主打产品，做好关联销售，以后历次活动报名优先考虑这几款产品，以此吸引客户。

（2）配合天猫的推广活动，做好店庆营销活动，设置全场折扣及 VIP 的折扣价格。

（3）设置淘宝客、聚划算等活动（团购），以此引进流量。

3．售后问题

有经验的售后人员需要熟悉产品及公司的售后政策、天猫平台的售后规则、国家的相关法规（如三包政策、《中华人民共和国消费者权益保护法》）。沟通能力强的客服经过学习培训后可以担任售后工作。同时，细化各种售后问题作为应对方案，如安抚客户的不满情绪，不同情况对客户的损失如何补偿，快递丢件如何索赔或追件及其他相关的售后问题。

4．配送及仓库管理

客服应及时与仓库管理人员核对库存信息，避免店铺在售状态的产品而实际无货的情况，缺货产品及时下架。

天猫目前要求 72 小时发货，活动产品以活动要求为准。不按规定时间发货，赔偿标准是 30%，500 元封顶。如果遇到缺货或其他问题不能及时发货的，及时通知客服，联系客户做好换货或退款事宜,极力避免缺货没有及时和客户沟通导致客户严重不满的情况。

5.2.5 天猫开店的前期成本

天猫开店的前期成本由三个部分组成:保证金、软件服务年费、软件服务费费率。

1. 保证金

商家在天猫经营必须缴存保证金,保证金主要用于保证商家遵守《天猫服务协议》《天猫经营规则》,且在商家有违规行为时,根据《天猫服务协议》及相关规则规定用于向天猫及消费者支付违约金。

旗舰店、专卖店:持商标注册受理通知书的店铺保证金为人民币10万元,持注册商标的店铺保证金为人民币5万元;

专营店:持商标注册受理通知书的店铺保证金为人民币15万元,持注册商标的店铺保证金为人民币10万元;

特殊类目保证金为1万元(如话费通信)至50万元(如手游充值)不等。

例如,"氧宝宝"消毒机若要在天猫开旗舰店,保证金为5万元。

2. 软件服务年费

商家在天猫经营必须交纳年费,年费金额参照商家经营的一级类目,分为人民币3万元、6万元两档。为鼓励商家提高服务质量、扩大经营规模,天猫将针对软件服务年费有条件地向商家给予商业折扣,折扣比例为年费的50%和100%两档。即年度销售额、DSR店铺评分达到天猫标准时,软件服务年费是可以免交的。

软件服务年费根据品类收取,每个品类不一样,收取的费用也不一样。生活电器类是3万元,按自然年结算,次年第一季度返还,返还标准如下:年销售额达36万元,享受50%年费折扣优惠对应年销售额;年销售额达120万元,享受100%年费折扣优惠对应年销售额。计算公式如图5-22所示。

$$年费折扣金额 = 已缴年费 - \frac{成交占比最大类目对应年费}{12} \times 有效月份 \times (1-折扣比例)$$

图5-22 年费折扣计算公式

例如:

商家小A旗舰店2017年4月份入驻天猫,申请时经营两个一级类目,年费结算如表5-10所示。

表5-10 天猫年费结算示例表

经营类目	软件服务年费(元)	享受50%年费折扣优惠对应年销售额(元)	享受100%年费折扣优惠对应销售额(元)
女装/女士精品	6万	36万	120万
服饰配件/皮带/帽子/围巾	3万	18万	60万

3. 软件服务费费率

商家在天猫经营需要按照其销售额的一定百分比（简称"费率"）交纳软件服务费（平时理解的平台扣点）。

软件服务费按类目不同，扣点不一样。例如：

餐饮美食、休闲娱乐、电影/演出/体育赛事、教育培训、婚庆/摄影/摄像服务、网络游戏点卡等扣点为0.5%；食品、3C数码产品为2%；保健品及医药为3%；服饰、鞋类、箱包、家用电器为5%。"氧宝宝"消毒机属于生活电器类，软件服务费费率是2%。

具体扣点明细及软件服务年费在"天猫商家——天猫规则"上查看。

4. 软件订购费

天猫开店的前期成本除了天猫平台收取保证金及服务费外，可能还会包括购买软件的订购费。服务软件可以在阿里巴巴旗下商家服务市场购买（https://fuwu.taobao.com）。常见的软件有以下几种。

（1）赤兔名品。用于客服绩效管理，如图5-23所示。

图5-23　客服绩效管理软件订购费

（2）生e经。用于店铺数据分析，如图5-24所示。

图5-24　店铺数据分析软件订购费

（3）美店无线。用于无线装修及管理，如图5-25所示。

图5-25　无线装修软件订购费

（4）超级快车。用于直通车推广管理，如图5-26所示。

（5）维客短信。用于短信群发，如图5-27所示。

图5-27　短信群发软件订购费

天猫开店前期缴纳费用统计表（按年计）如表 5-11 所示。

表 5-11　天猫开店前期缴纳费用统计表（按年计）

内　　容	名　　称	金　额（元/年）	说　　明
保证金		50 000	—
软件服务年费		30 000	年销量达 120 万元可退回，年销量达 36 万元以上可退 50%
软件服务费费率		2%	交易发生后才产生
店铺管理软件	赤兔名品	1 380	用于客服绩效管理
	生 e 经	600	用于运营数据分析
	美店无线	168	用于无线店管理
	超级快车	1 199	直通车推广管理
	维客短信	1 800	短信群发
合计		85 147	—

任务实训

【实训 1】　根据本任务所学的知识及参阅天猫规则，撰写一份入驻天猫的费用申请报告。

【实训 2】　某服装店计划入驻天猫（假设已获得邀请），年度销售计划为 1 000 万元，广告预算是 120 万元。请撰写一份天猫运营年度策划案（PPT 版）。

参 考 文 献

[1] 丰信东．小丰现代汉语广告语法辞典．北京：中国青年出版社，2004．

[2] 【美】克劳德·霍普金斯．文案圣经如何写出有销售力的文案．北京：中国友谊出版公司，2017．

[3] 【美】罗伯特·布莱．文案创作完全手册．北京联合出版公司，2017．

[4] 【美】艾·里斯，【美】杰克·特劳特．定位．北京：机械工业出版社，2017．

[5] 【美】菲律普·科特勒，【美】凯文·莱恩·凯勒．营销管理．15 版．上海人民出版社，2016．

[6] 李业．营销管理．广州：华南理工大学出版社，2003．

[7] 艾瑞网．http://www.iresearch.cn/．

[8] 易观网．https://www.analysys.cn/．

[9] 亿邦动力网．http://www.ebrun.com/．

[10] 梅花网．http://www.meihua.info/．

[11] 百度营销大学．http://edu.baidu.com/．

[12] 知识库．http://www.useit.com.cn/．

[13] 广州大麦．http://www.da-mai.com/．

[14] 新榜．http://www.newrank.cn/．

[15] 今日头条．https://www.toutiao.com/．